DIE VERFOLGUNG STRAFBARER HANDLUNGEN AN BORD VON SCHIFFEN UND LUFTFAHRZEUGEN

von Jörn Wille

1974

WALTER DE GRUYTER · BERLIN · NEW YORK

ISBN 3 11 004898 1

Printed in Germany.

Rotaprint-Druck: Hildebrand OHG. Berlin 65

Buchbindearbeiten: Wübben & Co., Berlin

VORWORT

Die vorliegende Arbeit hat im Herbst 1973 dem Fachbereich Rechtswissenschaft der Freien Universität Berlin als Dissertation vorgelegen.

Meinem verehrten Lehrer, Herrn Prof. Dr. Hans Lüttger, möchte ich an dieser Stelle für seine wohlwollende Förderung aufrichtig danken.

Die Arbeit wurde durch ein Stipendium nach dem Bundesgraduiertenförderungsgesetz unterstützt.

Jörn Wille

INHALTSVERZEICHNIS

ZWEITES KAPITEL
DIE VERFOLGUNG STRAFBARER HANDLUNGEN AN BORD VON SCHIFFEN S. 48

ABKÜRZUNGSVERZEICHNIS

AöR	Archiv des öffentlichen Rechts
Annuaire(s)	Annuaire(s) de l'Institut de droit international
Arch. f. LuftR	Archiv für Luftrecht
BAnz.	Bundesanzeiger
BayObLGSt	Entscheidungen des Bayerischen Obersten Landesgerichts in Strafsachen, Neue Folge
BGBl	Bundesgesetzblatt
BGHSt	Entscheidungen des Bundesgerichtshofs in Strafsachen
BKA	Bundeskriminalamt
BMin.	Bundesminister
BR-Drucks.	Bundesratsdrucksache
BReg.	Bundesregierung
BT-Drucks.	Bundestagsdrucksache
BVerfGE	Entscheidungen des Bundesverfassungsgerichts
CINA	Convention portant réglementation de la navigation aerienne
Chic. Abk.	Abkommen über die internationale Zivilluftfahrt von Chicago
DAG	Deutsches Auslieferungsgesetz
Dalloz	Recueil périodique et critique de jurisprudence, de législation et de doctrine, hrsg. von Dalloz
DJ	Deutsche Justiz
DöV	Die öffentliche Verwaltung
DRZ	Deutsche Rechtszeitschrift
DStR	Deutsches Strafrecht
DStZ	Deutsche Steuerzeitung
DVBl	Deutsches Verwaltungsblatt
EGStGB	Einführungsgesetz zum Strafgesetzbuch
FlaggRG	Flaggenrechtsgesetz
Ges. Bl. Norddt. Bund	Gesetzblatt für den Norddeutschen Bund
GA	Archiv für Strafrecht, begr. von Goltdammer

GG	-	Grundgesetz
GerS	-	Der Gerichtssaal
GVG	-	Gerichtsverfassungsgesetz
Haager Abk.	-	Abkommen gegen die widerrechtliche Inbesitznahme von Luftfahrzeugen
HGB	-	Handelsgesetzbuch
ICAO	-	International Civil Aviation Organization
ICAO-Doc. LC	-	ICAO-Document Legal Committee
ILA	-	International Law Association
IRuD	-	Internationales Recht und Diplomatie
JA	-	Juristische Arbeitsblätter
JDIP	-	Journal de Droit International Privé
JR	-	Juristische Rundschau
JW	-	Juristische Wochenschrift
JZ	-	Juristenzeitung
KG	-	Kammergericht
LK	-	Leipziger Kommentar, begründet von Ebermeyer, Lobe und Rosenberg
LuftVG	-	Luftverkehrsgesetz
LuftVZO	-	Luftverkehrszulassungsordnung
Mont. Abk.	-	Übereinkommen zur Bekämpfung widerrechtlicher Handlungen gegen die Zivilluftfahrt
Niemeyers	-	Zeitschrift für internationales Privat- und Öffentliches Recht, hrsg. von Niemeyer
NJW	-	Neue juristische Wochenschrift
ÖZA	-	Österreichische Zeitschrift für Außenpolitik
ÖZöffR	-	Österreichische Zeitschrift für öffentliches Recht
OVGE	-	Entscheidungen des königlich preussischen Oberverwaltungsgerichts
OWiG	-	Gesetz über Ordnungswidrigkeiten
Pan-Am Abk.	-	Panamerikanisches Abkommen betr. die Handelsluftfahrt
preuß. GS.	-	Gesetzsammlung für die königlich preußischen Staaten
pr. JMinBl.	-	Justizministerialblatt für Preußen
pr. OVG	-	Preußisches Oberverwaltungsgericht
RegEntw.	-	Regierungsentwurf

RFDA	-	Revue Francaise de Droit Aérien
RFH	-	Reichsfinanzhof
RGBl	-	Reichsgesetzblatt
RGDIP	-	Revue Génerale de Droit International Public
RGSt	-	Entscheidungen des Reichsgerichts in Strafsachen
RGZ	-	Entscheidungen des Reichsgerichts in Zivilsachen
RILA	-	Revue Juridique Internationale de la Locomotion Aérienne
RiVASt	-	Richtlinien für den Rechtshilfeverkehr mit dem Ausland in strafrechtlichen Angelegenheiten
RiStBV	-	Richtlinien für das Straf- und Bußgeldverfahren
RT-Drucks.	-	Reichstagsdrucksache
SeemG	-	Seemannsgesetz
SeemO	-	Seemannsordnung
SJZ	-	Süddeutsche Juristenzeitung
SoldG	-	Soldatengesetz
StÄG	-	Strafrechtsänderungsgesetz
StGB	-	Strafgesetzbuch
StIG	-	Ständiger Internationaler Gerichtshof
StrABTag	-	Strafrechtsausschuß des Bundestages
StrARTag	-	Strafrechtsausschuß des Reichstages
StPO	-	Strafprozeßordnung
StrRG	-	Strafrechtsreformgesetz
SUG	-	Gesetz über die Untersuchung von Seeunfällen
Tok. Abk.	-	Abkommen von Tokio über strafbare und bestimmte andere Handlungen an Bord von Luftfahrzeugen
VMBl	-	Ministerialblatt des BMin. für Verteidigung
WDO	-	Wehrdisziplinarordnung
WdV	-	Wörterbuch des Völkerrechts
WStG	-	Wehrstrafgesetzbuch
ZLR	-	Zeitschrift für Luftrecht
ZLW	-	Zeitschrift für Luft- und Weltraumrecht
ZollG	-	Zollgesetz
ZStW	-	Zeitschrift für die Gesamte Strafrechtswissenschaft

LITERATURVERZEICHNIS

1. Kommentare und Sammelwerke

ABRAHAM u. a.

Kommentar zum Bonner Grundgesetz
30. Lieferung 1972

BADEN-v. MITZLAFF

Wehrdisziplinarordnung
6. Aufl. 1965

DREHER, E.

Strafgesetzbuch
33. Aufl. 1972

DREHER-LACKNER-SCHWALM

Wehrstrafgesetz
1958

EBERMEYER-LOBE-ROSENBERG

Strafgesetzbuch (Leipziger Kommentar)
8. Aufl. hrsg. von Jagusch und Mezger, 1957
(zitiert: LK 8. Auflage)
9. Aufl. hrsg. von Baldus und Willms, 1971

FRANK

Das Strafgesetzbuch für das Deutsche Reich
18. Aufl. 1931

GRÜTZNER

Das deutsche Auslieferungsgesetz, in:
Das deutsche Bundesrecht, Abt. II B 76, 134. Lieferung

- Internationaler Rechtshilfeverkehr in Strafsachen
Bd. I-V, Stand 1972

HODES

Wehrdisziplinarordnung
3. Aufl. 1966

HOFMANN
Luftverkehrsgesetz
1971

KLEINKNECHT
Strafprozeßordnung
29. Aufl. 1970

KOHLRAUSCH-LANGE
Strafgesetzbuch
43. Aufl. 1961

LACKNER-MAASSEN
Strafgesetzbuch
7. Aufl. 1972

LOEWE-ROSENBERG
Die Strafprozeßordnung und das Gerichtsverfassungsgesetz
22. Aufl. 1971

MANGOLDT-KLEIN
Das Bonner Grundgesetz
2. Aufl. Bd. 1 1957

MAUNZ-DÜRIG-HERZOG
Grundgesetz
3. Aufl. 1971

METTGENBERG
Deutsches Auslieferungsgesetz
1930

METTGENBERG-DOERNER
Deutsches Auslieferungsgesetz
2. Aufl. 1953

MEYER, A.
Internationale Luftfahrtabkommen
Bd. III 1957
Bd. V 1964, Bd. VI 1972

MÜLLER-SAX
Kommentar zur Strafprozeßordnung
6. Aufl. 1966

MODEL-MÜLLER
Grundgesetz für die Bundesrepublik Deutschland
1971

OLSHAUSEN
Kommentar zum Strafgesetzbuch
8. Aufl. 1909

SCHAPS-ABRAHAM
Das deutsche Seerecht
3. Aufl. - Bd. 1 - 1959, Bd. 2 - 1962, Bd. 3 - 1964

SCHLEICHER-REYMANN-ABRAHAM
Das Recht der Luftfahrt
3. Aufl. - Bd. 1 - 1960, Bd. 2 - 1966

SCHMIDT, E.
Lehrkommentar zur StPO und zum GVG
Teil I - 1964 (2. Aufl.), Teil II - 1957

SCHÖNKE-SCHRÖDER
Strafgesetzbuch
1972, 16. Aufl.

STIER-SOMLO-ELSTER
Handwörterbuch der Rechtswissenschaft
Bd. 2 1927

STRUPP-SCHLOCHAUER
Wörterbuch des Völkerrechts
Bd. 1-3 1960

2. Lehrbücher und Monographien

AGRAWALA
Aircraft Hijacking And International Law
1973

AKADEMIE DER WISSENSCHAFTEN DER UdSSR
Völkerrecht
1960 (dt. Übers. VEB Deutscher Zentralverlag)

ALI KHAN-ALLEMANN
Die Abgrenzung der staatlichen Strafgerichtsbarkeit betr. die an Bord von Luftfahrzeugen begangenen Straftaten
1963

BERBER
Völkerrecht
Bd. 1 - 1960

BERGMANN, L.
Der Begehungsort im internationalen Strafrecht Deutschlands, Englands und der Vereinigten Staaten von Amerika
1966

BINDING
Handbuch des Strafrechts
Bd. 1 - 1885

BLUNTSCHLI
Das moderne Völkerrecht der civilisierten Staaten
1868

BÖGER
Die Immunität der Kriegsschiffe
1928

BOLTE
Rechte des Uferstaates in Seehäfen über ausländische Handelsschiffe
1969

BONFILS-FAUCHILLE
Manuel De Droit International Public (Droit Des Gens)
7. Aufl. 1914

BUCHER, H.
Das internationale Luftstrafrecht unter Berücksichtigung schweizerischer Verhältnisse
1939

BUSCH, E.
Die Stellung des deutschen Konsuls im Schiffahrtsverkehr
1912

BUSCH, R.
Die Pflicht des Vorgesetzten zum Einschreiten bei mit Strafe bedrohten Handlungen des Untergebenen (§ 40 WStG)
1965

van BYNKERSHOEK
De Dominio Maris
1744

CHAUMONT
Le Droit de l'espace
1960

COENEN
Das Küstenmeer im Frieden
1933

COLOMBOS
Internationales Seerecht
1963

CULMANN
Die völkerrechtliche Stellung der Handelsschiffe
1951

DAHM
Die Problematik des Völkerstrafrechts
1956

- Völkerrecht
Bd. 1 - 1958

DICKOPF
Das Bundeskriminalamt
1971

DREHER, M.
Die Amtshilfe
1959

DREWS-WACKE
Allgemeines Polizeirecht
7. Aufl. 1961

FALLER, E.
Gewaltsame Flugzeugentführungen aus völkerrechtlicher Sicht
1972

FAUCHILLE
Traité De Droit International Public
Bd. 1, 2. Halbbd. 1925

FLEISCHMANN, M.
Grundgedanken eines Luftrechts
1910

FORGACH
Die Grenzen des von Art. 16 GG gewährten Asylrechts
1969

FRANKENSTEIN
Internationales Privatrecht
Bd. 1 - 1926

GLÄSER-BECKER
Neues See- und Binnenschiffahrtsrecht
Bd. 1-3 - 1968

GLATZEL
Völkerrechtliche Grenzen für den Anwendungsbereich des staatlichen Strafgesetzes
1936

GROTIUS, H.
Mare Librum
1609

GRÜNWALD
Das Luftschiff in völkerrechtlicher und strafrechtlicher Beziehung
1908

GUGGENHEIM
Lehrbuch des Völkerrechts
Bd. 1 - 1948, Bd. 2 - 1951

HÄBERLE
Öffentliches Interesse als juristisches Problem
1970

HAILBRONNER
Luftpiraterie in rechtlicher Sicht
1972

HALEY
Space Law And Government
1963

HAUPT, G.
Der Luftraum
1931

HEESEMANN
Die strafbaren Handlungen im deutschen Luftverkehrsrecht und die Entwicklung des Problems der Strafzuständigkeit
1932

HEFFTER-GEFFCKEN
Das europäische Völkerrecht
8. Aufl. 1888

HEGLER
Prinzipien des internationalen Strafrechts
1906

HEILBORN
Das System des Völkerrechts
1896

HENKEL
Strafverfahrensrecht
2. Aufl. 1968

HEREUS
Strafbare Handlungen an Bord von Luftfahrzeugen
1956

HERRMANN
Die Anwendbarkeit des politischen Strafrechts auf Deutsche im Verhältnis zwischen der Bundesrepublik Deutschland und der Deutschen Demokratischen Republik
1960

HERZOG
Allgemeine Staatslehre
1971

d'HOOGE
Droit aérien
1912

HÜBLER
Die Magistraturen des völkerrechtlichen Verkehrs und die Exterritorialität
1900

JESCHECK
Lehrbuch des Strafrechts, AT
2. Aufl. 1972

JESSUP
The Law of Territorial Waters and Maritime Jurisdiction
1927

JOSEPH
Das Schiff in fremden Gewässern
1934

JUNGMANN
Das deutsche Kauffahrteischiff als Begehungsort strafbarer Handlungen
1905

KLEIN, H. G.
Staatsschiffe und Staatsluftfahrzeuge im Völkerrecht
1933

KOHLER, J.
Luftfahrtsrecht
1912

- Internationales Strafrecht
1912

KRASKE-NÖLDEKE
Handbuch des Auswärtigen Dienstes
1957

LÄTSCH
Grundlagen des öffentlichen Luftrechts in der Schweiz
1935

von LISZT-FLEISCHMANN
Völkerrecht
12. Aufl. 1925

von LISZT-SCHMIDT
Lehrbuch des deutschen Strafrechts
27. Aufl. 1927

LØDRUP
Hovercraft - fagel eller fisk?
1967

von MARTENS, F.
Völkerrecht
2. Bd. 1886

MARTENS, H. L.
Das Recht der Nacheile zur See
1937

MAURACH
Deutsches Strafrecht
AT - 4. Aufl. 1971, BT - 5. Aufl. 1969

McWHINNEY (Ed.)
Aerial Piracy And International Law
1971

MEURER
Luftschiffahrtsrecht
1909

MEYER, A.
Die Erschließung des Luftraums in ihren rechtlichen Folgen
1909
- Freiheit der Luft als Rechtsproblem
1944
- Straftaten im Weltraum
1966

MEYERS, H.
The Nationality of Ships
1967

MEZGER-BLEI
Strafrecht, AT
14. Aufl. 1970

MING-MIN-PENG
Le Statut juridique de l'aéronef militaire
1957

MOELLMANN
Internationale Kriminalpolizei des Völkerrechts?
1969

NAWIASKI
Allgemeine Rechtslehre
1948

OEHLER
Internationales Strafrecht
1973

OPPENHEIM-LAUTERPACHT
International Law Bd. 1
8. Aufl. 1955

ORTOLAN
Règles internationales et Diplomatie de la mer
Bd. 1 u. 2, 4. Aufl. 1864

PERELS
Das internationale öffentliche Seerecht der Gegenwart
2. Aufl. 1903

RICHARD
La Convention de Tokyo
1971

ROSSWOG
Das Problem der Vereinbarkeit des aktiven und passiven Personalgrundsatzes mit dem Völkerrecht
1965

ROUSSEAU, Ch.
Droit International Public
1953

ROUSSEAU, J. J.
Du Contrat Social
Oevres Complétes Bd. III (Ecrits Politiques)
1964

RUDOLF, W.
Die Geltung der deutschen Straf- und Strafprozeßgesetze im Seebereich
1954

RUHWEDEL
Die Rechtsstellung des Flugzeugkommandanten im zivilen Luftverkehr
1964

SATOW
Alle deutschen Kauffahrteischiffe bilden eine einheitliche Handelsflotte
1957

SCHMIDHÄUSER
Strafrecht, AT
1970

SCHNORR VON CAROLSFELD
Straftaten in Flugzeugen
1965

SCHRÖDER, M.
Der Kriegsschiffkommandant
1933

SCHÜCKING
Der Kodifikationsversuch betreffend die Rechtsverhältnisse des Küstenmeeres und die Gründe seines Scheiterns
1931

SCHULTZ, H.
Das schweizerische Auslieferungsrecht
1953

SHEARER
Extradition In International Law
1971

STAUBACH
Die Anwendung ausländischen Strafrechts durch den inländischen Richter
1964

STEIDLE
Das Luftfahrzeug als Begehungsort strafbarer Handlungen
1934

STEINERT
Rechtsstellung des Schiffs im fremden Küstenmeer
1970

STIEL
Der Tatbestand der Piraterie
1905

STRUPP
Eléments Du Droit International Public
2. Aufl. 1930
- Grundzüge des Völkerrechts
1932

VANSELOW
Völkerrecht
1931

VERDROSS
Völkerrecht
5. Aufl. 1964

VOGLER
Auslieferungsrecht und Grundgesetz
1969

WARDA
Dogmatische Grundlagen des richterlichen Ermessens im Strafrecht,
1961

WELZEL
Das deutsche Strafrecht
11. Aufl. 1969

WENGLER
Völkerrecht
Bd. I 1964, Bd. II 1964

WESTERBURG
Die Polizeigewalt des Luftfahrzeugkommandanten
1961

WESTPHAL
Die Konsulargesetzgebung im deutschen und ausländischen Recht
1957

WHEATON
Elements of International Law
6. Aufl. 1855

WOLFF, H. J.
Verwaltungsrecht Bd. 1
7. Aufl. 1968

Bd. 2 - 2. Aufl. 1967

ZARGES
Die Grenzen des Staatsgebiets im Luftraum unter Berücksichtigung von Fragen des Weltraums
1959

ZIMMERER
Die öffentlich-rechtliche Stellung des Kapitäns und der Schiffsoffiziere auf deutschen Handelsschiffen
1970

ZIPPELIUS
Allgemeine Staatslehre
3. Aufl. 1971

ZITELMANN, E.
Luftschiffahrtsrecht
1910

3. Aufsätze, Festschriftbeiträge und Urteilsanmerkungen

BASSIOUNI
Ideologically Motivated Offenses And The Political Offenses Exeption In Extradition
De Paul Law Review 1970 S. 217 ff.

BLEI
Die Flugzeugentführung
JA 1969 S. 225

BRÜGGEMANN
Abwälzung und Rückwälzung von Geldstrafen und Geldbußen mit den Mitteln des bürgerlichen Rechts
GA 1968 S. 161 ff.

CHENG
Das Haager Übereinkommen über die Entführung von Luftfahrzeugen von 1970
ZLW 1973 S. 223 ff.

COOPER
Legal Status of Aircraft
ZLR 1953 S. 48 ff.
- Zonen im Luft- und Weltraum
ZLW 1966 S. 110

DAUSES
Der gegenwärtige Stand des Weltraumrechts
NJW 1973 S. 172 ff.

ENDEMANN
Interlokalrechtliche Probleme im Bereich des Staatsschutzstrafrechts unter besonderer Berücksichtigung des Tatortbegriffs (§ 3 Abs. 3 StGB)
NJW 1966 S. 2381

FALLER, H.
Grenzen des Opportunitätsprinzips im Strafprozeß
in: Festgabe zum 70. Geburtstag von Maunz
1971 S. 69 ff.

FAUCHILLE
Régime juridique des aérostats
Annuaire 1902 S. 19 ff.
- Le domaine aérien et le régime juridique des aerostats
RGDIP Bd. 8 (1901) S. 414 ff.

GALLAS
Abstrakte und konkrete Gefährdung
in: Festschrift für Heinitz
1972 S. 171 ff.

GEERDS
Anm. zum Urt. BayObLG JZ 1961 S. 454 ff.

GRÜTZNER
Auslieferungsverbot und Asylrecht
in: Neumann, Nipperdey, Scheuner
Die Grundrechte Bd. 2 - 1954 - S. 583 ff.

- Die "Vorübergehende Auslieferung" eines Strafverfolgten
NJW 1954 S. 1021 ff.

- Die zwischenstaatliche Anerkennung europäischer Strafurteile
NJW 1969 S. 345 ff.

- Aktuelle Probleme der Auslieferung
ZStW Bd. 81 (1969) S. 119 ff.

GÜDE
Legalitätsprinzip und Rechtsstaat
MDR 1958 - S. 285 ff.

HAILBRONNER
Aktuelle Rechtsfragen der Luftpiraterie
NJW 1973 S. 1636

HEINITZ
Zweifelsfragen des Opportunitätsprinzips
in: Festschrift für Rittler
1957 S. 327 ff.

HIRSCHBERG
Die Regelung der Zuständigkeit im internationalen Luftstrafrecht nach den Beschlüssen des Comité juridique international de l'aviation vom 3. Oktober 1930
in: Archiv f. LuftR 1932 Bd. 2 S. 159 ff.

- Das Problem des Internationalen Luftstrafrechts und die Entwürfe zum neuen Strafgesetzbuch
in: Niemeyers Zeitschrift Bd. 42 (1930) S. 138 ff.

ISENBECK
Anm. zur BGH Entsch. NJW 1968 S. 309

JESCHECK
Zur Reform der Vorschriften des StGB über das internationale Strafrecht
IRuD 1956 S. 75

- Die an Bord von Luftfahrzeugen begangenen Straftaten und ihre Rechtsfolgen
in: Deutsche Beiträge zum VII. Internationalen Strafrechtskongreß in Athen vom 26. IX. bis 2. X. 57, S. 195 ff.

- Gegenstand und neueste Entwicklung des Internationalen Strafrechts,
in: Festschrift für Maurach, 1972, S. 579 ff.

KAMINSKI
"Luftpiraterie". Die rechtliche Beurteilung der an Bord von Luftfahrzeugen begangenen Straftaten unter besonderer Berücksichtigung der Luftpiraterie
ÖZA Bd. 10 (1970) S. 78 ff.

KLEINKNECHT
Das 4. Strafrechtsänderungsgesetz - Verfahrensrecht -
JZ 1957 S. 407

KOHLHAAS
Unzulässige Durchbrechung des Legalitätsprinzips
GA 1956 S. 241

KRAUTH-KURFESS-WULF
Zur Reform des Staatsschutz-Strafrechts durch das Achte Strafrechtsänderungsgesetz
JZ 1968 S. 731 ff.

KUNATH
Zur Einführung eines einheitlichen Tatbestandes gegen "Luftpiraterie" durch das Elfte Strafrechtsänderungsgesetz vom 16. 12. 1971
JZ 1972 S. 199 ff.

LACKNER
Anm. zur BGH Entsch.
JR 1968 S. 268

LANGE
Ist die Bezahlung fremder Prozeßstrafen gemäß § 888 oder § 890 ZPO Begünstigung?
in: Festschrift für Engisch, 1969, S. 621 ff.

LINKE
Zwischenstaatliche Kompetenzkonflikte auf dem Gebiet des Strafrechts
in: Aktuelle Probleme des Internationalen Strafrechts, 1970 S. 85 ff.

- Die Internationale Konferenz über die widerrechtliche Inbesitznahme von Luftfahrzeugen
Zeitschrift für Verkehrsrecht, 1971 S. 57 ff.

LOPEZ GUTIERREZ, Juan
Should the Tokyo Convention of 1963 Be Ratified?
The Journal of Air Law and Commerce Bd. 31 (1965) S. 1 ff.

LÜTTGER
Internationale Rechtshilfe in Staatsschutzverfahren?
GA 1960 S. 33 ff.

LÜTTGER
Lockerung des Verfolgungszwangs bei Staatsschutzdelikten?
JZ 64 S. 572 ff.

MANKIEWICZ
Die Verfolgung der in einem Luftfahrzeug begangenen Straftat
GA 61 S. 193 ff.

- Capture Et Déroutement Illicites D'Aéronefs,
Annuaire Francais De Droit International, 1969 S. 462 ff.

MAURACH
Probleme des erfolgsqualifizierten Delikts bei Luftpiraterie und Geiselnahme
in: Festschrift für Heinitz 1972, S. 409

METTGENBERG
Internationales Strafrecht auf See
ZStW Bd. 52 (1932) S. 802

MEYER, A.
Territorialer Geltungsbereich der Befugnisse des Luftfahrtkommandanten zur Aufrechterhaltung von Sicherheit und Ordnung an Bord (Bordgewalt)
ZLW 1967 S. 5.

- Sind Raketen Luftfahrzeuge im Sinne von § 1 Abs. 1 des Luftverkehrsgesetzes
DöV 1964 S. 15.

- Bemerkungen zu dem Münchner Entwurf (1959) des Rechtsausschusses der ICAO betr. ein Abkommen über strafbare und andere Handlungen an Bord von Luftfahrzeugen
ZLW 1960 S. 150

- Der VII. Kongreß der Internationalen Vereinigung für Strafrecht zu Athen, betr. strafbare Handlungen an Bord von Luftfahrzeugen und ihre Folgen - Generalbericht -
ZLW 58 S. 87 ff.

- Strafbare Handlungen an Bord von Luftfahrzeugen im Hinblick auf den Bericht des "Legal Committee" der ICAO
ZLR 1957 S. 170

- Bemerkungen und Vorschläge zu dem Bericht von Mr. Cooper über die Rechtsstellung von Luftfahrzeugen
ZLR 1953 S. 58 ff.

- Strafbare Handlungen an Bord von Luftfahrzeugen
Flugwehr und Technik 1946, S. 93 ff., 124 ff., 149 ff.
(abgedruckt in Meyer, Luftrecht in fünf Jahrzehnten, S. 181 ff.)

- Luftrecht und Strafrecht - zum Geltungsbereich des Strafrechts in der zwischenstaatlichen Luftfahrt
Arch.f.LuftR 1932 S. 150

MEYER, A.
Die Behandlung der Luftfahrzeuge im Entwurf des Allgemeinen Deutschen Strafgesetzbuches
JW 1931 S. 3304

- Die Begehung von strafbaren Handlungen auf Luftfahrzeugen nach dem Entwurf zu einem allgemeinen deutschen Strafgesetzbuch
JW 1930 S. 3384

MEZGER
Die grundsätzliche Bedeutung der neuen Bestimmungen über den Geltungsbereich des Strafrechts
DStR 1941 S. 19

MORPURGO
Les conflicts internationaux de jurisdiction en droit aérien
RILA 1924 S. 193 ff.

NIESE
Die Anklageerzwingung im Verhältnis zum Legalitäts- und Opportunitätsprinzip
SJZ 1950 S. 890

NOWAKOWSKI
Zum Problemkreis der Geltungsbereiche
ÖZöffR Bd. VI (1955) S. 10 ff.

- Anwendung des inländischen Strafrechts und außerstrafrechtliche Rechtssätze
JZ 1971 S. 633 ff.

NYS
Régime juridique des aérostats
Annuaire Bd. 19 (1902) S. 86 ff.

PÖTZ
Das politische Delikt in internationaler Sicht
GA 1971 S. 193 ff.

PONTAVICE
La Piraterie Aérienne: Notion Et Effets
Revue Générale de l'Air 1969 S. 290 ff.

POULANTZAS
Hijacking Or Air Piracy
Nederlands Juristenblad 1970 S. 566 ff.

RADNITZKY
Zur Lehre von der Gebietshoheit und der Exterritorialität
AöR 1912 S. 454

RIETZSCH
Die Verordnung über den Geltungsbereich des Strafrechts vom 6. Mai 1940
DJ 1940, 563

RINCK, G.
Recht im Weltraum
ZLW 1960 S. 191 ff.

RÖBBERT
Die internationale Luftrechtskonferenz in Montreal vom 8. bis 23. Sept. 1971
ZLW 1972 S. 133 ff.

RUDOLF, A.
Rezension von: Faller, Flugzeugentführungen aus völkerrechtlicher Sicht, 1972
JZ 1973 S. 38

- Die Bordgewalt des Flugzeugkommandanten in ihrer Ausgestaltung durch das Tokioter Abkommen von 1963
ZLW 1972 S. 151 ff.

RUDOLF, W.
Anwendungsbereich und Auslegung von § 5 StGB
NJW 1954 S. 219

SCHMIDT, E.
Strafrechtspflege in Gefahr
ZStW 80 (1968) S. 567

SCHMIDT-RÄNTSCH
Bericht über die 12. Tagung des Rechtsausschusses der ICAO, München, 18. Aug. - 4. Sept. 1959
ZLW 1960 S. 59 ff.

- Die internationale Luftrechtskonferenz in Tokio und das Abkommen über strafbare und bestimmte andere Handlungen an Bord von Luftfahrzeugen
ZLW 1964 S. 75

- Die Internationale Luftrechtskonferenz in Den Haag und das Abkommen zur Bekämpfung der widerrechtlichen Inbesitznahme von Luftfahrzeugen
ZLW 71 S. 63 ff.

SCHNORR VON CAROLSFELD
Probleme des Internationalen Strafprozeßrechts,
in: Festschrift für Maurach, 1972, S. 615 ff.

SCHÖNKE
Gegenwartsfragen des internationalen Strafrechts
in: Festschrift für Mezger, 1954 S. 105 ff.

SCHRÖDER, H.
Abstrakt-konkrete Gefährdungsdelikte?
JZ 1967 S. 522 ff.

SCHULTZ, H.
Das Ende der Auslieferung?
in: Aktuelle Probleme des Internationalen Strafrechts
1970 S. 138 ff.

SCHWENCK, E.
Die strafprozessualen Bestimmungen des NATO-Truppenstatuts, des Zusatzabkommens und des Unterzeichnungsprotokolls zum Zusatzabkommen
NJW 1963 S. 1425

SCHWENK, W.
Grundlagen für die Verleihung der Staatszugehörigkeit an Luftfahrzeuge
ZLW 1965 S. 194 ff.

SHIGEMI
Strafbare Handlungen an Bord von Luftfahrzeugen und ihre Folgen
ZLR 1958 S. 55 ff.

SHUBBER
Is Hijacking Of Aircraft Piracy In International Law
British Yearbook Of International Law, 1968/69 S. 192 ff.

SICOT
Internationale kriminalpolizeiliche Zusammenarbeit, in Internationale Verbrechensbekämpfung, hrsg. v. BKA 1960, S. 19 ff.

STREE
Anm. zur BGH Entsch.
JZ 64 S. 588 ff.

VALLADAO
Piraterie Aérienne
Revue Générale de l'Air, 1969 S. 261 ff.

VOGLER, Th.
Zur Tätigkeit des Europarates auf dem Gebiet des Strafrechts
ZStW Bd. 79 (1967) S. 371 ff.

- Aktuelle Probleme der Auslieferung
ZStW Bd. 81 (1969) S. 163 ff.

- Geltungsanspruch und Geltungsbereich der Strafgesetze
in: Aktuelle Probleme des Internationalen Strafrechts, 1970 S. 149 ff.

- Entwicklungstendenzen im internationalen Strafrecht unter Berücksichtigung der Konvention des Europarates
in: Festschrift für Maurach, 1972, S. 595 ff.

von WEBER
Internationales Luftstrafrecht
in: Festschrift f. Rittler, 1957 S. 111

- Zum Bericht des Unterausschusses des Rechtsausschusses der ICAO über die Bestrafung der an Bord von Luftfahrzeugen begangenen strafbaren Handlungen
ZLR 1957 S. 162 ff.

- Rechte und Pflichten des Luftfahrzeugkommandanten
ZLW 1959 S. 140 ff.

- Die Befugnisse nach den Art. 5-10 des Münchener Entwurfs eines Abkommens über strafbare Handlungen und bestimmte andere Handlungen an Bord von Luftfahrzeugen
ZLW 1960 S. 215 ff.

- Aktuelle Probleme der Auslieferung
ZStW Bd. 81 (1969) S. 188 ff.

WERNEBURG
Strafbare Handlungen auf deutschen Handelsschiffen
GerS Bd. 98 (1929) S. 76

WILLMS
Offenkundigkeit und Legalitätsprinzip
JZ 1957 S. 465

ZLATARIĆ
Erwägungen zum Abkommen über strafbare und bestimmte andere Handlungen an Bord von Luftfahrzeugen vom 14. 9. 1963
in: Aktuelle Probleme des Internationalen Strafrechts, 1970 S. 160 ff.

ZORN
Der staatliche Rechtsgüterschutz auf hoher See
AöR 21 (1907) S. 272 ff.

4. Gesetzesmaterialien und sonstige Materialsammlungen

BASES DE DISCUSSION
- Conférence pour la Codification du Droit International -
Tome II - Eaux Territoriales

DOKUMENTE DER INTERNATIONAL CIVIL AVIATION ORGANIZATION
(zitiert nach Nummer und Seite)

DRUCKSACHEN DES DEUTSCHEN BUNDESRATES
(zitiert nach Jahr und Nummer)

DRUCKSACHEN DES DEUTSCHEN BUNDESTAGES
(zitiert nach Wahlperiode und Nummer)

DRUCKSACHEN DES DEUTSCHEN REICHSTAGES
(zitiert nach Wahlperiode und Nummer)

HAHN
Die gesamten Materialien zur StPO
1877

HOOG
Die Genfer Seerechtskonferenzen von 1958 und 1960
1961

KRAUS, H.
Der auswärtige Dienst des deutschen Reiches
1932

MUSTERENTWURF EINES VERWALTUNGSVERFAHRENSGESETZES DES BUND-LÄNDERAUSSCHUSSES
v. 7. 12. 1963

PROTOKOLLE DES STRAFRECHTSAUSSCHUSSES DES DEUTSCHEN BUNDESTAGES
(zitiert nach Wahlperiode und Nummer der Sitzung)

PROTOKOLLE DES STRAFRECHTSAUSSCHUSSES DES DEUTSCHEN REICHSTAGES
(zitiert nach Wahlperiode und Nummer der Sitzung)

SCHRIFTEN DES DEUTSCHEN VEREINS FÜR INTERNATIONALES SEERECHT
Reihe B Dokumente und Materialien, Heft 3 (1956)

EINLEITUNG

In der ständig wachsenden Ausdehnung einer weltweiten Personen- und Güterbeförderung stellen Schiffe und Luftfahrzeuge die wichtigsten Träger internationaler Verkehrsverbindungen dar. Mit dieser Entwicklung ist es zwangsläufig verbunden, daß Schiffe und Luftfahrzeuge auf ihren Reisen in zunehmendem Maß zum Tatort strafbarer Handlungen werden können. Dies betrifft für den Bereich des Schiffsverkehrs im wesentlichen nur die allgemeine Kriminalität. Darüber hinaus hat sich für den Bereich des Luftverkehrs gezeigt, daß die tatsächlichen Besonderheiten eines im Flug befindlichen Luftfahrzeuges in den letzten 10 Jahren zu außergewöhnlichen Erscheinungsformen strafbaren Verhaltens geführt haben, die allgemein unter dem Begriff "Luftpiraterie" [1] zusammengefaßt werden und dem angesprochenen Thema besondere Aktualität verleihen.

Die Aufgabe der Strafrechtspflege, an Bord von Schiffen und Luftfahrzeugen begangene strafbare Handlungen zu verfolgen, unterliegt aus tatsächlichen und rechtlichen Gründen zahlreichen Schwierigkeiten. Hiervon seien nur die wesentlichsten erwähnt.

Schiffe und Luftfahrzeuge sind auf ihren Reisen den Zugriffsmöglichkeiten der zuständigen Strafverfolgungsbehörden aus räumlichen Gründen zumeist entzogen. Soweit dennoch die Verfolgung einer an Bord begangenen strafbaren Handlung unmittelbar möglich erscheint, verdienen auch die Verkehrsinteressen der Schiffe und Luftfahrzeuge angemessene Beachtung, so daß strafprozessuale Maßnahmen an Bord nur in begrenztem Rahmen möglich sind.

---

1) Zur Kritik an diesem Begriff vgl. Faller, Flugzeugentführungen, S. 42; Cheng ZLW 1973 S. 224 f.

Im internationalen Verkehr kommen Schiffe und Luftfahrzeuge jenseits der Grenzen ihres Heimatlandes mit verschiedenen fremden Rechtsordnungen in Berührung. Ihre Sonderstellung unter den übrigen Verkehrsträgern wird durch das Recht und die Pflicht der Flaggenführung gekennzeichnet. Die ihnen so verliehene Staatszugehörigkeit muß sich auch im rechtlichen Bereich bei der Strafverfolgung auswirken und läßt ein mögliches Spannungsfeld zwischen dem Flaggenstaat und dem ausländischen Aufenthaltsstaat erkennen.

Eine letzte Besonderheit betrifft die Fähigkeit von Schiffen und Luftfahrzeugen, sich im Gegensatz zu anderen Verkehrsmitteln auch in den "rechtsleeren" Raum staatenloser Gebiete begeben zu können.

Es ist ein Verdienst des Völkerrechts, sich seit jeher um die Lösung der mit der Stellung von Schiffen und Luftfahrzeugen zusammenhängenden Rechtsfragen bemüht zu haben. Lange Zeit befaßte sich das Völkerrecht bereits mit der grundlegenden Frage nach der Rechtsnatur derjenigen Gebiete, die den Bewegungsraum für Schiffe und Luftfahrzeuge darstellen. Für den Seebereich bildete sich völkerrechtliches Gewohnheitsrecht über das Verhältnis der seefahrenden Nationen zueinander und insbesondere über die Beziehungen, die das Schiff mit dem Staat seiner Flagge und dem Staat seines jeweiligen Aufenthaltsortes verbindet. Diese Rechtssätze wurden in den Genfer Seerechtsabkommen zum größten Teil positiviert [1]. Im Bereich des Luftrechts, in dem sich völkerrechtliches Gewohnheitsrecht bereits aus zeitlichen Gründen im gleichen Maß nicht hat bilden können, sind mit dem Abkommen von Chicago über die internationale Zivilluftfahrt [2] entsprechende Grundsätze geschaffen worden.

---

1) Genfer Küstenmeerabkommen vom 29. 4. 1958 (abgedruckt bei Hoog, Genfer Seerechtskonferenzen, S. 58 ff.) und Genfer Abkommen über das hohe Meer (BGBl. 1972 II S. 1089).

2) vom 7. 12. 1944; BGBl. 1956 II S. 411.

Für die Rechtsfragen, die mit der Verfolgung an Bord von Schiffen und Luftfahrzeugen begangener strafbarer Handlungen zusammenhängen, haben die entstandenen See- und Luftrechtssätze des Völkerrechts verschiedene einschlägige Regelungen hervorgebracht. Diese sind durch die Staatenpraxis und zahlreiche Einzelarbeiten verfeinert worden [1]. Für den Luftbereich haben zudem die Abkommen von Tokio [2] und Den Haag [3] speziell an Bord von Luftfahrzeugen begangene Straftaten zum Gegenstand.

Ungeachtet der Bemühungen des Völkerrechts verbleibt aber die Ausgestaltung der Verfolgung von strafbaren Handlungen im See- und Luftbereich dem innerstaatlichen Recht des jeweils zum Zwecke der Strafverfolgung tätigen Staates vorbehalten. Die von ihm in seinem Straf- und Strafprozeßrecht gesetzten Regelungen haben zwar den Rahmen des völkerrechtlich Verbindlichen zu wahren. Darüber hinaus ist jedoch jeder Staat ungebunden und kann kraft seiner Souveränität nach Maßgabe seines Verfassungsrechts die Einzelheiten der Strafverfolgung in freier Entscheidung bestimmen.

Die Untersuchung der Rechtslage, die nach deutschem Straf- und Strafprozeßrecht für die Verfolgung an Bord von Schiffen und Luftfahrzeugen begangener strafbarer Handlungen gilt, ist in der Literatur bisher vernachlässigt worden. Das Thema wurde überwiegend unter völkerrechtlichen Gesichtspunkten behandelt [4].

---

1) Aus der umfangreichen deutschsprachigen Literatur seien nur folgende jüngere Darstellungen erwähnt: Steinert, Schiff im Küstenmeer, 1970; Bolte, Rechte des Uferstaates, 1969; Coenen, Küstenmeer im Frieden, 1933; Schücking, Kodifikationsversuch Küstenmeer, 1931; Ali Khan-Allemann, Abgrenzung der Strafgerichtsbarkeit betr. Straftaten an Bord von Luftfahrzeugen, 1963; Westerburg, Polizeigewalt des Luftfahrzeugkommandanten, 1961; Faller, Gewaltsame Flugzeugentführungen, 1972.

2) vom 14. 9. 1963 (BGBl. 1969 II S. 121; 1970 II S. 276).

3) vom 16. 12. 1970 (BGBl. 1972 II S. 1505).

4) Vgl. aber Mettgenberg ZStW Bd. 52 (1932) S. 802 ff.; Rudolf, Geltung der Straf- und Strafprozeßgesetze im Seebereich, 1954; Hereus, Strafbare Handlungen an Bord von Luftfahrzeugen, 1956; Schnorr von Carolsfeld, Straftaten in Flugzeugen, 1965.

Die vorliegende Arbeit hat sich zum Ziel gesetzt, die Ausgestaltung der Rechtslage bei der Strafverfolgung allein unter dem Blickwinkel des deutschen Rechts zu untersuchen. Das Völkerrecht bildet daher nicht den Schwerpunkt der Untersuchungen und wird nur insoweit herangezogen, als dies zur Klärung von Vorfragen oder zum Gesamtverständnis der Arbeit erforderlich ist.

Den Ausgangspunkt der Arbeit soll eine kurze Darstellung über die Rechtsnatur von Meer und Luftraum bilden, da diese völkerrechtlichen Grundlagen für die Untersuchungen von entscheidender Bedeutung sind. Anschließend wird auf das deutsche internationale Strafrecht einzugehen sein, da die §§ 3 ff. StGB den Maßstab für das Bestehen eines deutschen Strafanspruchs wegen einer Straftat im See- oder Luftbereich darstellen. In diesem Rahmen ist dem Flaggenprinzip des § 5 StGB besondere Aufmerksamkeit zu widmen, da das deutsche internationale Strafrecht hier für Schiffe und Luftfahrzeuge eine Sonderregelung trifft.

Sodann sollen strafprozessuale Fragen im Vordergrund stehen, wobei die Untersuchung für Schiffe und Luftfahrzeuge getrennt zu führen ist. Wie bereits die Vorschrift des § 153 b Abs. 1 Nr. 2 StPO zeigt, muß darüber hinaus aber im jeweiligen Teilbereich nach weiteren Einzelheiten differenziert werden. Neben der Unterscheidung von Privatfahrzeugen und solchen, die vom Staat selbst betrieben werden, sind insbesondere der jeweilige Standort des Fahrzeuges, seine Flaggenzugehörigkeit und die Nationalität des Täters zu berücksichtigen. Als weiteres Element der Strafverfolgung sind auch die Befugnisse des deutschen Kapitäns und des deutschen Luftfahrzeugkommandanten von großer Bedeutung.

Im Rahmen der anstehenden Untersuchungen sind die seerechtlichen und luftrechtlichen Völkerrechtssätze heranzuziehen und auf ihre Verwirklichung und Ausgestaltung im deutschen Recht zu überprüfen. Dies gilt vorrangig für den Luftbereich, wo das Abkommen von Den Haag [1)] im Wege der Staatenverpflichtung besondere völkerrechtliche Grundsätze zur Bekämpfung von Luftfahrzeugentführungen geschaffen hat, die das deutsche Recht als strafrechtliches Minimum zu garantieren hat.

Soweit erforderlich, soll das deutsche Recht aber auch kritisch daraufhin überprüft werden, ob die getroffenen Regelungen zur Strafverfolgung zweckmäßig erscheinen oder ob zur Gewährleistung einer effektiveren Strafverfolgung bestimmte Verbesserungen vorzuschlagen sind.

Die Arbeit berücksichtigt den Stand der Rechtsentwicklung bis zum 1. 1. 1973. Die danach bis zum 1. 1. 1974 erschienene jüngste Literatur ist, soweit es dem Verfasser möglich war, eingearbeitet worden.

VORBEMERKUNG
DIE STAATSHOHEIT IM MEERES- UND LUFTRAUM

Die Verfolgung an Bord begangener Straftaten wird wesentlich durch Besonderheiten des Begehungsortes beeinflußt. Jede Strafverfolgung ist staatliche Tätigkeit, die durch die staatliche Zuordnung des Raumes, in dem sich der Tatort der strafbaren Handlung befindet, bestimmt wird. Tatort einer strafbaren Handlung an Bord ist zwar zunächst das betreffende Schiff oder Luftfahrzeug selbst. Dies schließt aber nicht aus, daß die Tat gleichzeitig am jeweiligen Standort des Schiffes oder Luftfahrzeuges begangen ist. Meer und Luftraum müssen daher in Bezug auf ihre staatliche Zugehörigkeit untersucht werden.

Freilich ist die Rechtsnatur von Meer bzw. Luftraum heute kaum mehr umstritten. Dennoch ist es unumgänglich, kurz auf diese völkerrechtlichen Grundlagen einzugehen, da sie für das Verständnis aller see- und luftstrafrechtlichen Probleme von entscheidender Bedeutung sind.

A Das Meer

Die heute allgemein anerkannte Rechtsnatur des Meeres ist das Ergebnis eines sich durch die Geschichte des Abendlandes hinziehenden, vorwiegend aus machtpolitischen Interessen geführten Streits [1], bei dem sich die Verfechter der Hoheitstheorie und der Meeresfreiheitstheorie gegenüberstanden. Mit dem Beginn der Neuzeit bahnte sich eine Entwicklung an, die allmählich übertriebenes nationalstaatliches Souveränitätsdenken zugunsten des Prinzips der Freiheit der Meere zurückdrängte [2].

1) Einen historischen Rückblick über die Streitfragen bietet Stier-Somlo in Handwörterbuch der Rechtswissenschaft Bd. 2 S. 502 f.

2) Vgl. die Schriften von Hugo Grotius, Mare Librum (1609) und von Bynkershoek, De Dominio Maris (1744).

Dennoch blieben die berechtigten Interessen der Uferstaaten gewahrt, soweit dies im Rahmen vernünftiger Schutz- und Ordnungsinteressen geboten war.

Danach zerfällt das Meer, mag es sich auch für einen unbefangenen Betrachter als natürliche Einheit darstellen, aus juristischer Perspektive in verschiedene Teilgebiete mit unsichtbaren, aber rechtlich sehr bedeutsamen Grenzen. Es lassen sich drei Meereszonen, die dem Festland vorgelagert sind, und die hohe See unterscheiden. Die Territorialhoheit des Uferstaates erleidet wachsende Einschränkungen, je weiter die jeweilige Zone vom Festland entfernt ist [1].

I Die Eigengewässer

Zu den nationalen Eigengewässern gehören von den Meeresflächen insbesondere die durch feste Bauten abgegrenzten Seehäfen sowie die von dem jeweiligen Staatsgebiet umgebenen Meeresbuchten. Was die Bestimmung der Voraussetzungen anbetrifft, unter denen eine Meeresbucht Eigengewässerqualität besitzt, ist in der Völkerrechtspraxis vieles streitig [2]. Auf die Darstellung dieser Einzelheiten kann hier verzichtet werden.

Die Eigengewässer besitzen grundsätzlich [3] die gleiche Rechtsnatur wie das Staatsgebiet auf dem Festland, so daß der betreffende Staat dort die gleiche Souveränität wie in seinem Landgebiet besitzt. Die Eigengewässer sind folglich Bestandteil des Inlands.

---

1) Mettgenberg ZStW Bd. 52 (1932) S. 802.

2) Vgl. dazu Wengler, Völkerrecht, Bd. 2 S. 1079; Verdross, Völkerrecht, S. 272; Dahm, Völkerrecht, Bd. 1 S. 657 ff.; Berber, Völkerrecht, Bd. 1 S. 315 f.; Meyer, Freiheit der Luft, S. 97 f.

3) Vgl. aber wegen der Gerichtsbarkeit in den Seehäfen unten S. 52 ff.

II Das Küstenmeer

Als Küstenmeer wird derjenige Meeresteil bezeichnet, der sich an die maritimen Eigengewässer oder an das Festland des Uferstaates selbst anschließt [1]. Der Verlauf der äußeren Küstenmeergrenze ist in der Staatenpraxis nicht einheitlich. Während früher dem Küstenmeer eine größtmögliche Breite von 3 Seemeilen zugemessen wurde [2], nehmen zahlreiche Staaten 12 Seemeilen oder mehr [3] in Anspruch. Es wird jedoch überwiegend die Ansicht vertreten, daß Gewässer außerhalb einer Entfernung von 12 Seemeilen nicht mehr dem Küstenmeer zugerechnet werden dürfen [4].

Die Küstengewässer erfassen einen Bereich des Meeres, in dem sich nationale Schutzinteressen und internationale Verkehrsinteressen gegenüberstehen [5]. Nach heute herrschender Ansicht [6] gehört das Küstenmeer zum inländischen Hoheitsbereich, wobei die Souveränität des Uferstaates lediglich dadurch eingeschränkt ist, daß fremde Schiffe das Recht der friedlichen Durchfahrt durch das Küstenmeer genießen.

---

1) Zu den Einzelheiten der Grenzziehung vgl. Wengler, Völkerrecht Bd. 2, S. 1082; Dahm, Völkerrecht, Bd. 1 S. 650 f.

2) Vgl. die klassische Formulierung bei van Bynkershoek, De Domino Maris: potestas terrae finitur, ubi finitur armorum vis.

3) Einige Staaten fordern darüber hinaus sogar bis zu 200 Seemeilen Küstenmeerbreite; vgl. den Überblick bei Hoog, Die Genfer Seerechtskonferenzen, S. 122 ff.

4) Wengler, a.a.O., S. 1083; Dahm, a.a.O., S. 655.

5) Dem entspricht der frühere Streit zwischen der Souveränitätstheorie und der Servitutentheorie, welche die Küstengewässer als einen Teil der offenen See betrachtet, wobei dem Uferstaat gewisse Vorrechte - Servituten - eingeräumt sind; vgl. Liszt-Fleischmann, Völkerrecht, S. 144.

6) So Meyer, Freiheit der Luft, S. 95; vgl. Wengler, a.a.O., S. 1084; Verdross, Völkerrecht, S. 278; Dahm, a.a.O., S. 642; ferner Art. 1 Genfer Küstenmeerabkommen, vgl. oben S. 2.

III Die dem Küstenmeer vorgelagerte Randzone

Zahlreiche Staaten, welche die anerkannt mögliche Breite von 12 Seemeilen für ihr Küstenmeer nicht in Anspruch nehmen, haben den Meeresbereich, der sich an die Küstengewässer anschließt, bis zu der zulässigen Küstenmeergrenze ihrer beschränkten Hoheitsgewalt unterworfen [1]. Diese vorgelagerte Randzone begrenzter Polizeigewalt dient dem Uferstaat zur Durchsetzung seiner Interessen auf den Gebieten des Zoll-, Gesundheits- und Einwanderungswesens.

Obwohl die vorgelagerte Randzone einer beschränkten Hoheitsgewalt unterliegt, wird sie nicht zum Inland des betreffenden Küstenstaates gezählt. Sie stellt vielmehr bereits einen Teil der hohen See dar, welcher mit dem Servitut einer begrenzten Polizeigewalt belastet ist [2].

IV Die hohe See

Jegliche Souveränität staatlicher Macht schwindet im Bereich der hohen See. Die Freiheit des Meeres ist das völkerrechtliche Prinzip, kraft dessen das hohe Meer unter der Hoheitsgewalt keines Staates stehen kann. Das hohe Meer ist keine der Okkupation offenstehende "res nullius", sondern eine "res communis omnium", deren Gebrauch sich allein nach den Vorschriften des Völkerrechts bemißt.

B Der Luftraum

Als sich der Mensch zu Beginn des 20. Jahrhunderts den Luftraum als neues Element eroberte, lag es nahe, den nunmehr auch rechtlich auszufüllenden Bereich mit einer Analogie zum

1) Vgl. dazu Dahm, a.a.O., S. 656; Berber, a.a.O., S. 320.
2) Wengler, a.a.O., S. 1086.

Recht des Meeres zu erfassen. Eine solche Analogie schien sachgerecht, weil die räumliche Weite und Unbeherrschbarkeit beider Räume eine Gleichbehandlung zu fordern schien. Die Idee, die Freiheit des Meeres auf den Luftraum zu übertragen [1], mußte aber an den berechtigten Schutzinteressen der Bodenstaaten scheitern. Der Erste Weltkrieg brachte das Ende der Luftfreiheitstheorien und verhalf der Lehre von der Souveränität eines jeden Staates in seinem Luftraum [2] zum Sieg.

Die Begründungen der Lufthoheitstheorien waren zunächst noch unterschiedlich. Neben den bereits erwähnten Schutzinteressen des Bodenstaates wurde insbesondere darauf verwiesen, daß nach einem verbreiteten Privatrechtssatz das Eigentum an Grund und Boden den darüber liegenden Luftraum einschließe. Wenn danach in Ansehung der Gebietshoheit zuweilen vom Eigentum des Staates am Luftraum gesprochen wurde [3], so erscheint diese Ausdrucksweise wegen der damaligen Anschauungen über das Verhältnis des Staates zu seinem Staatsgebiet verständlich [4].

---

1) Als Hauptvertreter der Luftfreiheitstheorie, die in sich selbst zahlreiche Varianten aufweist, sind zu nennen: Fauchille RGDJP Bd. 8 (1901) S. 414 ff.; d'Hooge, Droit aérien, S. 9; Nys, Annuaire Bd. 19 (1902) S. 86 ff.; ebenso das Institut de droit international in Annuaire Bd. 21 (1906) S. 76 ff., 304 und Bd. 24 (1911) S. 323; einen Überblick über die Luftfreiheitstheorien gibt Haupt, Der Luftraum, S. 3 ff.

2) Vgl. in der deutschen Literatur: Fleischmann, Grundgedanken, S. 4; Kohler, Luftfahrtrecht, S. 23; Meyer, Erschließung des Luftraums, S. 18; Grünwald, Das Luftschiff, S. 26 ff.; Zitelmann, Luftschiffahrtsrecht, S. 23; Meurer, Luftschifffahrtsrecht, S. 26; vgl. ferner die bei Haupt, a.a.O., S. 5 f., zitierte Literatur

3) Grünwald, a.a.O., S. 35.

4) Die früher herrschende Lehre sah im Staatsgebiet ein "Objekt" der Staatsgewalt, wonach sich die Gebietshoheit als sachenrechtliches Herrschaftsverhältnis über das Staatsgebiet darstellt. Die neuere Lehre (vgl. Radnitzky AöR 1912 S. 454 ff.) betrachtet das Staatsgebiet demgegenüber als örtliche Kompetenzsphäre der Staatsgewalt. Vgl. zu dem Theorienstreit die Übersicht bei Zippelius, Staatslehre, § 8 III, und Meyer, Freiheit der Luft, S. 68 Rdnr. 4.

Seine tragende Begründung findet der Satz von der Lufthoheit in der erst später gewonnenen Erkenntnis, daß das Erdgebiet mit dem darüber befindlichen Luftraum eine natürliche Einheit darstellt. Denn kein Gebiet ist ohne das andere denkbar, und die Dreidimensionalität des Raumes erfordert, beide Bereiche "räumlich und herrschaftlich" als zusammengehörig zu betrachten [1].

Die Lehre von der Souveränität eines jeden Staates in seinem Luftraum wurde mit dem Pariser Luftverkehrsabkommen [2] fester Bestandteil des Völkerrechts und hat heute durch Art. 1 des Abkommens über die Internationale Zivilluftfahrt [3] weltumfassende Anerkennung gefunden.

Die staatliche Souveränität im Luftraum bleibt aber auf den Luftraum über dem Staatsgebiet selbst beschränkt. Da der Luftraum die rechtliche Natur des darunterliegenden Gebietes teilt, bleibt der Satz von der Freiheit der Luft dann von Bedeutung, wenn es sich um die Luftsäule über der hohen See oder staatenlosem Gebiet handelt.

C Die Grenzen des deutschen Staatsgebiets

Im Anschluß an die Bestimmung der staatlichen Zugehörigkeit der Meeresgebiete und des Luftraums muß der Verlauf der Grenzen des deutschen Staatsgebietes geklärt werden. Denn mit den Grenzen des Inlands ist im wesentlichen [4] gleichzeitig der mögliche räumliche Kompetenzbereich staatlicher Strafverfolgungstätigkeit umschrieben.

---

1) In diesem Sinne bereits Meurer, a.a.O., S. 8; vgl. auch Zitelmann, a.a.O. S. 20; Meyer, Freiheit der Luft, S. 91.
2) Abgedruckt bei Meyer, a.a.O., S. 272.
3) Vgl. oben S. 2 Fn. 2.
4) Der Grundsatz von der Beschränkung der staatlichen Strafverfolgung auf das Inland erleidet zahlreiche Ausnahmen; vgl. für das Seerecht unten S. 95 ff., ferner unten S. 201 ff.

Die Ermittlung der Grenzen des Inlands muß notwendigerweise in zwei verschiedenen Richtungen erfolgen, nämlich in horizontaler und vertikaler Sicht.

I Das Inland in horizontaler Sicht

Der räumliche Umfang des deutschen Staatsgebietes bestimmt sich auch für den Bereich des Strafrechts [1] nach Staats- und Völkerrecht. Hiernach umfaßt der deutsche Inlandsbegriff neben dem deutschen Landgebiet [2] auch die deutschen Eigengewässer [3]. Das dem deutschen Festland bzw. den Eigengewässern vorgelagerte Küstenmeer nimmt die Bundesrepublik Deutschland in einer

1) BGHSt 5 S. 364; BGHSt 8 S. 170; Dreher, StGB, § 3 Vorbem. 3; Kohlrausch-Lange, StGB, § 3 Vorbem. IV; a. A. jedoch die Lehre vom "funktionellen" Inlandsbegriff, die für den Bereich des deutschen internationalen Strafrechts einen spezifischen Inlandsbegriff vertritt; vgl. Schönke-Schröder, StGB, § 3 Vorbem. 14 f.; Tröndle, LK, § 3 Vorbem. 39; Jescheck, Strafrecht, AT § 18 V; danach ist Inland das Gebiet, in dem das deutsche Strafrecht aufgrund hoheitlicher Staatsgewalt seine Ordnungsfunktion geltend macht. Dieser Lehre kann jedoch nicht zugestimmt werden. Ihrer Intention, im Verhältnis zur DDR und den deutschen Ostgebieten für das Strafrecht fragwürdige Ergebnisse zu vermeiden, kann auch Rechnung getragen werden, indem die Regeln des internationalen Strafrechts analog angewandt werden (so z. B. Dreher, StGB, § 3 Vorbem. 5 B). Im übrigen widerspricht sie auch dem Inhalt des Gesetzes zur vorläufigen Regelung der Rechte am deutschen Festlandsockel (BGBl. 1964 I S. 497). Hier nimmt das deutsche Strafrecht Ordnungsfunktionen wahr (vgl. §§ 4, 7), ohne jedoch eine dort außerhalb des Küstenmeeres begangene strafbare Handlung als im Inland begangen anzusehen (vgl. § 9).

2) Der strittigen Frage nach den Grenzen des deutschen Landgebietes soll wegen ihrer allgemeinen Bedeutung nicht innerhalb des hier zu untersuchenden speziellen Themas nachgegangen werden, da dies den gesetzten Rahmen sprengen würde. Die herkömmliche Ansicht, nach der die Grenzen des Deutschen Reiches vom 31. 12. 1937 maßgeblich sein sollen, dürfte nach dem Inkrafttreten des deutsch-sowjetischen Gewaltverzichtsabkommens und des die polnische Westgrenze betreffenden deutsch-polnischen Vertrages neu zu überdenken sein, wobei auch die Rechtsprechung des BVerfG (NJW 1973 S. 1539) zum Grundvertrag zu berücksichtigen wäre. Vgl. Maurach, Strafrecht, AT § 11 II A 1 b aa; ferner Tröndle, LK, § 3 Vorbem. 35 m. weit. Nachw.

3) Vgl. oben S. 7.

Breite von 3 Seemeilen für ihr Staatsgebiet in Anspruch [1].

Wegen der völkerrechtlich möglichen Ausdehnung der Küstengewässer auf 12 Seemeilen ist die Bundesrepublik Deutschland berechtigt, ihre Hoheitsgewalt in beschränktem Umfang [2] über den Bereich ihres Küstenmeeres auf eine der Festlandgrenze bis zu 12 Seemeilen vorgelagerte Meeresrandzone zu erstrecken. Die Beanspruchung dieser Randzone verändert jedoch deren Rechtsnatur als Teil des freien Meeres nicht und vermag den Umfang des deutschen Staatsgebietes nicht weiter auszudehnen.

II Das Inland in vertikaler Sicht

Aus der Erkenntnis, daß der Luftraum die Rechtsnatur des darunter liegenden Staatsgebietes teilt, ergibt sich, daß sich das Inland in der Luftsäule über dem deutschen Land- und Seegebiet fortsetzt. Damit steht aber noch nicht fest, bis zu welcher Höhe der deutsche Luftraum seine Inlandsqualität beibehält. Eine Erstreckung des Inlands in die unbegrenzte Weite des Weltraums hinein käme einer unrealistischen Fiktion gleich [3]. Denn angesichts der nur in Lichtjahren zu messenden Entfernungen im Weltraum grenzt es an Unmöglichkeit festzustellen, ob rechtserhebliche Vorgänge irgendwo im Weltraum dem nationalen Herrschaftsbereich eines bestimmten Staates zuzurechnen sind. Der unbegrenzten Souveränität eines Staates bis in den Weltraum hinein widerspricht es auch, daß sich der betreffende staatliche Hoheitsbereich durch die Bewegungen der Erde im Weltraum stets verändern würde [4]. Zudem fehlt es zwischen Weltraum und Erde

---

1) RFH Bd. 26 S. 271; vgl. ferner die deutsche Regierungsantwort vor der Haager Seerechtskonferenz (1930), Bases De Discussion, Tome II S. 109.

2) Vgl. oben S. 9 ; ferner unten S. 90 f.

3) Vgl. aber die bei Verdross, Völkerrecht, S. 300 Anm. 1, zitierte Literatur.

4) Verdross, a.a.O. S. 301.

an der natürlichen Verbundenheit, die das Verhältnis des Luftraums zum darunterliegenden Landgebiet kennzeichnet [1].

Es entspricht daher allgemeiner Rechtsüberzeugung, daß der Weltraum keiner nationalen Staatsgewalt untersteht [2].

Umstritten ist aber, nach welchen Kriterien die Grenze zwischen dem seiner Natur nach freien Weltraum und dem staatlicher Hoheitsgewalt unterstehenden Luftraum gezogen werden soll [3].

Einige Autoren gehen von der Existenz einer "natürlichen" Grenze zwischen Luftraum und Weltraum aus. Teilweise wird angenommen, daß sich das Staatsgebiet bis zur Obergrenze der Atmosphäre erstrecke [4], teilweise wird sogar auf das Ende der Anziehungskraft der Erde abgestellt [5]. Diese Grenzziehungen erscheinen jedoch zu weit ausgedehnt [6] und lassen zudem eine exakte Bestimmung ihres Verlaufes nicht zu.

Demgegenüber geht eine andere Theorie in Anlehnung an das Abkommen über die Internationale Zivilluftfahrt von Chicago davon aus, daß Luftraum nur der Raum sein könne, welcher der Benutzung durch Luftfahrzeuge zugänglich sei. Danach beginne der Weltraum dort, wo die Reaktion der Luft - der aerodynamische Auftrieb - aufhöre und der Flug nurmehr durch Zentrifugalkraft möglich sei. Die danach zu ziehende Grenzlinie verlaufe nach aerodynamischen Berechnungen mit einer gewissen Exaktheit in einer Höhe von ca. 80 km (Kármán-Linie) [7].

---

1) Vgl. Meyer, Straftaten im Weltraum, S. 5.
2) Vgl. Entschließung der Vereinten Nationen Nr. 1962 (XVIII) vom 13. 12. 1963 Ziff. 3; abgedruckt in ZLW 1964 S. 121.
3) Teilweise wird die Notwendigkeit einer Grenzziehung überhaupt geleugnet; vgl. Chaumont, Droit de l'espace, S. 47; vgl. dazu Meyer, ZLW 1962 S. 106 ff., 116. Die Notwendigkeit ergibt sich aber bereits wegen der verschiedenen Rechtsnatur beider Räume.
4) Etwa 300 000 km; so Zarges, Grenze des Staatsgebietes im Luftraum, S. 121.
5) Etwa 1 500 000 km; so Rinck ZLW 1960 S. 196.
6) Rinck muß sogar in Kauf nehmen, daß die Kreisbahn des Mondes verschiedene Hoheitsbereiche durchläuft.
7) Nach dem Aerodynamiker v. Kármán benannt.

Im übrigen herrscht die Überzeugung vor, daß eine exakte und endgültige Grenzlinie nur durch ein weltweites Abkommen festgelegt werden kann [1] [2]. Dabei wird von der überwiegenden Zahl der Autoren die Festlegung der genannten 80 km-Grenze befürwortet [3].

Mithin ist festzustellen, daß das Problem, bis zu welcher Höhe die inländische Staatsgewalt ihre Reichweite hat, noch nicht endgültig geklärt ist. Für die geltende Rechtslage ist die Kármán-Linie aber insofern von Bedeutung, als sie das theoretische Höhenmaximum festlegt, bis zu dem der Luftauftrieb noch Flüge ermöglicht. Daraus ergibt sich, daß ein theoretisch diese Höhe erreichendes Luftfahrzeug noch in dem Bereich wäre, der nach Art. 1 Chic Abk der Souveränität des Bodenstaates untersteht. Das deutsche Hoheitsgebiet reicht daher wenigstens bis zu einer Höhe von 80 km. Ob damit bereits das Maximum der Ausdehnung des Inlands erreicht ist, muß offen bleiben und kann erst in der Zukunft beantwortet werden.

---

1) So z. B. Meyer, Straftaten im Weltraum, S. 6; Zarges, a.a.O., S. 121.

2) Cooper, ZLW 1966 S. 110, schlägt in Anlehnung zum Seerecht die Schaffung einer vorgelagerten Randzone zwischen Luftraum und Weltraum vor.

3) Insbes. Haley, Space Law and Government, S. 77 ff.; Verdross, Völkerrecht, S. 302; Meyer ZLW 1965 S. 14; vgl. auch Schnorr von Carolsfeld, Straftaten in Flugzeugen, S. 9; Dauses NJW 1973 S. 176.

ERSTES KAPITEL
DAS DEUTSCHE INTERNATIONALE STRAFRECHT

Die völkerrechtlichen Grundsätze über die Rechtsnatur des Meeres- und Luftraums und die daraus resultierende Verschiedenheit der nationalen Territorialhoheiten in diesem Bereich führen dazu, daß eine Straftat an Bord oftmals einen internationalen Einschlag aufweist. Daneben ist auch für die rechtliche Zuordnung von Vorgängen an Bord bedeutsam, daß Schiffe und Luftfahrzeuge über die Pflicht zur Flaggenführung [1)] mit ihrem Heimatstaat verbunden bleiben. Schließlich sind die Beziehungen zu ausländischen Rechtsordnungen auch durch die regelmäßig unterschiedlichen Staatsangehörigkeiten von Passagieren und Besatzungsmitgliedern bedingt.

Das vielfältige Nebeneinander von nationalen Rechtsbeziehungen an Bord muß sich notwendig auch auf den Bereich der Strafrechtspflege erstrecken. Dabei obliegt dem nationalen Recht eines jeden Staates die Bestimmung, wie weit die eigene Strafgewalt bei Vorgängen an Bord ausgedehnt werden soll und welche Umstände hierbei als Anknüpfungspunkt für den Strafanspruch dienen sollen. Damit hängt die Verfolgung von strafbaren Handlungen an Bord von Schiffen und Luftfahrzeugen entscheidend von der Reichweite der nationalen Strafgewalt ab.

Der Umfang der deutschen Strafgewalt ist den Regeln des deutschen "internationalen Strafrechts" in den §§ 3 ff. StGB zu entnehmen. Hierbei handelt es sich keineswegs um internatio-

---

1) Für Schiffe ergibt sich die Flaggenführungspflicht aus völkerrechtlichem Gewohnheitsrecht. Vgl. dazu Art. 4, 5 Genfer Abkommen über das hohe Meer, ferner § 1 des Flaggenrechtsgesetzes vom 8. 2. 1951 (BGBl. I S. 79); für Luftfahrzeuge besteht die entsprechende Pflicht gem. Art. 20 Chic. Abk.

nales Recht, welches durch völkerrechtliche Übung oder Vertragssysteme zustande gekommen ist. Vielmehr liegt nationales Recht vor, welches die Frage betrifft, inwieweit bei Taten im Ausland oder von Ausländern im Inland unter Beanspruchung deutscher Strafgewalt deutsches Strafrecht anzuwenden ist [1]. Die Regeln des deutschen internationalen Strafrechts sind wegen ihrer Bedeutung für das materielle Strafrecht zuweilen als "Rechtsanwendungsrecht" bezeichnet worden [2]. Diese Bezeichnung ist jedoch irreführend, denn die §§ 3 ff. StGB regeln gleichzeitig das vorrangige Problem des Umfangs der deutschen Strafgewalt, wobei sie davon ausgehen, daß aus der deutschen Strafgewalt auch die Anwendung des deutschen materiellen Strafrechts folgt [3].

A Strafgewalt und Strafgerichtsbarkeit

Von dem Begriff der Strafgewalt muß der prozessuale Begriff der Strafgerichtsbarkeit streng unterschieden werden. Unter Strafgerichtsbarkeit ist die Befugnis eines Staates zu verstehen, eine bestimmte strafbare Handlung durch seine Strafgerichte abzuurteilen und den Täter mit Strafe zu belegen [4]. Zwar besteht im Regelfall zwischen Strafgewalt und Strafgerichtsbarkeit Kongruenz, so daß die deutsche Gerichtsbarkeit für alle Taten gegeben ist, die auch der deutschen Strafgewalt unterliegen [5]. Jedoch gilt dieser Grundsatz nicht ohne Einschränkungen. Es ist denkbar daß trotz deutscher Strafgewalt aufgrund besonderer Regeln des Völkerrechts keine deutsche Gerichtsbarkeit begründet ist [6] oder um-

1) Dreher, StGB, § 3 Vorbem. 1.
2) Vgl. im Anschluß an Mezger, DStR 1941, S. 19, Schönke-Schröder StGB, § 3 Vorbem. 1; Mezger-Blei, Strafrecht, AT § 12 I; Welzel, Strafrecht, § 6 II.
3) Vgl. Jescheck, Strafrecht, AT § 18 I 1; daß die Anwendung eigenen Strafrechts kein zwingendes Dogma ist, zeigt die Untersuchung von Staubach, Die Anwendung ausländischen Strafrechts, 1964.
4) Zlatarić, in Aktuelle Probleme, S. 164.
5) Jescheck, a.a.O., § 18 I 3; Henkel, Strafverfahrensrecht, S. 77.
6) Vgl. die §§ 18 ff. GVG; ferner Jescheck, a.a.O., m. weit. Bsp.

gekehrt die Strafgewalt bei Vorliegen der Gerichtsbarkeit fehlt [1].

B Ausdehnung der Strafgewalt und Völkerrecht

Wenn sich die Reichweite der deutschen Strafgewalt nach deutschem Recht bestimmt, wird sofort klärungsbedürftig, wo die Grenzen der möglichen Ausdehnung innerstaatlicher Strafgewalt liegen. Dies ist besonders für den luft- und seestrafrechtlichen Bereich interessant, da hier eine Vielzahl von möglichen Strafzuständigkeiten in Betracht kommt, wobei im einzelnen oft nur eine lockere Beziehung zwischen der Tat und der eigenen Staatlichkeit besteht [2].

Die zu der Frage der völkerrechtlichen Grenzen des internationalen Strafrechts früher teilweise vertretene Lehre von der unbegrenzten Kompetenz-Kompetenz eines jeden Staates [3] hat sich in diesem Umfang nicht aufrecht erhalten lassen [4]. Zwar wird auch heute der einzelne Staat als Träger der Kompetenz-Kompetenz angesehen [5], jedoch hat er bei ihrer Ausübung bestimmte völkerrechtliche Grenzen zu wahren.

Demgegenüber ist in der Staatenpraxis des anglo-amerikanischen Rechtskreises vereinzelt zum Ausdruck gelangt, daß kein nationales Strafgesetz über den jeweiligen staatlichen Hoheitsbereich hinaus verbindlich sein könne, weil anderenfalls die fremde Souveränität verletzt werde [6]. Dieser Lehre kommt in der Gegen-

---

1) Vgl. Zlatarić, a.a.O., der hier jedoch zu Unrecht die Fälle der "stellvertretenden Strafrechtspflege" anführt.
2) Z. B. bei Straftaten zwischen Ausländern an Bord eines deutschen Schiffes oder Luftfahrzeuges, wenn sich die Fahrzeuge im ausländischen Hafen bzw. Lufthafen befinden.
3) Binding, Handbuch, Bd. 1 S. 374.
4) Vgl. die Hinweise bei Rosswog, Problem der Vereinbarkeit, S. 35 ff., 190.
5) Jescheck, Strafrecht, AT § 18 I 2; Tröndle, LK, § 3 Vorbem. 12; a. A. Rosswog, a.a.O., S. 37.
6) Vgl. die Übersicht bei Rosswog, a.a.O., S. 38 ff.; ferner Dahm, Völkerrecht, Bd. 1 S. 258, der auf die Haltung der USA im Cutting-Fall hinweist.

wart keine praktische Bedeutung mehr zu [1].

Danach ist die Bundesrepublik Deutschland keineswegs gehindert, ihre Strafgesetze auf Sachverhalte außerhalb des Inlands anzuwenden. Diese Freiheit bei der Ausgestaltung ihres internationalen Strafrechts findet jedoch ihre Grenze am völkerrechtlichen Verbot des Rechtsmißbrauchs [2]. Kein Staat darf sich über das Interesse anderer Staaten an der Wahrung ihrer Rechtsordnung und am Schutz ihrer Staatsangehörigen hinwegsetzen [3]. Die Strafgewalt darf nur auf solche Sachverhalte erstreckt werden, bei denen aufgrund eines vernünftigen Anknüpfungspunktes eine ausreichende Beziehung der Tat zum Inland gegeben ist, etwa weil der Täter Deutscher ist oder die Angriffsrichtung der Tat besonders deutsche Interessen berührt [4].

C Die Prinzipien des deutschen internationalen Strafrechts

Für die Anknüpfungspunkte, welche das Bindeglied zwischen dem Sachverhalt und der Ordnungsaufgabe der innerstaatlichen Strafgewalt darstellen [5], hat sich die Bezeichnung "Prinzipien des internationalen Strafrechts" durchgesetzt. [6]

Den §§ 3 ff. StGB liegen die nachstehenden Prinzipien zugrun-

1) Vgl. Glatzel, Völkerrechtliche Grenzen, S. 119 ff.; vgl. ferner die Begründung des StJG im Lotus-Fall, die darauf hinweist, daß sich eine Begrenzung der staatlichen Strafgewalt nur aus einer völkerrechtlichen Verbotsnorm ergeben könne. Eine solche konnte im konkreten Fall jedoch nicht nachgewiesen werden; vgl. zum Lotusfall Herndl, in Strupp-Schlochauer, WdV, Bd. 2 S. 431 ff.
2) Dahm, Völkerrecht, Bd. 1 S. 260; Jescheck, Strafrecht, AT § 18 I 2; Tröndle, LK, § 3 Vorbem. 12.
3) Jescheck, a.a.O., § 18 II 4; Tröndle, a.a.O.
4) Dahm, a.a.O.; vgl. auch Wengler, Völkerrecht, Bd. 2 S. 941 f.; Verdross, Völkerrecht, S. 319.
5) Vgl. Nowakowski ÖZöffR 1955 S. 20.
6) Zum Inhalt und der geschichtlichen Entwicklung dieser Prinzipien vgl. Oehler, Internationales Strafrecht, S. 45 ff., 133 ff., 151 ff.

de, die jedoch mit Inkrafttreten des 2. StrRG [1] eine neue Ausgestaltung erfahren.

Das Territorialitätsprinzip (§ 4 Abs. 1 StGB; § 3 StGB i. d. F. 2. StrRG) erstreckt die deutsche Strafgewalt auf alle strafbaren Handlungen, die im Inland begangen werden. Mit dem aktiven Personalitätsgrundsatz unterliegen auch Straftaten deutscher Staatsangehöriger im Ausland der deutschen Strafgewalt (§ 3 Abs. 1 StGB; § 5 Nr. 2, 5, 6 und 8, § 7 Abs. 2 Nr. 1 1. Alt. StGB i. d. F. 2. StrRG). Das Flaggenprinzip (§ 5 StGB; § 4 StGB i. d. F. 2. StrRG) knüpft die deutsche Strafgewalt an die Begehung der Tat an Bord eines deutschen Schiffes oder Luftfahrzeuges an. Nach dem Schutzprinzip (§ 4 Abs. 2 Nr. 2, Abs. 3 Nr. 1, 2, 5 und 6 StGB; § 5 Nr. 1, 3, 4, 7, 9 und 10, § 7 Abs. 1 StGB i. d. F. 2. StrRG) besteht ein deutscher Strafanspruch dann, wenn Ausländer im Ausland eine Tat gegen bestimmte Rechtsgüter begehen, zu deren Schutz die deutsche Rechtsordnung berufen ist. Durch das Weltrechtsprinzip (§ 4 Abs. 3 Nr. 3, 4, 7, 8 und 9 StGB; § 6 StGB i. d. F. 2. StrRG) wird die inländische Strafgewalt auf Taten erstreckt, durch die gemeinsame, in allen Kulturstaaten anerkannte Rechtsgüter verletzt werden, gleichgültig, wer sie begeht oder wo und gegen wen sie begangen werden. Ergänzt werden diese Anknüpfungspunkte noch durch das Prinzip der stellvertretenden Strafrechtspflege (§ 4 Abs. 2 Nr. 1 und 3 StGB; § 7 Abs. 2 Nr. 1 2. Alt., 2 StGB i. d. F. 2. StrRG). Dies bedeutet, daß ein im Inland ergriffener Täter - falls er an den eigentlich zur Strafverfolgung berufenen Staat aus tatsächlichen oder rechtlichen Gründen nicht ausgeliefert werden kann - stellvertretend der deutschen Strafgewalt unterworfen wird [2].

---

1) vom 4. Juli 1969 (BGBl. I S. 717; III S. 450 - 2), welches nach dem Gesetz über das Inkrafttreten des 2. StrRG vom 30. Juli 1973 (BGBl. 1973 I S. 909) am 1. 1. 1975 in Kraft tritt.

2) So z. B. bei einem "Neubürger" wegen Art. 16 Abs. 2 S. 1 GG; Jescheck, Strafrecht, AT § 18 II 6 und Tröndle, LK, § 3 Vorbem. 11, stellen klar, daß der inländische Richter zwar stellvertretend tätig wird, aber dennoch inländische Strafgewalt ausübt; vgl. auch oben S. 18 Anm. 1.

Die Reform des deutschen internationalen Strafrechts durch das 2. StrRG betrifft im wesentlichen Einschränkungen des Personalitätsprinzips. Während das noch geltende deutsche Strafrecht einschränkungslos [1] von der ubiquitären Bindung deutscher Staatsangehöriger an die deutschen Strafgesetze ausgeht, ist diese Bindung im neuen Recht auf bestimmte Delikte beschränkt [2]. In allen übrigen Fällen gilt das deutsche Strafrecht nur dann, wenn die Tat auch am Tatort mit Strafe bedroht ist oder der Tatort keiner Strafgewalt unterliegt [3].

Innerhalb der allgemeinen Prinzipien des deutschen internationalen Strafrechts stellt das Flaggenprinzip eine Spezialregelung dar, welche die deutsche Strafgewalt auf deutsche Schiffe und Luftfahrzeuge erstreckt. Während das Flaggenprinzip nach dem geltenden Recht unabhängig vom Standort des Schiffes besteht, hat das 2. StrRG es auf deutsche Schiffe und Luftfahrzeuge im Ausland beschränkt [4]. Im übrigen besteht das Flaggenprinzip im künftigen Recht aber im gleichen Umfang weiter.

Die Bedeutung dieses Anknüpfungspunktes des deutschen internationalen Strafrechts für die Arbeit macht es erforderlich, das Flaggenprinzip einer näheren Betrachtung zu unterwerfen.

---

1) Eine identische Norm des Tatortrechts ist nicht erforderlich; vgl. aber § 3 Abs. 2 StGB.
2) § 5 Nr. 2, 5, 6 und 8 StGB i. d. F. 2. StrRG.
3) § 7 Abs. 2 Nr. 1 1. Alt. StGB i. d. F. 2. StrRG.
4) Die Fassung des Flaggenprinzips durch das 2. StrRG soll durch das EGStGB erneut geändert werden; vgl. den Reg.E zu Art. 17 Abs. 1 Nr. 2 EGStGB (BT-Drucks. VI Nr. 3250): "Das deutsche Strafrecht gilt unabhängig vom Recht des Tatorts für Taten, die auf einem Schiff oder Luftfahrzeug begangen werden, das berechtigt ist, die Bundesflagge oder das Staatszugehörigkeitszeichen der Bundesrepublik Deutschland zu führen." Vgl. dazu unten S. 25 Anm. 1.

D Das Flaggenprinzip als besondere Begründung eines deutschen Strafanspruchs für strafbare Handlungen an Bord von Schiffen und Luftfahrzeugen

I Entstehungsgeschichte

Die Einführung des Flaggenprinzips beruht auf der Verordnung vom 6. 5. 1940 [1], mit der allgemein das internationale Strafrecht des StGB einer Neufassung unterzogen wurde. Die sich wegen des Datums der Verordnung aufdrängende Vermutung, § 5 StGB beruhe auf nationalsozialistischem Rechtsdenken, trifft bereits deshalb nicht zu, weil sich das Flaggenprinzip schon in den Entwürfen zum StGB von 1924 [2] und 1927 [3] findet.

Die Begründung zu § 5 der Reichstagsvorlage zum Entwurf eines allgemeinen Strafgesetzbuches von 1927 führt aus [4], daß nach dieser Vorschrift die deutschen Strafgesetze auch auf solche Taten anwendbar sein sollten, die auf einem deutschen Seeschiff oder Luftfahrzeug begangen würden, auch wenn das Schiff oder Luftfahrzeug zur Zeit der Tat nicht im Inland sei. Sie gelte auch dann, wenn sich das Schiff in fremdem Hafen aufhalte, oder wenn das Luftfahrzeug fremdes Gebiet überfliege oder im Ausland gelandet sei. Hierfür spreche vornehmlich die Erwägung, daß derjenige, der sich einem deutschen Schiff oder Luftfahrzeug anvertraue, einen Anspruch darauf habe, überall unter dem Schutz des deutschen Strafrechts zu stehen. Aus den Materialien des mit der Strafrechtsreform befaßten Reichstagsausschusses [5] ergibt sich, daß § 5 E 1927 auf dem alten anerkannten Grundsatz des Völkerrechts beruhe, daß Seeschiffe und Luftfahrzeuge wandernde Bestandteile des Heimatlandes darstellten.

---

1) RGBl. 1940 I S. 754.
2) Amtlicher Entwurf eines allgemeinen Strafgesetzbuches, 1924; dort § 4 Abs. 2.
3) Amtlicher Entwurf eines allgemeinen Strafgesetzbuches, 1927; dort § 5.
4) RT-Drucks. III Nr. 3390 S. 8.
5) StrARTag IV, Protokoll der 4. Ausschußsitzung vom 11. 10. 1928, S. 2.

Diese Erwägungen, soweit sie hier zitiert sind, entsprechen auch der für die Verordnung vom 6. 5. 1940 angeführten Begründung [1].

Die damit vorgenommene Ausdehnung der deutschen Strafgewalt sprengte für damalige Verhältnisse den traditionellen Rahmen der bis dahin üblichen Anknüpfungsgrundsätze des deutschen internationalen Strafrechts.

II Die sachlichen Anwendungsvoraussetzungen des § 5 StGB

1. Die Begriffe deutsches Schiff und deutsches Luftfahrzeug

Die Bestimmung der Begriffe deutsches Schiff und deutsches Luftfahrzeug ist wegen der Situation im gespaltenen Deutschland mit besonderen Problemen verbunden. Nach allgemeinem Sprachgebrauch sind auch Schiffe und Luftfahrzeuge der DDR als deutsch anzusehen, womit die Frage nach dem Geltungsbereich des § 5 StGB verbunden ist.

Die Anwendung des Flaggenprinzips auf Schiffe und Luftfahrzeuge der DDR erscheint wenig sachgerecht, da sich die DDR zu einem selbständigen deutschen Teilgebiet unter getrennter Führung entwickelt hat. Dieser Tatsache wird im strafrechtlichen Bereich zu Recht in vordringendem Maße durch die analoge Anwendung des internationalen Strafrechts im Verhältnis zur DDR Rechnung getragen [2]. Die Analogie bedeutet für das Flaggenprinzip, daß § 5 StGB nur für solche Schiffe und Luftfahrzeuge gilt, denen

---

1) Vgl. die Ausführungen von Rietzsch DJ 1940 S. 565, dessen Ausführungen halbamtlicher Charakter zugemessen werden kann.

2) So Dreher, StGB, § 3 Vorbem. 5 B; Jescheck, Strafrecht, AT § 20 III 2; Herrmann, Die Anwendbarkeit des politischen Strafrechts im Verhältnis zwischen der Bundesrepublik und der DDR, S. 81 ff.; Tröndle, LK, § 3 Vorbem. 78; Schönke-Schröder, StGB, § 3 Vorbem. 24 a; Welzel, Strafrecht, S. 29; Endemann NJW 1966 S. 2381; weitergehend Schmidhäuser, Strafrecht, AT S. 106, der das internationale Strafrecht unmit-

die deutsche Staatszugehörigkeit von der Bundesrepublik Deutschland verliehen worden ist.

Lehnt man die analoge Anwendung des internationalen Strafrechts im Verhältnis zur DDR ab [1], so gelangt man aufgrund einer näheren Betrachtung der Begriffe deutsches Schiff und deutsches Luftfahrzeug dennoch zum gleichen Ergebnis.

Die deutsche Staatszugehörigkeit eines Schiffs ergibt sich allein aus dem Flaggenrechtsgesetz von 1951 [2]. Danach sind alle Schiffe deutsch, die verpflichtet sind, die deutsche Bundesflagge zu führen. Das sind diejenigen Seeschiffe, welche im Eigentum eines Deutschen [3], einer Gesellschaft oder juristischen Person stehen, wobei der Sitz oder Wohnsitz des Eigentümers jeweils im Geltungsberei ch des Grundgesetzes [4] liegen muß [5]. Daneben besitzen auch solche Schiffe die deutsche Staatszugehörigkeit, bei denen der Eigentümer von seinem Wahlrecht auf Führung der Bundesflagge [6] Gebrauch gemacht hat. Ein solches Wahlrecht steht insbesondere deutschen Schiffseigentümern zu, deren Wohnsitz außerhalb des Geltungsbereichs des Grundgesetzes liegt [7]. Diese Regelung will den Verhältnissen im geteilten Deutschland Rechnung tragen [8] und Schiffe, deren Eigentümer ihren Sitz in der DDR haben, nach deren Wahl der deutschen Bundesflagge unterstellen. In der Praxis hat diese Wahlmöglichkeit jedoch keine Bedeutung, da in der DDR betriebene Schiffe auch dort registriert werden und eine andere Flagge als die Bundesflagge führen. Diese Schiffe sind daher keine deutschen Schiffe im Sinne des Flag-

---

1) Vgl. BGHSt 7, S. 55; BGH GA 1961 S. 24; ferner Maurach, Strafrecht, AT § 11 II C.
2) Vgl. oben S. 16 Anm. 1 ; so Mangoldt-Klein, GG, Art. 27 III c; Satow, Deutsche Kauffahrteischiffe, S. 60; Dreher, StGB, § 5; a. A. Maunz-Dürig-Herzog, GG, Art. 27 Anm. 22.
3) Art. 116 Abs. 1 GG.
4) Art. 23 GG.
5) § 1 FlaggRG.
6) § 2 FlaggRG.
7) § 2 FlaggRG.
8) Satow, a.a.O., S. 62.

genrechtsgesetzes, so daß auch § 5 StGB auf sie keine Anwendung findet [1].

Ein Luftfahrzeug erlangt die deutsche Staatszugehörigkeit durch Erteilung des deutschen Staatszugehörigkeitszeichens [2]. Dies geschieht bei eintragungsbedürftigen Luftfahrzeugen [3] durch die Verkehrszulassung und Eintragung in die Luftfahrzeugrolle [4], anderenfalls nur durch die Verkehrszulassung [5]. Das Zulassungs- und Eintragungsverfahren steht zwar auch in der DDR betriebenen Luftfahrzeugen offen [6], jedoch wird hiervon in der Praxis kein Gebrauch gemacht, da die DDR ein eigenes Zulassungsverfahren durchführt und den Luftfahrzeugen ein besonderes Staatszugehörigkeitszeichen erteilt [7]. Die ausschließlich dort registrierten Luftfahrzeuge besitzen daher keine deutsche Staatszugehörigkeit im Sinne des Luftverkehrsgesetzes und unterliegen nicht dem sachlichen Geltungsbereich des § 5 StGB [8].

Der Begriff des Luftfahrzeuges ist § 1 Abs. 2 LuftVG zu entnehmen. Jedoch bedarf es einiger Einschränkungen. Auf Drachen und Flugmodelle ist das Flaggenprinzip bereits aus der Natur der Sache nicht anwendbar [9]. Auch die Eingliederung von Fallschirmen in den Luftfahrzeugbegriff erscheint bedenklich, da für Luftfahrzeuge gerade das Merkmal der Steigkraft durch den natürlichen Luftauftrieb oder künstliche Kraftaufwendung charakteristisch ist [10] [11]. Der Streit, ob Raumfahrzeuge, soweit sie sich

---

1) Dieses Ergebnis wird für das künftige Recht durch Art. 17 Nr. 2 EGStGB klargestellt werden; vgl. oben S. 21 Anm. 4.
2) Schwenk ZLW 1965 S. 196; Hofmann, LuftVG, § 2 Anm. 13.
3) Vgl. dazu § 14 LuftVZO (v. 19. 6. 1964; BGBl. I S. 370).
4) § 2 Abs. 1 LuftVG (in der Fassung vom 4. 11. 68; BGBl. I S. 1113), § 19 LuftVZO.
5) Schwenk, a.a.O.
6) Vgl. bereits § 3 LuftVG.
7) §§ 25, 26 des Gesetzes über die zivile Luftfahrt vom 31. 7. 1963, abgedruckt in ZLW 1964, S. 129 ff.
8) Vgl. oben S. 21 Anm. 4.
9) Vgl. Protokolle des StrABTag VI (51. Sitzung) S. 1587.
10) Heesemann, Strafbare Handlungen, S. 2.
11) Wegen der Zwitterstellung von Luftkissenfahrzeugen, für die § 5 StGB in jedem Fall gilt, vgl. Lødrup, Hovercraft, 1967.

noch im Luftraum befinden, als Luftfahrzeuge anzusehen sind [1], erübrigt sich, wenn man de lege ferenda eine Erweiterung des Flaggenprinzips auch auf den Weltraum für angezeigt hält [2].

Die Anwendung des Flaggenprinzips auf Schiffe [3] erfaßt sowohl Seeschiffe als auch Binnenschiffe [4]. Ist ein deutsches Schiff in Seenot, so gilt § 5 StGB auch für das Wrack und die Rettungsboote eines solchen Schiffs [5].

Das Flaggenprinzip bezieht sich auf alle deutschen Schiffe und Luftfahrzeuge, gleichgültig, ob es sich um ein Privatfahrzeug handelt oder ob die Bundesrepublik das Fahrzeug selbst betreibt [6].

2. Der Begehungsort

Bei Straftaten, die auf einem deutschen Schiff oder Luftfahrzeug begangen werden, wird es sich regelmäßig um Straftaten handeln, die sich an Bord selbst abspielen. Damit ist die Frage nach dem Begehungsort aber noch nicht erschöpft, denn die Bedeutung des Wortes "auf" darf nicht überbetont werden. Vielmehr ist nach der positiven Regelung des § 3 Abs. 3 StGB die Tat an jedem Ort begangen, an dem der Täter gehandelt hat oder im Falle des Unterlassens hätte handeln sollen, oder an dem der Erfolg eingetreten ist oder eintreten sollte. Somit reicht es für die Anwendung des § 5 StGB aus, wenn der Täter außerhalb des Schiffes oder Luftfahrzeuges gehandelt hat, die Tat aber nach den Grundsätzen des § 3 Abs. 3 StGB als an Bord begangen angesehen wird [7].

1) Vgl. dazu Meyer DÖV 1964 S. 15.
2) So zu Recht Hereus, Strafbare Handlungen an Bord von Luftfahrzeugen, S. 30; Meyer, Straftaten im Weltraum, S. 11.
3) Eine Definition des Schiffes versucht BGH NJW 1952 S. 1135.
4) Demgegenüber sah § 5 E 1927 die Beschränkung auf Seeschiffe vor.
5) Rietzsch, a.a.O.; Schönke-Schröder, StGB, § 5 Anm. 2; Tröndle, LK, § 5 Anm. 2; einschränkend Jungmann, Kauffahrteischiff, S. 17; Oehler, Internationales Strafrecht, S. 321.
6) Vgl. dazu unten S. 49 ff.
7) Vgl. zu den damit im Zusammenhang stehenden Fragen Schnorr von Carolsfeld, Straftaten in Flugzeugen, S. 15, 50 Anm. 96.

Auf den Standort des Schiffes oder Luftfahrzeuges kommt es nach dem Wortlaut des § 5 StGB nicht an. Danach findet das Flaggenprinzip - vorbehaltlich der Vereinbarkeit mit dem Völkerrecht [1] - auch dann Anwendung, wenn ein deutsches Schiff in einem ausländischen Hafen liegt oder ein deutsches Luftfahrzeug im Ausland gelandet ist [2].

III Das Flaggenprinzip und die Beziehung von Schiffen und Luftfahrzeugen zum Inland

Die enge Verwandtschaft des Flaggenprinzips mit dem Territorialitätsprinzip ist in der Literatur wiederholt hervorgehoben worden [3]. Sie kommt auch in dem Vorbild zum Ausdruck, daß § 5 StGB bereits im Entwurf von 1924 [4] hatte: "Deutsche Schiffe und Luftfahrzeuge gelten als Inland". Nach dieser Formulierung erscheint das Flaggenprinzip als Verlängerung des Territorialitätsprinzips, die den Inlandsbegriff auf deutsche Schiffe und Luftfahrzeuge erweitert [5].

Da das deutsche internationale Strafrecht keinen eigenen, spezifisch strafrechtlichen Inlandsbegriff kennt [6], könnte sich eine Erstreckung des Inlands auf deutsche Schiffe und Luftfahrzeuge nur in Übereinstimmung mit den allgemeinen Grundsätzen des Staats- und Völkerrechts ergeben.

---

1) Vgl. dazu unten S. 32 ff.
2) Mettgenberg ZStW Bd. 52 (1932) S. 824 Anm. 27; Rietzsch, DJ 1940 S. 565; Schönke-Schröder, StGB, § 5 Anm. 3; Tröndle, LK, § 5 Anm. 1.
3) Insbes. Jescheck, Strafrecht, AT § 18 II 2; Tröndle, LK, § 3 Vorbem. 6; von Weber, Rittler-Festschrift, S. 114; a. A. Schönke-Schröder a.a.O. Anm. 1: Sonderfall des "Schutzprinzips"; dies ist jedoch unklar, weil sich die Tat an Bord auch gegen ausländische Rechtsgüter richten kann. Vgl. ferner unten S. 42, sowie Oehler, Internationales Strafrecht, S. 349.
4) Vgl. oben S. 22 Anm. 2.
5) In diesem Sinne auch RGSt 23 S. 267; RGSt 50 S. 220.
6) Vgl. oben S. 12 Anm. 1.

1. Schiffe und Luftfahrzeuge als unmittelbare Inlandsteile

Nach einer früher sehr verbreiteten Lehre des Völkerrechts [1)] stellen Schiffe und Luftfahrzeuge frei bewegliche Stücke des Staatsgebietes dar. Sie seien als Sachen der Herrschaft des Heimatstaates unterworfen, als Raum selbst ein Stück des Heimatstaates, der alle Vorgänge an Bord wie Vorgänge im eigenen Staatsgebiet erfasse [2)].

So sehr diese Lehre geeignet ist, wegen ihrer Aussage Widerspruch zu erregen, so sehr ist ihrem Grundanliegen zuzustimmen. Sie geht von dem Bedürfnis aus, Schiffe und Luftfahrzeuge außerhalb des Inlands auf ihren Reisen rechtsbegleitend und rechtsordnend einer Regelung zu unterwerfen. Denn Schiffe und Luftfahrzeuge besitzen die Fähigkeit, sich in den "rechtsleeren" Raum staatenloser Gebiete zu begeben. Es wäre unerträglich, wenn sich die Beziehungslosigkeit zu jeder staatlichen Rechtsordnung, die z. B. dem hohen Meer zu eigen ist, auch auf das Schiff und alle Vorgänge an Bord erstrecken sollte.

Die Ablehnung dieser Lehre ist aber wegen der Art der konstruktiven Verwirklichung dieses Zieles geboten, da ihr bildhafter Ausgangspunkt weit über den Rahmen des rechtlich Möglichen hinausgeht [3)]. Denn die Lehre kann bereits nicht aufrecht erhalten werden, wenn das Schiff das staatenlose Gebiet verläßt und sich im Ausland befindet, da - abgesehen von der besonderen Rechtsfigur des Condominiums - nicht auf gleichem Raum verschiedene Terri-

---

1) Vgl. die Nachweise bei Colombos, Seerecht, S. 232 ff.; ferner Dahm, Völkerrecht, Bd. 1 S. 675; Guggenheim, Völkerrecht, Bd. 1 S. 413; Ridder, in Strupp-Schlochauer, WdV, Bd. 1 S. 626; Bolte, Rechte des Uferstaates, S. 14; Zimmerer, Stellung des Kapitäns, S. 26.

2) So z. B. Frankenstein, Internationales Privatrecht, Bd. 1 S. 117; ebenso Bluntschli, Völkerrecht, S. 185; Heffter-Geffcken, Völkerrecht, S. 181 Anm. 1; Joseph, Schiff in fremden Gewässern, S. 55.

3) Colombos, Seerecht, S. 232 ff.; Dahm, a.a.O.; Bolte, a.a.O., S. 15; Verdross, Völkerrecht, S. 281; vgl. auch Oehler, Internationales Strafrecht, S. 306.

torialhoheiten bestehen können. Beschränkt man den Anwendungsbereich der Theorie auf das hohe Meer bzw. den Luftraum darüber, so müßten konsequenterweise die Luftsäule oberhalb und der Raum unterhalb des Schiffes oder Luftfahrzeuges ebenfalls dem Inland zugerechnet werden. Dies würde jedoch eine ungerechtfertigte Durchbrechung des Verbots der Okkupierbarkeit des hohen Meeres bedeuten [1].

2. Schiffe und Luftfahrzeuge als fingierte Inlandsteile

Eine Reihe anderer Autoren [2] schwächt die Lehre von den unmittelbaren Inlandsteilen zur Fiktion ab. Dies besagt, daß jeder Staat berechtigt ist, die Schiffe und Luftfahrzeuge seiner Flagge auf bzw. über hoher See wie Teile seines Staatsgebietes zu behandeln.

Der Wert einer solchen Fiktionstheorie ist jedoch zweifelhaft. Denn für den Grundsatz der Unterwerfung von Schiffen unter die Gesetze des Flaggenstaates gibt es vernünftige und praktische Gründe, so daß es zur Untermauerung dieses Grundsatzes der Fiktion einer Territorialität gar nicht bedarf [3]. Eine solche Konstruktion ist nur geeignet, zu falschen Folgerungen zu verleiten [4]. Schließlich wäre es auch befremdlich, wenn das Schiff auf hoher See zum fingierten Staatsgebiet würde, diese Eigenschaft mit dem Eintritt in fremde Hoheitsgewässer aber wieder verlöre und somit einem ständigen Wechsel unterworfen wäre [5].

---

1) Verdross, Völkerrecht, S. 281; Bolte, Rechte des Uferstaates, S. 15.
2) Hirschberg, Niemeyers Zeitschrift Bd. 42 (1930), S. 180, 188; Liszt-Fleischmann, Völkerrecht, S. 148; Guggenheim, Völkerrecht, Bd. 1 S. 413; Schaps-Abraham, Seerecht Bd. 1, S. 68; Satow, Deutsche Kauffahrteischiffe, S. 30; Werneburg GerS 98 (1929) S. 76; Tröndle, LK, § 5 Anm. 1; Maurach, Strafrecht, AT § 11 II A 1 b.
3) Colombos, Seerecht, S. 235; Dahm, Völkerrecht, Bd. 1 S. 675; Zimmerer, Stellung des Kapitäns, S. 29.
4) So zu Recht Bolte, a.a.O. S. 23; vgl. z. B. die Hinweise bei Colombos, a.a.O., S. 235; ferner Satow, a.a.O., wonach das fingierte Staatsgebiet fremde Gewässer "überlagere".
5) Zimmerer, a.a.O., S. 30.

Damit steht fest, daß ein bildlich zu verstehender Zusammenhang zwischen dem Schiff oder Luftfahrzeug und dem Inland nicht besteht. Dieser Erkenntnis entspricht es auch, daß die mißverständliche Fassung des E 1924 [1)] nicht geltendes Recht wurde und sich § 5 StGB darauf beschränkt, die Geltung des deutschen Strafrechts anzuordnen [2)].

3. Schiffe und Luftfahrzeuge als Träger der deutschen Staatszugehörigkeit

Die Beziehung von deutschen Schiffen und Luftfahrzeugen zur Bundesrepublik Deutschland stellt sich danach lediglich als eine Beziehung zur deutschen Rechtsordnung dar [3)]. Die Grundlage dieser Bindung folgt aus der Tatsache, daß Schiffe und Luftfahrzeuge als Träger einer eigenen Staatszugehörigkeit [4)] des Flaggenstaates angesehen werden [5)]. Diese Regelung trägt dem Bedürfnis Rechnung, für die Wahrung von Recht und Ordnung im Bereich staatenloser Gebiete durch die Anerkennung der Hoheitsgewalt des Flaggenstaates über seine Schiffe und Luftfahrzeuge zu

---

1) Vgl. oben S. 27.

2) Daß § 5 StGB keine völkerrechtliche Bedeutung hat und den Begriff des Inlands nicht erläutert, nehmen an: Tröndle, LK, § 5 Anm. 1; Schönke-Schröder, StGB, § 5 Anm. 1; vgl. auch Heesemann, Strafbare Handlungen, S. 51, der zu Recht darauf hinweist, daß sich die Strafgewalt andernfalls aus dem Territorialitätsprinzip ergäbe; ebenso Meyer, Archiv für Luftrecht 1932 S. 150 f., der den Sinngehalt des § 5 StGB so formuliert: "Unser Strafrecht ist überall, wo unsere Flagge weht", doch nicht: "Unser Land ist überall, wo unsere Flagge weht".

3) Das Schiff selbst besitzt lediglich den Charakter einer Sache; vgl. Colombos, Seerecht, S. 235; ferner Zimmerer, Stellung des Kapitäns, S. 30 f. m. w. Nachw.

4) Wegen des Unterschiedes zwischen Staatsangehörigkeit und Staatszugehörigkeit vgl. Satow, Kauffahrteischiffe, S. 32. Staatsangehörigkeit ist ein Status, den nur ein Träger von Rechten und Pflichten besitzen kann, nicht aber eine Sache; vgl. aber die bei Bolte, Rechte des Uferstaates, S. 17, zitierte Literatur.

5) Bolte, a.a.O., S. 18 ff.; Colombos, a.a.O., S. 235 f.; Satow, a.a.O., S. 32; Schwenck ZLW 1965 S. 200; vgl. ferner Art. 5 Abs. 1 S. 2 des Genfer Abkommens über die hohe See; Art. 17 Chic. Abk.

sorgen. Somit wirkt sich die Staatszugehörigkeit von Schiffen und Luftfahrzeugen insbesondere dann aus, wenn die Fahrzeuge in oder über hoheitsfreiem Gebiet verkehren. Sie unterliegen dort der ausschließlichen Hoheitsgewalt des Flaggenstaates, so daß sich seine Rechtsordnung auf alle Vorgänge an Bord erstreckt [1].

Die Staatszugehörigkeit bleibt auch dann erhalten, wenn sich das Schiff oder Luftfahrzeug im Ausland aufhält. Zwar wird hier die Herrschaftsgewalt des Flaggenstaates über das Schiff durch die ausländische Territorialhoheit verdrängt. Ausnahmsweise kann das Recht des Flaggenstaates aber dann weiter gelten, wenn der ausländische Territorialstaat auf die Ausübung seiner Hoheitsgewalt über fremde Schiffe und Luftfahrzeuge verzichtet und diese Aufgabe dem Flaggenstaat überläßt [2]. Die Wahrnehmung dieser Aufgabe durch den Flaggenstaat setzt jedoch eine entsprechende Erweiterung des räumlichen Geltungsbereich der anzuwendenden Normen seines Rechts voraus [3].

Soweit das Flaggenprinzip des § 5 StGB für den Bereich des internationalen Strafrechts einen deutschen Strafanspruch auch dann begründet, wenn die Straftat auf einem ausländischen Schiff oder Luftfahrzeug im Ausland begangen wird, bedarf es jedoch eines Verzichts des ausländischen Territorialstaates nicht. Denn jedem Staat steht das Recht zu, seine Strafgewalt über deren territoriale Geltung hinaus auch auf Sachverhalte im Ausland auszudehnen [4]. Anstelle der alleinigen Zuständigkeit des Tatortstaates besteht daher ein konkurrierendes Nebeneinander von Strafansprüchen verschiedener Staaten in Bezug auf einen Sachverhalt [5]. Dieser Grundsatz schließt auch das Flaggenprinzip des § 5 StGB

---

1) Colombos, Seerecht, S. 235; Bolte, Rechte des Uferstaates, S. 21; Satow, Kauffahrteischiffe, S. 32; Schwenck ZLW 1965 S. 200; vgl. auch den Art. 6 Abs. 1 des Genfer Abkommens über die hohe See; Art. 12 Chic. Abk.

2) Vgl. Schwenck, a.a.O., S. 201.

3) Vgl. unten S. 124 f.

4) Vgl. oben S. 18 f.

5) Verdross, Völkerrecht, S. 319; Rosswog, Problem der Vereinbarkeit, S. 42.

ein. Er setzt jedoch voraus, daß sich die Ausgestaltung des § 5 StGB im Rahmen des völkerrechtlich Zulässigen hält.

IV Das Flaggenprinzip und die Schranken des Völkerrechts

Die Freiheit eines jeden Staates bei der Ausgestaltung der Reichweite seines internationalen Strafrechts wird durch die bereits oben erwähnten [1] allgemeinen Schranken des Völkerrechts begrenzt. Es bedarf daher einer Untersuchung, ob die Regelung des § 5 StGB diese Schranken wahrt.

1. Der Sinngehalt der Anknüpfung

Die Forderung nach einer hinreichend nahen Beziehung zwischen der Straftat, die der inländischen Strafgewalt unterliegen soll, und dem Inland selbst ist für das Flaggenprinzip erfüllt.

Schiffe und Luftfahrzeuge werden vom Heimatstaat personell und technisch ausgerüstet und unter seiner Flagge und Staatszugehörigkeit betrieben. Der Flaggenstaat muß sich deshalb für die Aufrechterhaltung der Ordnung an Bord verantwortlich fühlen.
Er hat ein dringendes Interesse daran, daß die Personen an Bord auf den Schutz durch die deutsche Rechtsordnung vertrauen dürfen. Schiffe und Luftfahrzeuge bilden, wo auch immer sie sich befinden, eine unauflösliche Betriebseinheit unter der Kommandogewalt des Kapitäns, die sich auf alle Personen an Bord erstreckt [2].

Der Sinngehalt der Anknüpfung bleibt auch dann bestehen, wenn das Schiff oder Luftfahrzeug in einen fremden Hafen eingelaufen bzw. gelandet ist [3]. Denn einerseits besteht die Staatszugehörigkeit des Fahrzeuges auch im fremden Hafen (bzw. Lufthafen)

---

1) Vgl. oben S. 19.
2) Jescheck, Deutsche Beiträge, S. 207; vgl. Schnorr von Carolsfeld, Straftaten in Flugzeugen, S. 51 Anm. 99, 105 f., der es zu Recht ablehnt, die Geltung des deutschen Strafrechts mittels Unterwerfung der Passagiere zu konstruieren.
3) Zweifelnd Meyer, Luftrecht in fünf Jahrzehnten, S. 192.

durch die Flagge sichtbar fort. Zum anderen hat die Bundesrepublik auch deswegen ein berechtigtes Interesse an der Weitergeltung des Flaggenprinzips, da Straftaten an Bord im Ausland gerade mit Rücksicht auf die bestehende Strafgewalt des Flaggenstaates häufig nicht verfolgt werden [1].

2. Das Problem der identischen Norm

Bedenken gegen die Regelung von § 5 StGB könnten deshalb bestehen, weil § 5 StGB die Anwendung des deutschen Strafrechts vom Recht [2] des Tatorts unabhängig erklärt. Danach wird für einen deutschen Strafanspruch das Bestehen einer identischen Norm nicht vorausgesetzt [3].

Diese Regelung ist selbstverständlich, wenn sich das Schiff oder Luftfahrzeug in staatenlosem Gebiet aufhält.

Problematischer wird die Frage indessen, sobald sich das Schiff oder Luftfahrzeug im Ausland befindet und ein Angehöriger des Territorialstaates eine nach deutschem Recht strafbare Handlung an Bord begeht, die nach dem am Orte geltenden Recht straflos oder gar bei Vermeidung einer Strafe geboten wäre. Hier erhebt das Interesse des Territorialstaates an der Wahrung seiner Rechtsordnung und am Schutz seiner Staatsangehörigen Anspruch auf Beachtung.

Es hat nicht an Versuchen gefehlt, das Prinzip der identischen Norm in einer allgemeinen Geltung für den Bereich des internationalen Strafrechts nachzuweisen [4]. Diese Ansicht hat sich aber

---

1) So auch die deutsche Regelung in § 153 b Abs. 1 Nr. 2 StPO; vgl. auch Jescheck IRuD 1956 S. 85; ders., Deutsche Beiträge, S. 209 f.

2) Dies bezieht sich nur auf das ausländische, am Tatort geltende Strafrecht; vgl. Nowakowski JZ 1971 S. 633 sowie unten S. 38.

3) Schnorr von Carolsfeld, Straftaten in Flugzeugen, S. 12.

4) Vgl. z. B. Glatzel, Völkerrechtliche Grenzen, S. 147 ff., der das Prinzip der identischen Norm aus dem Auslieferungsrecht herleiten will.

nicht durchsetzen können [1]. Das Erfordernis einer identischen Norm kann sich nur im Einzelfall aus dem im Völkerrecht anerkannten Verbot des Rechtsmißbrauchs ergeben, wonach ein subjektives Recht als eine Rechtsmacht nur im Rahmen der völkerrechtlichen Rechts- und Gemeinschaftsordnung ausgeübt werden darf [2]. Die Ausfüllung des unbestimmten Begriffs des Rechtsmißbrauchs kann nur mittels der Methode der Interessenabwägung erfolgen. Demnach ist die Ausübung staatlicher Kompetenz rechtsmißbräuchlich, wenn sie das höher bewertete Interesse eines anderen Staates beeinträchtigt [3].

Die danach für das Flaggenprinzip vorzunehmende Interessenabwägung muß für die im einzelnen in Betracht kommenden Fallgestaltungen getrennt vorgenommen werden. Hierbei kommen nur Ausländer als Täter in Betracht, da deutsche Täter bereits durch das vom Tatortrecht grundsätzlich [4] unabhängige Personalitätsprinzip [5] erfaßt werden.

a) Straflosigkeit der Tat nach dem Tatortrecht

Die erste Fallgruppe betrifft ausländische Täter, die an Bord eines deutschen Schiffes oder Luftfahrzeuges im Ausland eine strafbare Handlung begehen, wo die Tat nach dem am Orte geltenden Recht straflos ist. Die vorzunehmende Interessenabwägung führt hier jedoch nicht dazu, die Anwendung des Flaggenprinzips als rechtsmißbräuchlich anzusehen. Zwar hat der Territorialstaat ein Interesse daran, daß die von ihm gewährten Freiheiten auch tatsächlich in Anspruch genommen werden dürfen. Die Bedeutung dieses Interesses tritt aber bereits deshalb zurück, weil die Tat

---

1) Gegen Glatzel, Völkerrechtliche Grenzen, S. 147 ff., insbesondere Rosswog, Problem der Vereinbarkeit, S. 149, 153.
2) Dahm, Völkerrecht, Bd. 1 S. 194 m. w. Nachw.; ferner Rosswog, a.a.O., S. 158 ff.
3) Rosswog, a.a.O., S. 164.
4) Einschränkende Ausnahme: § 3 Abs. 2 StGB.
5) Vgl. oben S. 20 f.

nicht nur innerhalb des Geltungsbereichs des ausländischen Rechts, sondern gleichzeitig innerhalb des räumlichen Anwendungsbereichs des deutschen Flaggenrechts begangen wird. Demgegenüber erlangt das Interesse des Flaggenstaates Bedeutung, welches die Kontinuität der Geltung seiner Rechtsordnung an Bord fordert, da Fahrzeug, Besatzung und Fahrgäste nach Raum und Interesse eine Gemeinschaft bilden, die sinnvollerweise nur vom Recht der Flagge regiert werden kann [1]. Ein Rechtsmißbrauch liegt insoweit nicht vor [2].

b) Gebot der Tat nach dem Tatortrecht

Die zweite Fallgruppe, die von einem besonderen Konflikt der rivalisierenden Rechtsordnungen ausgeht, hat nur theoretische Bedeutung. Der ausländische Täter steht unter dem Verhaltensbefehl einer Strafrechtsnorm des Uferstaates, dessen Erfüllung ihn in strafrechtlichen Konflikt mit dem Recht des Flaggenstaates bringt.

Hier verändert sich die Interessensituation zugunsten des Territorialstaates, dem es kaum zuzumuten ist, einen fremden Strafanspruch für ein Verhalten innerhalb seines Hoheitsgebietes hinzunehmen, das er selbst unter Strafandrohung fordert. Diesem Interesse des Territorialstaates an der Wahrung seiner Rechtsordnung muß das Interesse des Flaggenstaates an der Aufrechterhaltung der heimischen Rechtsordnung weichen, da anderenfalls die dem Rechtsunterworfenen abverlangte Unbotmäßigkeit gegenüber dem Gaststaat einen völkerrechtswidrigen Eingriff in dessen Souveränität darstellen würde [3].

---

1) So Jescheck IRuD 1956 S. 86; ähnlich auch die Begründung des E 1927 (RT-Drucks. III 3390 S. 8).

2) Die Divergenz beider Rechtsordnungen muß nicht notwendig zu Lasten des Täters gehen. Der unvermeidbare Irrtum über das Verbotensein eines Verhaltens ist schuldausschließender Verbotsirrtum.

3) Vgl. Rosswog, Problem der Vereinbarkeit, S. 174 f.; Jescheck, IRuD 1956 S. 84; a. A. Dahm, Völkerstrafrecht, S. 25 f., wonach der Inländer im Ausland jeder der einander widersprechenden Normen gehorchen soll, so daß jeder Staat den Verstoß gegen seine Rechtsordnung ahnden darf.

Einschränkungen sind jedoch dann geboten, wenn das vom fremden Recht geforderte Verhalten sich bewußt gegen schutzwürdige Interessen des Flaggenstaates richtet. Denn hier hat der Aufenthaltsstaat selbst seine Rechtsetzungsbefugnis mißbraucht, so daß ein deutscher Strafanspruch unberührt bleibt [1].

Soweit § 5 StGB von seinem Wortlaut her zu dem gewonnenen Ergebnis im Widerspruch zu stehen scheint und einer völkerrechtskonformen Auslegung bedarf, können sich in der Praxis kaum Schwierigkeiten ergeben. Denn im Regelfall ist eine Beachtung des Tatortrechts nicht geboten. Im übrigen sind auch an Bord kaum Straftaten denkbar, bei denen die Normidentität fehlen würde [2].

3. Das Verhältnis der deutschen Strafgewalt nach dem Flaggenprinzip zur Strafgewalt des Auslandsstaates nach dem Territorialitätsprinzip

Gegen die völkerrechtliche Zulässigkeit des strafrechtlichen Flaggenprinzips ist angeführt worden, das Flaggenprinzip beinhalte, die Straftaten an Bord von deutschen Schiffen und Luftfahrzeugen einer ausschließlichen Zuständigkeit zu unterwerfen [3]. Diese Bedenken sind jedoch unbegründet. Denn in Übereinstimmung mit den Grundsätzen des Völkerrechts liegt es § 5 StGB fern, sich für Straftaten an Bord von deutschen Schiffen und Luftfahrzeugen eines strafrechtlichen Ausschließlichkeitsanspruchs zu berühmen. § 5 StGB begründet lediglich die deutsche Strafgewalt konkurrierend neben den Strafansprüchen anderer Staaten [4] und hindert keinen Staat, für seinen Bereich das gleiche zu tun [5].

---

1) Eine ähnliche Problematik ergibt sich aus der Verschiedenheit der Rechtsordnungen im gespaltenen Deutschland (z. B. Schießbefehl der DDR an der Demarkationslinie); vgl. dazu Jescheck, Strafrecht, § 20 III 2.
2) Jescheck, Deutsche Beiträge, S. 202.
3) Vgl. Meyer JW 1930 S. 3384 f.; vgl. Heesemann, Strafbare Handlungen, S. 52.
4) Vgl. bereits oben S. 31.
5) von Weber, Rittler-Festschrift, S. 116.

Eine Konkurrenz des ausländischen Strafanspruchs nach dem Territorialitätsprinzip mit dem deutschen Strafanspruch nach dem Flaggenprinzip halten andere Autoren [1] nur unter Wahrung einer bestimmten Rangordnung für möglich. Sie folgern aus der Souveränität des Aufenthaltsstaates und dem Inhalt des Flaggenprinzips, daß lediglich die subsidiäre Geltung des deutschen Strafrechts an Bord eines deutschen Fahrzeuges im Ausland völkerrechtlich vertretbar sei.

Diese Ansicht trifft jedoch nicht zu. Sie verkennt, daß Schiffe und Luftfahrzeuge keine unmittelbaren oder fingierten Inlandsteile darstellen [2], und daß der von ihr angenommene Konflikt zweier Strafgewalten gar nicht besteht. Denn das Völkerrecht stellt jedem Staat anheim, seine Strafgewalt auch auf Sachverhalte mit Auslandsbeziehung zu erstrecken [3]. Dies führt notwendig zur Annahme eines gleichrangigen Nebeneinanders der konkurrierenden Strafansprüche [4]. Durch die Verurteilung des Täters in dem einen Staat ist der andere nicht gehindert - vorbehaltlich sich ergebender Abweichungen aus dem Anrechnungs- oder Erledigungsprinzip [5] -, den Täter abermals einem Verfahren zu unterwerfen [6].

Damit steht fest, daß das Flaggenprinzip in seiner Verwirklichung durch § 5 StGB zulässig ist und die deutsche Strafgewalt in gleichrangiger Konkurrenz zu in Betracht kommenden Strafansprüchen anderer Staaten auf strafbare Handlung an Bord von deutschen Schiffen und Luftfahrzeugen erstreckt.

---

1) Rudolf NJW 1954 S. 219 f.; Hereus, Strafbare Handlungen an Bord von Luftfahrzeugen, S. 48, 77 f.; vgl. bereits Jungmann, Kauffahrteischiff, S. 22.
2) Vgl. oben S. 28 ff.
3) Vgl. oben S. 18 f.
4) Jescheck, Deutsche Beiträge, S. 206 Anm. 28; vgl. auch oben S. 31, sowie Oehler, Internationales Strafrecht, S. 318.
5) Vgl. dazu unten S. 43.
6) Vgl. von Weber, Rittler-Festschrift, S. 114 Anm. 11, 116.

V Der Inhalt des deutschen Strafanspruchs

1. Die Anwendung des deutschen Strafrechts

Die Geltung des deutschen Strafrechts bedeutet, daß eine an Bord begangene Handlung umfassend an den Tatbeständen des deutschen Strafrechts gemessen werden kann. Da das deutsche Strafrecht unabhängig vom Recht des Tatorts gilt, bleibt das ausländische Strafrecht auch dann unberücksichtigt, wenn es dem deutschen Strafrecht unbekannte Rechtfertigungs- oder Schuldausschließungsgründe anerkennt. Die Beurteilung von Rechtswidrigkeit und Schuld bemißt sich in diesem Fall nach deutschem Recht.

Die Anwendung des deutschen Strafrechts auf eine Auslandstat unabhängig vom Recht des Tatortes schließt jedoch nur die Anwendung ausländischen Strafrechts aus und bedeutet nicht, daß der betreffende Lebenssachverhalt in jeder Beziehung nach deutschem Recht zu beurteilen ist [1]. Die Bestimmungen des internationalen Strafrechts können den räumlichen Geltungsbereich außerstrafrechtlicher Normen nicht erweitern. Bedarf es zur Beurteilung der Strafbarkeit nach deutschem Strafrecht der Heranziehung nicht zum Strafrecht zählender Rechtssätze, so kommt es allein auf den räumlichen Geltungsbereich dieser Rechtssätze an. Ist der Geltungsbereich dieser Rechtssätze auf das Inland begrenzt, so kann im außerstrafrechtlichen Bereich ausländisches Tatortrecht zur Anwendung gelangen. Dies gilt auch, wenn die Voraussetzungen lokaler außerstrafrechtlicher Rechtfertigungsgründe vorliegen [2]. Ebenso können außerstrafrechtliche Rechtssätze des Tatortrechts für die Auslegung normativer Tatbestandsmerkmale oder für die Bestimmung von Sorgfaltspflichten bei Fahrlässigkeitsdelikten Bedeutung haben.

---

1) Vgl. bereits RGSt 27 S. 135; grundlegend Nowakowski JZ 1971 S. 633 ff., 637 m. w. Nachw.

2) Nowakowski, a.a.O., S. 636, der jedoch auf die Schranke des ordre public hinweist.

Bei der Anwendung des deutschen Strafrechts ist stets zu prüfen, ob sich der betreffende Tatbestand von seinen sachlichen Anwendungsvoraussetzungen auch auf eine an Bord eines deutschen Schiffes oder Luftfahrzeuges im Ausland begangene Tat bezieht. Dabei ist selbstverständlich, daß der Schutz von Individualrechtsgütern in jedem Fall von der deutschen Rechtsordnung gewährleistet wird [1]. Etwas anderes gilt z. B. für die Staatsschutztatbestände, bei denen lediglich Rechtsgüter des Inlands geschützt werden sollen [2]. Der Verrat eines ausländischen Staatsgeheimnisses vermag einen deutschen Strafanspruch auch dann nicht auszulösen, wenn er an Bord eines deutschen Schiffes oder Luftfahrzeuges - unabhängig von seinem Standort - begangen wird [3].

2. Übertretungen an Bord im Ausland

§ 6 StGB [4] bestimmt, daß Auslandsübertretungen nur dann zu bestrafen sind, wenn dies durch besondere Gesetze oder Verträge angeordnet ist. Unter Ausland versteht das internationale Strafrecht jedes nicht zum Inland gehörige Gebiet, also auch solches, welches unter keiner Staatshoheit steht [5].

Die Anwendung der Vorschrift ist dann zweifelhaft, wenn die Übertretung an Bord eines im Ausland befindlichen deutschen Schiffes oder Luftfahrzeuges begangen worden ist.

Da hier nach § 5 StGB das deutsche Strafrecht gilt und eine Übertretung an Bord somit innerhalb des räumlichen Geltungsbereichs des StGB begangen ist, erscheint es berechtigt, eine sol-

---

1) Schönke-Schröder, StGB, § 3 Vorbem. 9.
2) Vgl. die §§ 80 ff. StGB; Schönke-Schröder, a.a.O., Vorbem. 11.
3) Anders bei militärischen Geheimnissen von NATO-Vertragsstaaten, vgl. Art. 7 des 4. StÄG v. 11. 6. 1957 (BGBl. 1957 I S. 601).
4) Für das künftige Recht entfällt diese Vorschrift, da das 2. StrRG keine Übertretungen mehr kennt.
5) Dreher, StGB, § 3 Vorbem. 2 C.

che Tat als nicht im Ausland begangen anzusehen [1]. Dieses Ergebnis entspräche auch der im Ordnungswidrigkeitsrecht getroffenen Regelung, wonach eine Ordnungswidrigkeit an Bord auch dann geahndet werden kann, wenn sich das Schiff oder Luftfahrzeug im Ausland befindet [2].

Indessen geht aber eine solche Auslegung am klaren Wortlaut des § 6 StGB vorbei. Danach kann die dem Täter zuteil werdende Vergünstigung nur dann versagt werden, wenn die Tat nicht im Ausland begangen ist. Eine an Bord eines deutschen Schiffes oder Luftfahrzeuges mit Standort im Ausland begangene Tat ist aber im Ausland begangen, da Schiffe und Luftfahrzeuge den Begriff des Inlands nicht erweitern [3]. Deshalb kann bei § 6 StGB für die Beurteilung der Frage Inlandstat oder Auslandstat allein die rechtliche Zuordnung des Standortes des Schiffes oder Luftfahrzeuges maßgeblich sein.

3. Das Verhältnis des Flaggenprinzips zu anderen Prinzipien des internationalen Strafrechts

Teilweise wird in der Literatur die Ansicht vertreten, daß § 5 StGB im Verhältnis zum Territorialitäts- und Personalitätsprinzip eine subsidiäre Vorschrift darstelle [4].

Dem ist zuzugeben, daß dem Flaggenprinzip im geltenden Recht nur dann praktische Bedeutung zukommt, wenn ein Ausländer im Ausland eine Straftat an Bord begeht. Dies rechtfertigt jedoch nicht, ein derartiges Rangverhältnis gegenüber anderen Prinzipien des internationalen Strafrechts herzuleiten. Denn eine Rangordnung der zulässigen Anknüpfungspunkte ist bereits dem Völkerrecht unbekannt. Alle Prinzipien des internationalen Strafrechts stehen gleichberechtigt nebeneinander, wobei Über-

---

1) So im Ergebnis Schnorr von Carolsfeld, Straftaten in Flugzeugen, S. 12.
2) Vgl. § 4 OWiG (v. 24. 5. 1968, BGBl. I S. 481).
3) Vgl. oben S. 28.
4) So Schnorr von Carolsfeld, a.a.O., S. 50 Anm. 95; Rudolf NJW 1954 S. 219.

schneidungen bei rechtlichem Zusammentreffen zweier Anknüpfungspunkte nur als Bestätigung dieser Gleichordnung aufzufassen sind [1].

VI Die Zweckmäßigkeit der deutschen Regelung in § 5 StGB

Das Flaggenprinzip als Grundlage für die Verfolgung strafbarer Handlungen an Bord von Schiffen und Luftfahrzeugen ist eine sinnvolle Anknüpfung, um Handlungen an Bord insbesondere dann dem Zugriff der deutschen Strafrechtspflege zu unterwerfen, wenn sich das Schiff oder Luftfahrzeug in staatenlosem Gebiet aufhält. Die Aufhebung der territorialen Verbundenheit zwischen Schiff und Inland wird durch die allein zweckmäßige Heranziehung des Heimatrechts kompensiert.

Weitere Vorzüge des Flaggenprinzips ergeben sich speziell für den Bereich der Luftfahrt. Nach Begehung einer Straftat an Bord wird sich in Anbetracht der hohen Geschwindigkeiten moderner Verkehrsflugzeuge nicht immer der genaue Tatort rekonstruieren lassen. Ist der für die Strafverfolgung nach dem Territorialitätsprinzip berufene Bodenstaat nicht feststellbar, so muß der Täter zwangsläufig straffrei ausgehen, sofern nicht die Zuständigkeit eines anderen Staates eine Strafverfolgung auslöst [2]. Die Anwendung des Flaggenprinzips vermeidet diese unerwünschte Folge, da ein unbekannter Tatort seine Anwendbarkeit unberührt läßt [3].

---

1) Vgl. Jescheck, Deutsche Beiträge, S. 203.

2) Insbesondere die Staaten des anglo-amerikanischen Rechtskreises lehnen das aktive Personalitätsprinzip ab. Einschränkend auch das künftige deutsche Recht, vgl. oben S. 21.

3) Vgl. Steidle, Das Luftfahrzeug als Begehungsort strafbarer Handlungen, S. 39 f.; Hereus, Strafbare Handlungen an Bord von Luftfahrzeugen, S. 41 f.; von Weber, Rittler-Festschrift, S. 113; ähnlich günstig wirkt sich das Flaggenprinzip aus, wenn die Staatsangehörigkeit des Täters nicht geklärt werden kann.

Weiterhin bietet das Flaggenprinzip des § 5 StGB den Vorteil, daß das häufig mangelnde Interesse des ausländischen Territorialstaates an der Strafverfolgung ausgeglichen wird [1]. Denn eine Straftat an Bord eines ausländischen Fahrzeugs, die auf den Aufenthaltsstaat keine Auswirkungen hat, löst im Regelfall keine Strafverfolgung durch den Aufenthaltsstaat aus [2]. Dieser Gesichtspunkt läßt das Flaggenprinzip auch dann sinnvoll erscheinen, wenn ein deutsches Schiff im ausländischen Hafen liegt oder ein deutsches Luftfahrzeug im Ausland gelandet ist [3].

Das Flaggenprinzip des § 5 StGB stellt sich damit letztlich als eine Ergänzung des Territorialitätsprinzips dar, die insbesondere dann eingreift, wenn das deutsche oder ein ausländisches Territorialitätsprinzip keine Verfolgung einer Straftat an Bord gewährleistet. Bedeutet das Flaggenprinzip danach räumlich gesehen eine Verlängerung des deutschen Territorialitätsprinzips, so liegt darin die bereits oben [4] angeführte Verwandtschaft beider Prinzipien begründet. Diese Verwandtschaft darf jedoch nicht dazu verleiten, Schiffe und Luftfahrzeuge als abgetrennte Gebietsteile bildlich dem Inland zuzuordnen [5].

E Der Schutz des Täters vor Doppelbestrafung

Das Nebeneinander der möglichen Strafansprüche verschiedener Staaten hinsichtlich einer an Bord begangenen Straftat begründet für den Täter die Gefahr, wegen derselben Tat in verschiedenen Staaten mehrmals bestraft zu werden. Den sich aus diesem Rechtszustand ergebenden Unbilligkeiten für den Täter kann das deutsche Recht nur begrenzt abhelfen. Eine befriedigende Lösung

1) Vgl. die deutsche Regelung in § 153 b StPO, dazu unten S. 52 ff. ; vgl. ferner Meyer ZLR 1957 S. 180.
2) Vgl. unten S. 54 ff.
3) Vgl. auch Jescheck, Deutsche Beiträge, S. 211.
4) Vgl. oben S. 27.
5) Vgl. oben S. 28.

kann nur im Wege der zwischenstaatlichen Zusammenarbeit erreicht werden.

I Das geltende deutsche Recht

1. Der Grundsatz "ne bis in idem"

Nach Art. 103 Abs. 3 GG hat das Verbot, eine verbrauchte Strafklage zu wiederholen, den Rang eines Verfassungsrechtssatzes. Diese Garantie für den bereits bestraften oder rechtskräftig freigesprochenen Täter versagt jedoch für die Anwendungsfälle des internationalen Strafrechts. Nach einhelliger Auffassung [1] gilt die Sperrwirkung des Art. 103 GG nur, wenn das zuvor erlassene Urteil von einem deutschen Gericht ergangen ist.

2. Das Erledigungsprinzip

Das mit dem Grundsatz "ne bis in idem" verwandte sog. Erledigungsprinzip [2] des § 5 StGB a. F. wurde durch die Reform des internationalen Strafrechts von 1940 [3] beseitigt.

3. Das Anrechnungsprinzip

Das Anrechnungsprinzip verhindert nicht ein erneutes Strafverfahren wegen derselben Tat, sondern berücksichtigt lediglich die Anrechnung der im Ausland verbüßten Strafe. Damit wird die

---

1) BVerfG NJW 1961 S. 867; BayVerfGH GA 1963 S. 250; BGHSt 6 S. 176; BGH NJW 1969 S. 1542; vgl. auch BVerfG NJW 1954 S. 69; BGHSt 5 S. 328; kritisch Maunz-Dürig-Herzog, GG, Art. 103 Anm. 131.

2) Danach war eine Zweitverfolgung unzulässig, wenn ein ausländisches Gericht rechtskräftig erkannt hatte und entweder eine Freisprechung erfolgt oder die ausgesprochene Strafe vollzogen war. Verjährung und Straferlaß nach ausländischem Recht kamen dem Täter ebenfalls zugute.

3) Vgl. oben S. 22 Anm. 1.

bedenklichste Konsequenz einer mehrfachen Strafverfolgung vermieden. Das Anrechnungsprinzip liegt dem deutschen Strafrecht in § 60 Abs. 3 StGB zugrunde. Es bezieht sich auch auf die Anrechnung einer im Ausland erlittenen Untersuchungshaft.

4. Das Opportunitätsprinzip

§ 153 b Abs. 1 Nr. 3 StPO lockert den Verfolgungszwang der Staatsanwaltschaft, wenn wegen der Tat gegen den Beschuldigten schon eine Strafe vollstreckt worden ist und die im Inland zu erwartende Strafe nach Anrechnung der ausländischen nicht ins Gewicht fiele.

Die aufgezeigten Regelungen des deutschen Rechts zur Lösung der anstehenden Frage sind nur wenig befriedigend. Die allein zufriedenstellende Festsetzung des Grundsatzes "ne bis in idem" kann von der Bundesrepublik aber nur dann sinnvoll verwirklicht werden, wenn die Gegenseitigkeit durch internationale Abkommen verbürgt ist.

II Lösungen durch völkerrechtliche Verträge

Die internationale Zusammenarbeit der Staaten hat sich wiederholt mit dem Schutz des Täters vor Doppelbestrafungen befaßt. Für den Teilbereich der strafbaren Handlungen an Bord von Luftfahrzeugen wurde mit den Vorarbeiten zum Abkommen von Tokio [1] erstmals eine internationale Lösung des Problems in einem Gruppenabkommen versucht.

---

1) BGBl. 1969 II S. 121; vgl. unten S. 155 ff.

1. Die Vorarbeiten zum Abkommen von Tokio

Die Bemühungen der Staaten, strafbare Handlungen an Bord von Luftfahrzeugen einer einheitlichen Regelung zu unterwerfen, waren zunächst davon ausgegangen, für die Zuständigkeit der zur Strafverfolgung berufenen Staaten eine feste Rangordnung vorzusehen [1]. Eine solche Festlegung von Prioritäten hätte eine Doppelbestrafung durch einen "nachrangigen" Staat von vornherein verhindern können. Dieser Plan einer Rangordnung wurde jedoch alsbald aufgegeben [2]. Die Gefahr von Doppelbestrafungen sollte indessen gleichwohl vermieden werden, indem der Grundsatz "ne bis in idem" zum Bestandteil des Vertrages gemacht wurde [3].

Diese Regelung, die Gegenstand mehrerer Vorentwürfe war [4], hat das Abkommen von Tokio nicht übernommen [5]. Dies ist zu bedauern. Jedoch spricht für diesen Verzicht, daß das Problem der Doppelbestrafungen ein allgemeines Problem des internationalen Strafrechts ist und nicht auf den speziell luftstrafrechtlichen Bereich beschränkt werden kann. [6]

2. Die europäische Übereinkunft über die internationale Anerkennung von Strafurteilen

Für den europäischen Raum ist die negative Rechtskraftwirkung eines Strafurteils im internationalen Bereich mit der europäischen Übereinkunft über die internationale Anerkennung von

---

1) Vgl. unten S. 157 f. ; ferner bei Meyer, Internationale Luftfahrtabkommen, Bd. 5 S. 19 ff.
2) Vgl. unten S. 157 f.
3) Vgl. Schmidt-Räntsch ZLW 1964 S. 93.
4) Vgl. Art. 4 des Münchner Vorentwurfs (1959), ICAO Doc. 8111 LC/146-2 S. 1 ff., vgl. dt. Übers. in ZLW 1960 S. 76 ff.; ferner Art. 3 des Vorentwurfs von Rom, ICAO Doc. 8302 LC/150-2, dt. Übers. in ZLW 1963 S. 179 ff.
5) Vgl. Schmidt-Räntsch, a. a. O.; ferner Richard, La Convention de Tokyo, S. 80 ff.
6) Oehler, Internationales Strafrecht, S. 337.

Strafurteilen [1] festgesetzt worden [2]. Auch die Bundesrepublik hat dieses Abkommen unterzeichnet [3].

Art. 53 der Übereinkunft schließt eine erneute Strafverfolgung aus, wenn der Täter freigesprochen, bestraft oder ohne Verhängung einer Strafe schuldig gesprochen worden ist. Dem Verbot einer Zweitverfolgung sind jedoch auch hier Grenzen gesetzt. Es besteht nur, wenn die verhängte Strafe bereits vollstreckt oder die Vollstreckung aufgrund einer ausdrücklichen Entscheidung unterblieben ist. Die Erstverurteilung schließt die Zweitverfolgung auch dann nicht aus, wenn die Tat gegen den Träger eines öffentlichen Amtes oder ein Rechtsgut der Allgemeinheit des Vertragsstaates gerichtet war. Das gleiche gilt, wenn der Täter die Tat als Träger eines öffentlichen Amtes des Vertragsstaates oder im Vertragsstaat selbst begangen hat [4]. Ausnahmsweise bleibt jedoch auch hier das Verbot einer Zweitverfolgung bestehen, wenn der Vertragsstaat selbst um die Durchführung des Verfahrens im Ausland ersucht hat.

Die internationale Anerkennung des Grundsatzes "ne bis in idem" durch das Abkommen ist als Beitrag zur vertrauensvollen zwischenstaatlichen Zusammenarbeit auf dem Gebiet der Strafrechtspflege zu begrüßen. Die Bedeutung des Abkommens für strafbare Handlungen an Bord von Schiffen und Luftfahrzeugen bleibt jedoch angesichts der zu erwartenden Verbreitung, die das Abkommen finden wird, begrenzt. Der Täter einer

---

1) vom 28. Mai 1970; European Treaty Series Nr. 70.
2) Vgl. bereits zuvor Art. 5 Abs. 1 des europäischen Übereinkommens über die Verfolgung von Zuwiderhandlungen gegen Straßenverkehrsvorschriften (1965); European Treaty Series Nr. 52.
3) Die Ratifikation steht noch aus; vgl. zu den mit dem Abkommen zusammenhängenden Problemen Grützner NJW 1969 S. 345 ff.; ferner Vogler ZStW Bd. 79 (1967) S. 380.
4) Art. 53 Abs. 1, 2, 3 des Abkommens.

strafbaren Handlung an Bord läuft daher Gefahr, im Rahmen des geltenden Rechts wegen derselben Tat mehrmals bestraft zu werden. Dies bedeutet jedoch keine luft- oder seerechtliche Besonderheit, sondern eine allgemeine Folge der Konkurrenz von nebeneinander bestehenden Strafansprüchen verschiedener Staaten.

ZWEITES KAPITEL

DIE VERFOLGUNG STRAFBARER HANDLUNGEN AN BORD VON SCHIFFEN

Mit der Geltung des Flaggenprinzips des deutschen internationalen Strafrechts steht fest, daß eine Straftat an Bord eines deutschen Schiffes unabhängig vom Standort des Schiffes oder der Nationalität des Täters stets der deutschen Strafgewalt unterliegt. Die rechtliche Unterteilung des Meeres in die aufgezeigten Teilbereiche [1] mit unterschiedlicher Rechtsnatur bleibt insoweit ohne Auswirkung.

Die Untersuchung über die Verfolgung strafbarer Handlungen an Bord kann sich jedoch nicht mit der Feststellung begnügen, daß im Einzelfall die deutsche Strafgewalt besteht. Denn die Strafverfolgung als Verfahren zur Verwirklichung eines Strafanspruchs bestimmt sich in ihren Einzelheiten nach Maßgabe des Strafverfahrensrechts. Die folgenden Ausführungen sollen daher ausschließlich die bestehenden strafprozessualen Besonderheiten bei der Verfolgung einer an Bord begangenen Tat untersuchen.

Anders als bei der Anwendung des Flaggenprinzips gewinnt die Unterteilung des Meeres in verschiedene rechtliche Teilbereiche bei der Untersuchung der strafverfahrensrechtlichen Fragen entscheidende Bedeutung. Denn jede Ausübung von staatlichen Hoheitsbefugnissen bei der Strafverfolgung ist von der rechtlichen Zuordnung des jeweiligen Meeresteilbereiches abhängig.

Darüber hinaus ist es im strafprozessualen Bereich geboten, bestehende Unterschiede in den Beziehungen von Schiffen zum Staat ihrer Flagge zu berücksichtigen. Anders als bei einem privat betriebenen Schiff steht bei einem Fahrzeug, das der Flaggen-

1) Vgl. oben S. 6 ff.

staat selbst betreibt, die Repräsentation des Flaggenstaates durch das Schiff im Vordergrund. Dieser Umstand, der für die rechtliche Stellung eines solchen Schiffs im allgemeinen bedeutsam ist, muß sich auch auf die Ausgestaltung der Strafverfolgung auswirken.

A Die rechtliche Einteilung der Schiffe in Privatschiffe und Staatsschiffe

Die rechtliche Unterscheidung von Privatschiffen und sog. Staatsschiffen geht auf das 19. Jahrhundert zurück [1] und hat die bis dahin herkömmliche Einteilung der Schiffe in Handelsschiffe und Kriegsschiffe abgelöst [2]. Was unter dem Begriff Staatsschiff zu verstehen ist, wird freilich in der völkerrechtlichen Literatur unterschiedlich beantwortet.

In der älteren Literatur wurde der neue Begriff Staatsschiff trotz weiterreichender Sprachbedeutung inhaltlich dergestalt ausgefüllt, daß unter Staatsschiffen nur Kriegsschiffe verstanden wurden [3]. Diese Auffassung ist aber angesichts der vom Staat betriebenen zahlreichen anderen Schiffskategorien offensichtlich zu eng [4].

Eine andere Meinung [5] nimmt Kriegsschiffe aus dem Staats-

1) Wheaton, Elements of International Law, S. 151, unterscheidet wohl erstmals zwischen "Handelsschiff" ("private vessel") und "Staatsschiff" ("public vessel").
2) Vgl. z. B. noch Perels, Seerecht, S. 53, der lediglich auf die Sonderstellung der Kriegsschiffe hinweist.
3) So z. B. Ortolan, Règles Internationales, Bd. 1 S. 166; Wheaton, a.a.O.
4) Vgl. die Anzahl von Möglichkeiten, unter denen ein Staat Schiffe betreibt: Polizei-, Zoll-, Lotsen-, Feuer-, Forschungs-, Fischereischutz- und Seenotrettungsschiffe etc.
5) Von der jüngeren Literatur z. B. Colombos, Seerecht, S. 215; Verdross, Völkerrecht, S. 283; so auch das Institut der droit international, Annuaire, Bd. 26 S. 28, 611, 642.

schiffbegriff aus und sieht Staatsschiffe somit gleichsam als "Mittelding" zwischen Handelsschiffen und Kriegsschiffen an. Diese Lösung ist jedoch zu Recht als unlogisch abgelehnt worden, da ein Kriegsschiff sowohl von den Eigentumsverhältnissen als auch von seiner öffentlich-rechtlichen Zweckbestimmung her als der typischste Fall des Staatsschiffes anzusehen ist [1].

Sind somit die Eigentumsverhältnisse am Schiff und dessen öffentlich-rechtliche Zweckbestimmung die Kriterien, die für die Bestimmung der Staatsschiffeigenschaft in Betracht kommen, so bleibt fraglich, ob sich diese allein nach der Zweckbestimmung [2] oder allein nach dem Eigentum [3] bemißt, oder ob wahlweise das Vorhandensein eines der beiden Kriterien ausreicht [4].

Der dargestellte Meinungsstreit hat seine eigentliche Ursache in der Existenz von staatlichen Handelsschiffen, die zwar im Eigentum des betreffenden Staates stehen, jedoch ausschließlich zu fiskalischen Zwecken betrieben werden [5]. Dabei gehen die Gegner eines eigentumsbezogenen Staatsschiffsbegriffs von der Erwägung aus, daß es eine unzulässige Ungleichbehandlung wäre, wollte man die staatlichen Handelsschiffe durch Zuerkennung von Staatsschiffsprivilegien gegenüber den privaten Handelsschiffen bevorzugen [6].

Obgleich die Berechtigung dieses Anliegens anzuerkennen ist, vermag diese Ansicht nicht zu überzeugen. Denn die Qualifizierung eines Schiffes als Staatsschiff besagt noch nichts über die daraus resultierenden Rechtsfolgen. Ob es zweckmäßig und mög-

---

1) Klein, Staatsschiffe und Staatsluftfahrzeuge, S. 6.
2) So Guggenheim, Völkerrecht, Bd. 1 S. 476; Culmann, Stellung der Handelsschiffe, S. 9; Heilborn, Völkerrecht, S. 278; Strupp, Völkerrecht, S. 158 f.
3) So die Haltung des RG im Fall des "Ice King" (RGZ 103 S. 274).
4) Schaps-Abraham, Seerecht, Bd. 1 S. 236; Klein, Staatsschiffe und Staatsluftfahrzeuge, S. 8; Steinert, Schiff im Küstenmeer, S. 217; vgl. auch Wengler, Völkerrecht, Bd. 2 S. 1074 Anm. 4.
5) So die staatlichen Handelsflotten der Ostblockstaaten.
6) So z. B. Liszt-Fleischmann, Völkerrecht, S. 148.

lich wäre, den Staatsschiffbegriff von der Rechtsfolge her festzulegen, kann dahinstehen, weil eine solche einheitlich nicht existiert. Bereits die Rechtsstellung von Kriegsschiffen und sonstigen, hoheitlichen Zwecken dienenden Schiffen wird keineswegs einheitlich beurteilt [1], so daß die Rechtsfolge den zu bestimmenden Begriff nicht festzulegen vermag.

Die Zugehörigkeit eines Schiffs zur Gruppe der Staatsschiffe ist in Übereinstimmung mit dem allgemeinen Sprachgebrauch und unbeschadet der sich ergebenden Rechtsfolgen weit zu fassen. Deswegen vermögen sowohl das staatliche Eigentum am Schiff als auch die öffentlich-rechtliche Zweckbestimmung durch den Staat den Staatsschiffscharakter eines Schiffs zu begründen [2].

B Strafbare Handlung an Bord von Privatschiffen

I Die deutschen Eigengewässer

1. Deutsche Schiffe

Die Verfolgung einer strafbaren Handlung, die an Bord eines deutschen Schiffes in einem deutschen Hafen begangen ist, unterliegt keinen Besonderheiten. Die Tat ist hinsichtlich der Einleitung und Durchführung des Strafverfahrens ebenso wie ein an Land begangenes Delikt zu behandeln.

---

1) Vgl. den bei Klein, Staatsschiffe und Staatsluftfahrzeuge, S. 78 f., dargestellten Meinungsstreit; den unterschiedlichen Rechtsfolgen entsprach auch die Einteilung der Schiffe durch das Institut de droit international, Annuaire 1928 S. 736 ff.

2) Vgl. die oben S. 50 Anm. 4 zit. Literatur; diese Begriffsbestimmung liegt offenbar auch dem "Brüsseler Abkommen zur einheitlichen Feststellung von Regeln über die Immunität der Staatsschiffe", 1926 (abgedruckt bei Schaps-Abraham, Seerecht, Bd. 1 S. 574 ff.) sowie Art. 9 des Genfer Abkommens über das hohe Meer zugrunde.

2. Ausländische Schiffe

Das Territorialitätsprinzip (§ 4 Abs. 1 StGB) unterwirft jede strafbare Handlung an Bord eines ausländischen Schiffes im Inland der deutschen Strafgewalt, ohne daß es dabei auf die Nationalität des Täters ankommt.

Die damit bestehende Gleichbehandlung von deutschen und ausländischen Schiffen in den deutschen Eigengewässern bleibt auf den Bereich des internationalen Strafrechts beschränkt. Für die Ausgestaltung der Strafverfolgung ergeben sich hingegen zahlreiche Abweichungen.

a) Die Regelung des § 153 b Abs. 1 Nr. 2 StPO und der Umfang der Strafgerichtsbarkeit in den Seehäfen der Bundesrepublik

Während eine Tat an Bord eines deutschen Schiffs grundsätzlich [1] nach dem Legalitätsprinzip verfolgt wird und die Tat eines Deutschen an Bord eines ausländischen Schiffs ebenfalls dem Verfolgungszwang unterliegt, geht § 153 b Abs. 1 Nr. 2 StPO [2] für die Verfolgung eines ausländischen Täters, der eine strafbare Handlung an Bord eines im Inland befindlichen ausländischen Schiffs begangen hat, von der Geltung des Opportunitäts-

1) Vgl. §§ 152 ff. StPO.
2) "Die Staatsanwaltschaft kann von der Verfolgung von Straftaten absehen, die ein Ausländer im Inland auf einem ausländischen Schiff oder Luftfahrzeug begangen hat".

prinzips aus [1].

Die Beschränkung der Strafverfolgung für den genannten Bereich läßt offen, von welchen Kriterien sich die Staatsanwaltschaft bei der Ausübung ihres Ermessens leiten zu lassen hat. Diese Frage soll jedoch vorerst zurückgestellt werden. Denn zunächst erscheint klärungsbedürftig, ob diese Zurückhaltung der Bundesrepublik bei der Strafverfolgung auf ihren eigenen gesetzgeberischen Erwägungen beruht, oder ob ihr rechtliches Können insoweit durch einen ihre Territorialhoheit begrenzenden Völkerrechtssatz beschränkt ist.

Die verschiedenen Auffassungen über den Umfang der Strafgerichtsbarkeit eines Staates in seinen Seehäfen sind in erster Linie durch eine unterschiedliche Staatenpraxis begründet worden.

---

1) Unklar bleibt, ob § 153 b Abs. 1 Nr. 2 StPO entsprechend anzuwenden ist, wenn die Tat von einem Deutschen aus der DDR an Bord eines DDR-Schiffes in der Bundesrepublik begangen ist (bejahend Kohlhaas, in Löwe-Rosenberg, StPO, § 153 b Anm. 4). Bei der Neufassung der Vorschrift durch das 8. StÄG v. 25. 6. 68 (BGBl. 1968 I S. 741) hat der Gesetzgeber es vermieden, die Vorschrift entsprechend § 153 b Abs. 1 Nr. 1 StPO der Situation im gespaltenen Deutschland anzupassen. Die analoge Anwendung des § 153 b I 2 auf Taten von DDR-Bewohnern auf DDR-Schiffen würde daher zur offenbar vom Gesetzgeber nicht gebilligten Folge führen, DDR-Bewohner wie Ausländer zu behandeln (vgl. auch Lüttger JZ 64 S. 572 f.). Diese Erwägung wird durch das Urteil des BVerfG zum Grundvertrag bestätigt (vgl. NJW 1973 S. 1544).
Für eine analoge Anwendung der Vorschrift ließe sich indessen anführen, daß damit für den strafprozessualen Bereich eine Konsequenz gezogen würde, die der analogen Anwendung der §§ 3 ff. StGB im Verhältnis zur DDR entspricht. Die Behandlung von DDR-Schiffen als "ausländische" Schiffe liegt ohnehin nahe, da sie keine deutschen Schiffe im Sinne des Flaggenrechtsgesetzes sind (vgl. oben S. 23 ff.).

aa) Die französische Lehre

Die französische Staatenpraxis [1] geht auf einen Beschluß des französischen Staatsrats vom 20. 11. 1806 [2] zurück. Dieser verbot der französischen Rechtspflege, ihre Strafgerichtsbarkeit anläßlich von Beleidigungen auszuüben, welche zwischen den Besatzungsmitgliedern an Bord zweier amerikanischer Schiffe in einem französischen Hafen ausgetauscht worden waren. Das Dekret führte sinngemäß aus, daß dem Küstenstaat zwar grundsätzlich die Gerichtsbarkeit über an Bord begangene Straftaten zustehe, diese aber dahingehend beschränkt sei, daß sich der Küstenstaat nicht in die Angelegenheiten der inneren Schiffsdisziplin einmischen dürfe.

Nach dieser Auffassung steht die strafrechtliche Jurisdiktionsgewalt dem Küstenstaat von vornherein nur in einem beschränkten Umfang zu, der durch den Schutz uferstaatlicher Interessen bestimmt ist, während sie ihm entsprechend für andere Straftaten entzogen ist. Im einzelnen hat die französische Rechtsprechung ihre Zuständigkeit zur Ausübung von Strafgerichtsbarkeit in folgenden Fällen verneint [3]:

1) Bei Verstößen gegen die Schiffsdisziplin und den inneren Dienst an Bord.

---

1) Die Regierungsantworten zur Haager Seerechtskonferenz (1930) (vgl. die Bases De Discussion, 1929) zeigten die Verbreitung des "franz. Systems". Ihm folgen Frankreich, Belgien, Italien, Norwegen, Griechenland und Brasilien; vgl. Jessup, The Law of Territorial Waters, S. 145 ff.; Bolte, Rechte des Uferstaates, S. 47; Coenen, Küstenmeer im Frieden, S. 48; Westerburg, Polizeigewalt des Luftfahrzeugkommandanten, S. 118.
2) Abgedruckt bei Perels, Seerecht, S. 62.
3) Vgl. Fauchille, Traité De Droit International Public, Bd. I, 2 S. 1099; vgl. auch Strupp, Elements, Bd. 1 S. 173, 176 f.; Coenen, a.a.O., S. 48; Bolte, a.a.O., S. 39 ff.

2) Bei Verbrechen und Vergehen unter Mannschaftsmitgliedern, wenn die Ruhe und Ordnung des Hafens nicht gestört worden ist, oder wegen der Tat um die Hilfe französischer Behörden nicht nachgesucht worden ist.

In anderen Fällen hingegen wird die Gerichtsbarkeit ausgeübt. Dies gilt insbesondere für Straftaten, welche die Ruhe oder Ordnung des Hafens gestört haben, oder solche, welche von oder gegen Personen begangen sind, die nicht zur Schiffsbesatzung gehören [1].

bb) Die englische Lehre

Im Gegensatz zu der französischen Staatenpraxis steht das sog. "englische System", nach dem der Uferstaat in Ausübung seiner Gerichtsbarkeit keiner Beschränkung unterliegt [2].

Jedoch verzichtet auch die englische Praxis darauf, die Strafgerichtsbarkeit des Uferstaates in jedem Fall auszuüben. So hat die britische Regierung anläßlich der Haager Seerechtskonferenz von 1930 [3] ausgeführt [4], daß ein Eingreifen der örtlichen Strafverfolgungsbehörden dann nicht üblich sei, wenn nicht deren Hilfe

---

1) Vgl. die in JDIP 1909 S. 468 abgedruckte Entscheidung des Tribunal Correctionnel von Bordeaux sowie die Entscheidung des Cour De Cassation, Dalloz 1859, S. 88.

2) Dem englischen System folgen neben England insbesondere die USA; vgl. aus der engl. Rspr. die Fälle "Lewis v. Blair" (dargest. u. zit. bei Jessup, The Law of Territorial Waters, S. 170 f., und "Regina v. Cunningham" (dargest. u. zit. bei Jessup, a.a.O.).

3) Die Ergebnisse der Haager Seerechtskonferenz sind abgedruckt bei Hoog, Die Genfer Seerechtskonferenzen, S. 57 ff.; vgl. wegen der Konferenzmaterialien die Bases De Discussion, Tome II.

4) Abgedruckt bei Colombos, Seerecht, S. 268.

vom Kapitän oder dem örtlichen Vertreter des Flaggenstaates angefordert werde oder Frieden und Ordnung des Hafens gefährdet seien. In jedem Fall stehe es aber im Ermessen der Strafverfolgungsbehörden des Küstenstaates zu entscheiden, ob sie eingreifen wollten oder nicht.

cc) Die deutsche Auffassung

Die deutsche Auffassung innerhalb dieses Theorienstreits entspricht - jedenfalls seit Inkrafttreten der in § 153 b Abs. 1 Nr. 2 StPO [1] getroffenen Regelung [2] - der englischen Lehre [3]. Denn die Einschränkung, die durch die Ermächtigung an die Staatsanwaltschaft, von der Verfolgung abzusehen, für die deutsche Strafrechtspflege festgelegt ist, betrifft nicht die Befugnis, eine solche Straftat abzuurteilen, sondern den Umfang der Verpflichtung zur Strafverfolgung durch die Staatsanwaltschaft. Die Anordnung des Opportunitätsprinzips läßt die deutsche Gerichtsbarkeit unberührt, denn Gerichtsbarkeit und Opportunitätsprinzip sind inhaltlich voneinander unabhängig. Dementsprechend bleibt ein deutsches Gericht zur Aburteilung des Täters auch dann befugt, wenn die Staatsanwaltschaft ihr Ermessen zuungunsten des Täters fehlerhaft ausgeübt hat [4].

Der uneingeschränkte Anspruch der Bundesrepublik auf Gerichtsbarkeit in ihren Seehäfen unterliegt keinen völkerrechtlichen Bedenken. Denn es besteht keine Regel des Völkerrechts, die einem Staat geböte, in seinen eigenen Gewässern Beschränkungen

1) Eingefügt durch die VO vom 6. 5. 1940 (vgl. oben S. 22 Anm. 1); zuletzt neugefaßt durch das 8. StÄG (vgl. oben S. 53 Anm. 1).
2) Für das frühere Recht wurde angenommen, daß die franz. Rechtsauffassung rezipiert worden sei; vgl. z. B. OLG Hamburg, Urt. v. 7. 11. 1895, zit. bei Jessup, The Law of Territorial Waters, S. 161; Kohler, Internationales Strafrecht, S. 240, vgl. dag. Oehler, Internationales Strafrecht, S. 324.
3) A. A. Gläser-Becker, Seerecht, Bd. 1 S. 141.
4) Kohlhaas, in Loewe-Rosenberg, StPO, § 153 b Anm. 1.

seiner Gerichtsbarkeit hinzunehmen.

Zwar wird in der Staatenpraxis heute fast allgemein bei der Verfolgung solcher Straftaten Zurückhaltung geübt. Jedoch hat diese Praxis ihre Ursache im allgemeinen nicht in der Annahme, es mangele an der Befugnis zur Aburteilung des Täters, sondern beruht auf Zweckmäßigkeitsgesichtspunkten. Daher kann nicht behauptet werden, daß sich völkerrechtliches Gewohnheitsrecht gebildet habe, welches eine teilweise Exemtion der Handelsschiffe von der Gerichtsbarkeit des Uferstaates gebiete [1]. Wenn die französische Lehre ihren Erwägungen den Rang einer völkerrechtlichen Doktrin beimessen will, so vermag sie die mit dieser Lehre verbundenen Einschränkungen der Souveränität des Uferstaates nicht zu beweisen. Von Nützlichkeitserwägungen getragen, fehlt es der französischen Lehre an der juristischen Begründung [2].

Es ist gleichwohl ein Verdienst der französischen Lehre, diejenigen Staaten, welche der englischen Ansicht von der unbegrenzten Gerichtsbarkeit über ihre Seehäfen folgen, zur Zurückhaltung bei der Strafverfolgung angeregt zu haben. Die Praxis vieler Staaten entspricht daher heute einem Kompromiß zwischen der strengen englischen Lehre und der französischen Auffassung. Diese Haltung hat sich deutlich in einer Entschließung des Institut de droit international aus dem Jahre 1957 [3] niedergeschlagen:

> "Der Küstenstaat darf seine Gerichtsbarkeit auf die Aburteilung von an Bord eines Schiffes in den Eigengewässern begangenen strafbaren Handlungen erstrecken. Die Gerichtsbarkeit in strafrechtlichen Angelegenheiten

---

1) Fauchille, Traité De Droit International Public, Bd. I, 2, S. 1047; Jessup, The Law of Territorial Waters, S. 193.
2) So zu Recht Bolte, Rechte des Uferstaates, S. 54.
3) Annuaire Bd. 47 (1957) Bd. 2 S. 487 IV; vgl. die deutsche Übersetzung bei Colombos, Seerecht, S. 265 f.

wird jedoch in Übereinstimmung mit der feststehenden Praxis nicht ausgeübt, wenn die strafbare Handlung an Bord des Schiffes begangen worden ist und nicht geeignet ist, die öffentliche Ordnung zu gefährden."

Dem Inhalt dieser Entschließung entspricht auch die Regelung des § 153 b Abs. 1 Nr. 2 StPO.

b) Der Inhalt der Ermessensausübung in § 153 b Abs. 1 Nr. 2 StPO

Der nach § 153 b Abs. 1 Nr. 2 StPO bestehende deutsche Rechtszustand für die Verfolgung von Inlandstaten, die Ausländer an Bord von ausländischen Schiffen begangen haben, bedarf einer näheren Untersuchung.

Ihrem Inhalt nach betrifft die Lockerung des Verfolgungszwangs nicht die Vornahme einzelner Strafverfolgungsmaßnahmen, sondern die Entscheidung über das Ob der Strafverfolgung in der Gesamtheit. Eine richterliche Überprüfung der Entscheidung findet nicht statt.

Die rechtsstaatliche Zulässigkeit von Durchbrechungen des Legalitätsprinzips zugunsten des Opportunitätsprinzips ist teilweise in der Literatur bezweifelt worden. Diese Kritik kann jedoch im wesentlichen als überwunden angesehen werden [1]. Denn im Einzelfall können sachliche Gründe einer starren und lückenlosen Durchführung des Verfolgungszwangs entgegenstehen [2], wobei die Durchbrechung des Legalitätsprinzips aus Gründen der Gleichheit oder Verhältnismäßigkeit geboten sein kann. Es ist jedoch erforderlich, daß die Ausnahmevorschrift die Voraussetzun-

1) Vgl. dazu Faller, in Festgabe f. Maunz, S. 69 ff., 79.
2) Henkel, Strafprozeßrecht, S. 307.

gen, unter denen das Opportunitätsprinzip gelten soll, hinreichend klar und bestimmt darlegt [1]. Insoweit bestehen gegen § 153 b Abs. 1 Nr. 2 StPO keine Bedenken.

Das Absehen von der Strafverfolgung ist eine Ermessensentscheidung der Staatsanwaltschaft [2]. Denn bei Vorliegen der sachlichen Voraussetzungen des § 153 b Abs. 1 Nr. 2 StPO räumt das Gesetz der Strafverfolgungsbehörde die Möglichkeit ein, zwischen verschiedenen Rechtsfolgen zu wählen. Das Ermessen der Staatsanwaltschaft ist daher als Handlungsermessen zu verstehen [3]. Insofern unterscheidet sich § 153 b Abs. 1 Nr. 2 StPO von der in § 153 Abs. 2 StPO getroffenen Regelung. Dort hängt die Nichtverfolgung wesentlich von konkreten Wertungs- und Beurteilungskriterien ab [4], so daß es sich insoweit nicht um ein echtes Wahlrecht im Sinne einer Ermessensentscheidung, sondern um Rechtsanwendung bei der Subsumtion unter die Gesetzesvoraussetzungen handelt [5] [6]. Um zu verdeutlichen, daß § 153 b Abs. 1 Nr. 2 StPO demgegenüber eine "echte" Ermessensentscheidung vorsieht, bezeichnet die Literatur [7] teilweise das Opportunitätsprinzip in dieser Vorschrift als Opportunitätsprinzip im "weiteren" Sinn.

Bei der Ermessensentscheidung innerhalb des § 153 b Abs. 1 Nr. 2 StPO handelt es sich keineswegs um ein willkürlich ausübbares,

---

1) Faller, in Festgabe f. Maunz, S. 80 f.
2) Kohlhaas, in Loewe-Rosenberg, StPO, § 153 b Anm. 6.
3) Vgl. allgemein zu den dogmatischen Grundlagen der Ermessensausübung im Strafprozeßrecht Warda, Dogmatische Grundlagen des Ermessens im Strafrecht, S. 81 ff.; allgemein zum Begriff des Ermessens Wolff, Verwaltungsrecht Bd. 1, § 31.
4) "geringe Schuld, öffentliches Interesse".
5) Kleinknecht, StPO, § 152 Anm. 3; vgl. allgemein zu dieser Frage Warda, a.a.O., S. 24 ff.; Wolff, a.a.O., § 31 II a.
6) Wegen des innerhalb der unbestimmten Rechtsbegriffe verbleibenden Beurteilungsspielraums sind jedoch voneinander abweichende Entscheidungen möglich.
7) Kleinknecht, a.a.O.

rechtsfreies Wahlrecht. Denn Durchbrechungen des Legalitätsprinzips sind rechtsstaatlich nur dann zu vertreten, wenn die Rechtssicherheit im Sinne der Berechenbarkeit des Rechts gewahrt wird [1]. Danach kann nur eine pflichtgemäße Ermessensausübung rechtsstaatlichen Grundsätzen genügen [2]. Die bestehenden allgemeinen Schranken jeder Ermessensausübung sind auch für die Staatsanwaltschaft bindend [3]. Die Ermessensentscheidung hat daher Verfassungs- und sonstige Rechtsgrundsätze wie Willkür- und Übermaßverbot zu beachten. Insbesondere ist der Grundsatz der Verhältnismäßigkeit zu wahren [4]. Die Entscheidung darf auch nicht durch außerhalb des Gesetzeszwecks liegende unsachliche Erwägungen getragen werden.

Fraglich bleibt jedoch, welche Kriterien unter Berücksichtigung des Gesetzeszwecks den innerhalb der Rechtsschranken verbleibenden Ermessensspielraum bei der Entscheidung nach § 153 b Abs. 1 Nr. 2 StPO ausfüllen sollen.

aa) Die Richtlinien für das Strafverfahren

Die Richtlinien für das Strafverfahren [5] ergeben für die Frage der Ermessenskonkretisierung nur unzureichende Anhaltspunkte. Nr. 84 b Abs. 1 RiStBV nennt für die Ermessensausübung die nachstehenden Gesichtspunkte:

Gefahr eines schweren Nachteils für die BRD, entgegenstehende überwiegende öffentli-

---

1) Warda, a.a.O., S. 112, 43 ff.
2) Kleinknecht, a.a.O.; Lüttger JZ 1964 S. 573 Anm. 47.
3) Kleinknecht, a.a.O., Einl. 1 E.
4) BVerfGE 16 S. 194, 202; 17 S. 117; 19 S. 342; 20 S. 186 f.; 21 S. 222; BGHSt 19 S. 332; Schäfer, in Loewe-Rosenberg, StPO, Einl. Kap. 5; Kleinknecht, StPO, Einl. 1 E; Faller, Grenzen des Opportunitätsprinzips, Festgabe für Maunz, S. 80; kritisch Eb. Schmidt ZStW Bd. 80 (1968) S. 573 f. m. w. Nachw.
5) vom 1. 12. 1970 (bundeseinheitlich); abgedr. bei Kleinknecht, StPO, unter F 1.

che Interessen, unbillige Härten einer Strafverfolgung und mangelndes öffentliches Interesse an der Ahndung.

Dabei können die beiden zuerst genannten Gesichtspunkte vernachlässigt werden, da sie für die Verfolgung von Straftaten im Seebereich kaum von Bedeutung sind.

Wenn sich damit die Strafverfolgung im wesentlichen nach Gesichtspunkten des öffentlichen Interesses und der Vermeidung unbilliger Härten für den Täter richten soll, so werden dem bestehenden Ermessen der Staatsanwaltschaft durch den praktisch ebenso weiten Beurteilungsspielraum unbestimmter Rechtsbegriffe nur unzureichende Konturen gesetzt. Ins einzelne gehende, spezifische Anhaltspunkte für die Ermessensausübung bei Straftaten im Seebereich enthalten die RiStBV nicht. Dies mag der Beweglichkeit der deutschen Regelung zugute kommen, gewährleistet aber keineswegs eine einheitliche Handhabung des § 153 b Abs. 1 Nr. 2 StPO. Wenn auch eine gewisse Flexibilität des Opportunitätsprinzips zur Ergänzung des starren Legalitätsprinzips begrüßenswert erscheint, so entbindet dies nicht von der Verpflichtung, durch das Bemühen um eine klare Ausgestaltung des Ermessensinhalts der Rechtssicherheit zu dienen.

Die Versuche in der Literatur, den Begriff des öffentlichen Interesses allgemein einer näheren Inhaltsbestimmung zu unterwerfen [1], können zur Klärung der anstehenden Frage nur wenig beitragen. Denn der Begriff des öffentlichen Interesses ist uneinheitlich. Zwar gebraucht ihn die Rechtsordnung in einer Vielzahl

1) Vgl. z. B. Kohlhaas, in Loewe-Rosenberg, StPO, § 153 Anm. 5; Kleinknecht, StPO, § 153 Anm. 2 B; Häberle, Das öffentliche Interesse als juristisches Problem, unternimmt den Versuch einer Systematisierung, vgl. auch Nr. 76 Abs. 2 RiStBV (öffentliches Interesse bei Privatklagesachen).

von Bestimmungen in einem scheinbar einheitlichen Sinn [1], jedoch muß der Inhalt des Begriffs in jedem Einzelfall nach Zweck und Inhalt der entsprechenden Vorschrift bestimmt werden. Denn das öffentliche Interesse besteht niemals isoliert, sondern ist stets auf einen konkreten Bezugspunkt ausgerichtet, der in jeder Vorschrift verschieden ist [2]. Diese inhaltliche Beziehung betrifft im Fall des § 153 b Abs. 1 Nr. 2 StPO i. V. mit Nr. 84 b RiStBV das öffentliche Interesse an der Verfolgung von Straftaten, die Ausländer an Bord ausländischer Schiffe im Inland begangen haben.

Eine weitere Konkretisierung des Begriffs des öffentlichen Interesses - bzw. der Ermessensentscheidung in § 153 b Abs. 1 Nr. 2 StPO überhaupt - setzt voraus, daß Sinn und Zweck der Vorschrift einer näheren Betrachtung unterworfen werden.

bb) Sinn und Zweck des § 153 b Abs. 1 Nr. 2 StPO

Der Rückblick auf die Gesetzgebungsmaterialien, auf welche die Einführung der in § 153 b Abs. 1 Nr. 2 StPO getroffenen Regelung zurückgeht, gibt über Sinn und Zweck der Vorschrift keinen Aufschluß. Eine amtliche Begründung zum durch die Verordnung vom 6. 5. 1940 [3] eingeführten § 153 a StPO - dem Vorläufer des heutigen § 153 b StPO - existiert nicht und die halbamtlichen Erläuterungen von Rietzsch [4] lassen den Zweck der Vorschrift im unklaren. Auch die Begründung des Regierungsentwurfs zum Vereinheitlichungsgesetz [5], welches nach dem Krieg den für Teilbereiche Deutschlands abgeschafften alten § 153 a StPO wieder einführte, geht auf die angeschnittene Frage nicht ein.

---

1) Im öff. Recht z. B.: § 80 I 4 VwGO, § 2 I 4 GastG, §§ 232, 353 b, 353 c StGB, § 153 StPO etc.
2) Auch wenn der Bezugspunkt nicht ausdrücklich genannt ist; vgl. z. B. § 353 c: Öffentliches Interesse an der Geheimhaltung.
3) Vgl. oben S. 22 Anm. 1.
4) Rietzsch DJ 1940 S. 565.
5) BT-Drucks. I/530; vgl. Ges. v. 12. 9. 1950/BGBl 1950 I S. 486.

Die Gründe, die den Gesetzgeber zur Einführung des Opportunitätsprinzips bewogen haben, müssen in engem Zusammenhang mit der Einführung des Flaggenprinzips [1] im Bereich des internationalen Strafrechts gesucht werden.

Die Überzeugung, Schiff, Besatzung und Reisende bildeten nach Raum und Interesse unter der Verantwortung des Staates der Flagge eine Einheit [2], gibt den Anlaß für eine Regelung, nach welcher sich die Bundesrepublik als Territorialstaat bei der Strafverfolgung Zurückhaltung auferlegen kann. Denn zur Verfolgung einer an Bord begangenen Straftat ist wegen seiner fortbestehenden Verantwortlichkeit in erster Linie der Flaggenstaat berufen. Daher erscheint es zweckmäßig, diesem die Verfolgung derartiger Taten zu überlassen, sofern keine deutschen Interessen berührt werden. Dem entspricht es, wenn auch die Bundesrepublik für sich das Recht in Anspruch nimmt, Taten zu verfolgen [3], die auf deutschen Schiffen im Ausland begangen werden.

Darüber hinaus kommt in der Lockerung des Verfolgungszwanges auch die Erwägung zum Ausdruck, daß sich für den Täter an Bord eines ausländischen Schiffs im Inland aus der Geltung zweier verschiedener Rechtsordnungen nebeneinander Konfliktsituationen [4] ergeben können [5].

Keineswegs kann jedoch angenommen werden, daß § 153 b Abs. 1 Nr. 2 StPO auf dem Gedanken beruht, die Bundesrepublik wolle die Mühe und den Aufwand scheuen, die jede Strafverfol-

---

1) Vgl. oben S. 22 f.
2) Vgl. oben S. 32.
3) In diesem Sinne bereits die Begründung zu § 154 c im Entwurf eines Einführungsgesetzes zum StGB (vgl. RT-Drucks. IV 2070 S. 72).
4) Vgl. oben S. 31, 33 ff., 36 f., 42 ff.
5) So die Begründung zur Neufassung des § 153 b Abs. 1 Nr. 2 StPO durch das 8. StÄG (vgl. oben S. 53 Anm. 1); vgl. Protokolle StrABTag V 78. Sitzung S. 1561; ferner Krauth, Kurfess, Wulf JZ 1968 S. 732 f.

gung im Seerecht mit sich bringe [1]. Denn die Bundesrepublik ist berufen, die Geltung der deutschen Rechtsordnung in ihrem Herrschaftsbereich überall mit der gleichen Intensität durchzusetzen, es sei denn, diese Ordnungsaufgabe kann aus sachlichen Gründen - z. B. Verantwortlichkeit des Flaggenstaates - vernachlässigt werden.

Aus den der Vorschrift zugrunde liegenden Erwägungen lassen sich bereits nähere Einzelheiten für den Inhalt der Ermessensausübung durch die Staatsanwaltschaft herleiten. Geht das Gesetz von der Zuständigkeit des Flaggenstaates für die Regelung rechtlicher Vorgänge an Bord aus und will es Konflikte zwischen der deutschen und der ausländischen Rechtsordnung vermeiden, so kommt ein Absehen von der Strafverfolgung allein dann in Betracht, wenn die an Bord begangene Tat gleichzeitig nach dem Recht des Flaggenstaates dessen Strafanspruch unterliegt. Ist hingegen die Strafgewalt des Flaggenstaates über an Bord seiner Schiffe in fremden Häfen begangene Straftaten von vornherein ausgeschlossen, so besteht für eine Lockerung des Verfolgungszwanges durch die Bundesrepublik Deutschland kein Anlaß. Denn in diesem Fall wird die Verantwortlichkeit der Bundesrepublik für die Strafverfolgung nicht durch den Flaggenstaat abgenommen. Darüber hinaus kann auch eine Konfliktsituation zwischen der deutschen und der Rechtsordnung des Flaggenstaates nicht eintreten. Andererseits darf für die Entschließung der Staatsanwaltschaft nicht die Tatsache maßgebend sein, daß die Durchführung der Strafverfolgung erhebliche Mühe bereiten werde. Denn eine solche Ermessensausübung würde dem Sinn und Zweck der Vorschrift widersprechen [2].

---

1) So aber Bolte, Rechte des Uferstaates, S. 43.

2) Der zu erwartende Arbeitsaufwand wird als Ermessensgesichtspunkt in den §§ 153 ff. StPO allgemein abgelehnt; vgl. Henkel, StPO, S. 308; Güde MDR 1958 S. 285 f.; Kohlhaas GA 1956 S. 241; Willms JZ 1957 S. 465; Heinitz, Rittler-Festschrift, S. 332.

cc) Die Konsular- und Schiffahrtsverträge der Bundesrepublik

Neben dem Versuch, die einschlägigen Ermessenskriterien aus dem Inhalt und Zweck der Norm zu bestimmen, bietet sich ergänzend noch eine weitere Auslegungsmethode an. Im Folgenden soll untersucht werden, welche Konkretisierung die Ermessensentscheidung des § 153 b Abs. 1 Nr. 2 StPO in den von der Bundesrepublik Deutschland oder ihren Rechtsvorgängern abgeschlossenen völkerrechtlichen Konsular- und Schiffahrtsverträgen gefunden hat. Denn was zuständige Staatsorgane im besonderen Fall eines völkerrechtlichen Vertrages zur Regelung einer Frage vorformuliert haben, läßt eine Anlehnung im Wege der erweiternden Analogie für solche Fälle, die nicht unter den besonderen Vertrag fallen, grundsätzlich als möglich erscheinen [1].

Die älteste einschlägige Vereinbarung dieser Art enthält Art. 12 der Übereinkunft zwischen Preußen und den Niederlanden "wegen der Zulassung preussischer Konsuln in den niederländischen Kolonien" [2].

"Die Generalkonsuln ... haben ... das Recht bei Streitigkeiten zwischen dem Kapitän und den Mannschaftsmitgliedern preussischer Schiffe als Schiedsrichter bestellt zu werden, und zwar ohne Dazwischensein der Ortsbehörden, vorausgesetzt, daß nicht durch das Benehmen des Kapitäns oder der Mannschaft die Ruhe oder die Ordnung des Landes gestört worden ist, oder

1) Häberle, Das öffentliche Interesse als juristisches Problem, S. 396 ff., hat nachgewiesen, daß diese Methode zur Auslegung des Begriffs des öffentlichen Interesses bzw. anderer ähnlicher Tatbestände Bedeutung hat; vgl. auch Gläser-Becker, Seerecht, Bd. 1 S. 144, wonach in der Praxis vertragliche Grundsätze auch im Verhältnis zu Nichtvertragsstaaten erheblich sein können.

2) v. 16. 6. 1856 (preuß. GS. 1856 S. 710); Bekanntmachung über die Wiederanwendung v. 29. 2. 1952 (BGBl. 1952 II S. 435).

daß sich die Generalkonsuln ... nicht selbst veranlaßt gefunden haben, den Beistand der gedachten Behörde anzurufen."

Mag diese Regelung aus der Zeit vor dem Inkrafttreten der StPO für heutige Verhältnisse keine große Überzeugungskraft besitzen, so gehen doch einschlägige Abkommen späterer Jahre in die gleiche Richtung. Art. 22 des deutsch-türkischen Konsularvertrages vom 28. 5. 1929 [1] bestimmt ähnlich wie andere Verträge der Weimarer Zeit [2].

"Die Behörden des Empfangsstaates dürfen bei Ausschreitungen an Bord der Schiffe nur dann eingreifen, wenn diese geeignet sind, die Ruhe oder öffentliche Ordnung im Hafen oder zu Lande zu stören, oder wenn Angehörige des Empfangsstaates oder nicht zur Schiffsbesatzung gehörige Personen beteiligt sind".

Eine bis ins einzelne gehende Regelung trifft Art. 32 Abs. 2, 3 des deutsch-britischen Konsularvertrages vom 30. Juli 1956 [3].

"Die Gerichtsbehörden des Gebiets führen - außer auf Ersuchen oder mit Zustimmung

---

1) RGBl 1930 II S. 748 (Bek. über die Wiederanw. vom 29. 5. 1952, BGBl II S. 608).
2) Vgl. Art. 23 des deutsch-bulgarischen Konsularvertrages vom 4. Juni 1929 (RGBl 1930 II S. 763); Art. 21 des deutsch-japanischen Konsularvertrages v. 20. Juli 1927 (RGBl II S. 1088; Bek. über die Wiederanw. vom 23. 8. 1951, BAnz. Nr. 168/51); Art. 23 des Konsularvertrages mit den USA v. 8. 12. 1923 (RGBl 1925 II S. 795) in der Fassung des Abkommens vom 3. Juni 1953 (BGBl 1954 II S. 722).
3) BGBl 1957 II S. 285.

des Konsuls - keine Strafverfolgung wegen an Bord des Schiffes begangener Straftaten durch, es sei denn, daß die Straftaten

a. andere Personen als den Kapitän oder ein Mitglied der Besatzung zum Täter haben oder zum Nachteil solcher anderer Personen oder durch Staatsangehörige des Empfangsstaates oder zum Nachteil solcher Staatsangehöriger begangen wurden; oder

b. die Ruhe oder Sicherheit des Hafens oder die Gesetze des Gebiets über das Gesundheitswesen, die Zulassung von Ausländern, den Schutz des menschlichen Lebens auf See, das Zollwesen oder ähnliche Sachgebiete berühren; oder

c. eine schwere Verfehlung im Sinne von Art. 1 Abs. 9 [1] darstellen.

Die genannten Abkommen zeigen nicht nur, daß die Verfolgung von Straftaten, die Ausländer an Bord ausländischer Schiffe in deutschen Häfen begangen haben, im Einzelfall bestehende völkerrechtliche Verträge berücksichtigen muß. Sie machen gleichzeitig deutlich, von welchen sachgemäßen Erwägungen sich die Staatsanwaltschaft allgemein für § 153 b Abs. 1 Nr. 2 StPO leiten zu lassen hat.

Alle Regelungen stimmen inhaltlich darin überein, daß unter Besatzungsmitgliedern an Bord begangene Straftaten der Ver-

---

1) "Jede strafbare Handlung, die im Höchstmaß mit mindestens 5 Jahren Freiheitsstrafe oder mit einer schwereren Strafe bedroht ist."

folgung durch den Flaggenstaat vorbehalten bleiben sollen, es sei denn, die Schwere der Tat oder ihrer Folgen, die Auswirkung der Tat auf die Ruhe oder Sicherheit des Inlands oder ihre Begehung zum Nachteil eines Deutschen gebiete eine Strafverfolgung durch deutsche Behörden. Für den Verzicht auf eine deutsche Strafverfolgung kommt es nicht darauf an, ob der Flaggenstaat seine bestehende Strafgewalt im konkreten Fall gegen den Täter ausüben wird [1)]. Denn bei Straftaten, die deutsche Interessen nicht berühren, kann sich die Bundesrepublik damit begnügen, daß der Flaggenstaat durch das Bestehen seiner Strafgewalt zu erkennen gibt, die Strafverfolgung falle in seinen Verantwortungsbereich [2)]. Dementsprechend besteht eine Pflicht deutscher Behörden zur Verfolgung des Täters nicht schon dann, wenn sich aus dem Ersuchen des Konsuls oder Kapitäns um Strafverfolgung ergibt, daß mit der Verfolgung der Tat im Flaggenstaat kaum zu rechnen sei. Das Vorliegen eines solchen Ersuchens läßt daher den Ermessensspielraum der Staatsanwaltschaft unberührt.

Die Zurückhaltung, welche die Staatsanwaltschaft danach bei Straftaten unter Besatzungsmitgliedern zu üben hat, bedarf jedoch insoweit einer Einschränkung, als der Gesichtspunkt der Gegenseitigkeit völlig außer acht gelassen werden darf [3)]. Soweit der Flaggenstaat gegenüber deutschen Schiffen strengere Maßstäbe anlegt, sind die deutschen Behörden nicht verpflichtet, die Strafverfolgung unter entsprechender Anwendung der aufgezeigten Abkommensbestimmungen dem Flaggenstaat zu überlassen.

Es bleibt noch die Frage, welche Ermessenskriterien zu gelten haben, wenn an der Tat eine nicht zur Besatzung gehörende Person als Täter oder Opfer beteiligt ist. In diesen Fällen kann den Abkommen nicht entnommen werden, daß hier stets eine

1) Anders hingegen, wenn ein Strafanspruch des Flaggenstaates überhaupt nicht besteht; vgl. oben S. 64.
2) Vgl. oben S. 63 f.
3) Gläser-Becker, Seerecht, Bd. 1 S. 137.

Pflicht zur Verfolgung durch deutsche Behörden bestünde. Denn die Beteiligung einer Person außerhalb der Besatzung begründet für sich genommen noch kein öffentliches Interesse an der Strafverfolgung. Die Durchführung der Strafverfolgung kann auch hier darauf gestützt werden, daß die Schwere der Tat oder ihrer Folgen, die Auswirkung der Tat auf die Ruhe oder Sicherheit des Inlands oder die Begehung zum Nachteil eines Deutschen eine Zurückhaltung der deutschen Behörden nicht erlaubt. Anders als bei Delikten, an denen ausschließlich Besatzungsmitglieder beteiligt sind, darf die Staatsanwaltschaft die Tat jedoch nicht im Hinblick auf die bestehende Verantwortlichkeit des Flaggenstaates unverfolgt lassen, wenn eine Strafverfolgung durch den Flaggenstaat nicht zu erwarten ist. Denn der Vorrang, den der Flaggenstaat bei der Strafverfolgung genießt, muß auf den bordinternen Bereich beschränkt bleiben und enden, sobald eine Person außerhalb der Besatzung an der Straftat beteiligt ist.

Für § 153 b Abs. 1 Nr. 2 StPO ist noch darauf hinzuweisen, daß im Gegensatz zur Einstellung des Verfahrens nach den §§ 153, 153 a StPO der hinreichende Tatverdacht vor dem Absehen von der Verfolgung nicht nachgeprüft werden muß [1]. In der Praxis wird die Polizei nach Kenntniserlangung der Staatsanwaltschaft berichten und um Entscheidung ersuchen, ob die Sache verfolgt werden soll. Die Staatsanwaltschaft bedarf bei ihrer Entscheidung weder der Mitwirkung noch der Zustimmung des Gerichts. Dieses darf die Eröffnung des Hauptverfahrens nicht mit der Begründung ablehnen, es halte eine Verurteilung wegen Vorliegens der besonderen Umstände des § 153 b StPO nicht für angebracht [2].

---

1) Vgl. Niese SJZ 1950 S. 891.
2) Kohlhaas in Loewe-Rosenberg, StPO, § 153 b Anm. 1 m. w. Nachw.

Soweit die Staatsanwaltschaft nach den dargelegten Grundsätzen gem. § 153 b Abs. 1 Nr. 2 StPO zur Strafverfolgung verpflichtet ist, bleibt es ihr unbenommen, das Verfahren vor Anklageerhebung aufgrund der allgemeinen Vorschriften einzustellen [1].

c) Strafprozessuale Zwangsmaßnahmen an Bord

Jede Verfolgung von Straftaten an Bord ist im Regelfall mit hoheitlichen Maßnahmen der Strafverfolgungsbehörde an Bord verbunden. Die Inlandseigenschaft der Hafengewässer der Bundesrepublik hat zur Folge, daß das ausländische Schiff ungeachtet des Rechts seiner Flagge im Hafen Ort innerstaatlicher Strafverfolgungstätigkeit sein darf [2].

Indessen ist es aber ein Gebot der internationalen Höflichkeit gegenüber dem Flaggenstaat, in einem solchen Fall dessen konsularische Interessenvertretung zu benachrichtigen und die Anwesenheit eines Vertreters anheim zu stellen. Dieser Gewohnheit verschließt sich auch das deutsche Recht nicht. In Nr. 27 RiStBV [3] wird unter Bezugnahme auf die reichsministerielle Verfügung vom 8. 12. 1936 [4] die Hinzuziehung ausländischer konsularischer Vertretungen zu Amtshandlungen an Bord ausländischer Handelsschiffe angeordnet.

Entsprechende Regelungen ehthalten auch zahlreiche von der Bundesrepublik abgeschlossene Konsularabkommen [5]. Die

1) Soweit die Entscheidung gem. § 153 b I 2 von der Bejahung des öffentlichen Interesses an der Strafverfolgung ausgeht, ist es jedoch unzulässig, bei gleichem Sachverhalt § 153 Abs. 2 StPO zu bejahen, da diese Vorschrift bei öffentlichem Interesse an der Strafverfolgung nicht eingreifen kann.
2) Vgl. Rudolf, Geltung der deutschen Straf- und Strafprozeßgesetze im Seebereich, S. 39; Mettgenberg ZStW Bd. 52 (1932) S. 804.
3) Vgl. oben S. 60 Anm. 5.
4) Abgedruckt in DJ 1937 S. 24.
5) Vgl. z. B. Art. 30 Abs. 2 des deutsch-sowjetischen Konsularvertrages v. 25. 4. 1958 (BGBl 1959 II S. 233); ferner Art. 32 Abs. 5 des deutsch-britischen Konsularvertrages (vgl. oben S. 66 Anm. 3.

Pflichten gegenüber der jeweiligen konsularischen Vertretung haben jedoch nach Maßgabe des einzelnen Vertrages unterschiedlichen Umfang [1].

Der Vornahme strafprozessualer Zwangsmaßnahmen an Bord ausländischer Schiffe sind vom deutschen Recht keine besonderen Schranken gesetzt. Wenn die Staatsanwaltschaft jedoch gem. § 153 b Abs. 1 Nr. 2 StPO von der Strafverfolgung absieht, so entfällt damit auch die Grundlage für die Vornahme strafprozessualer Zwangsmaßnahmen an Bord. Dies bedeutet keineswegs, daß das Opportunitätsprinzip in § 153 b Abs. 1 Nr. 2 StPO die einzelne Zwangsmaßnahme in das Ermessen der Strafverfolgungsbehörde stellt. Vielmehr betrifft § 153 b StPO die Einstellung des gesamten Verfahrens, was sich jedoch notwendigerweise auch auf künftige Zwangsmaßnahmen auswirken muß. Soweit die Staatsanwaltschaft von ihrer Befugnis zur Einstellung des Verfahrens keinen Gebrauch macht, verpflichtet sie das Legalitätsprinzip (§§ 152, 160 StPO), jede in Betracht kommende Maßnahme zur Förderung des Verfahrens zu ergreifen, sofern die gesetzlichen Voraussetzungen - einschließlich Geeignetheit, Erforderlichkeit und Verhältnismäßigkeit [2] - vorliegen [3].

Wegen des regelmäßig kurzen Aufenthalts eines Schiffs im Hafen ist stets eine besondere Beschleunigung des Verfahrens angezeigt. Ist in dem Verfahren lediglich eine Geldstrafe zu erwarten und liegen die Voraussetzungen eines Haftbefehls nicht

---

1) Der deutsch-britische Konsularvertrag, a.a.O., sieht beispielsweise eine besondere Unterrichtungspflicht gegenüber dem abwesend gebliebenen konsularischen Vertreter vor.

2) Vgl. zur Geltung des Verhältnismäßigkeitsgrundsatzes im Strafverfahren die oben S. 60 Anm. 4 zitierte Literatur.

3) Soweit die gesetzlichen Voraussetzungen jedoch einen unbestimmten Rechtsbegriff zum Gegenstand haben, steht der StA ein Beurteilungsspielraum zu; vgl. Kleinknecht, StPO, § 152 Anm. 3.

vor, so kann der Richter [1] bei Personen, die in der Bundesrepublik weder festen Wohnsitz noch Aufenthalt haben, gem. § 132 StPO anordnen, daß der Beschuldigte in Höhe der zu erwartenden Geldstrafe und Kosten Sicherheit leistet und eine im Gerichtsbezirk wohnende Person zum Empfang von Zustellungen bevollmächtigt.

Soweit in diesen Fällen die Reederei für das zu erwartende Strafgeld eintritt [2], muß diese Praxis an der Verbotsnorm des § 257 StGB gemessen werden. Da die Geldstrafe ihrem Wesen nach nicht mit einer Geldschuld identisch ist [3], erfüllt die Zahlung einer Geldstrafe für den Verurteilten unmittelbar aus fremdem Vermögen den strafrechtlichen Tatbestand der Begünstigung [4]. Dies wird teilweise selbst für den Fall bejaht, daß der Verurteilte nachträglich zur Erstattung des Betrages herangezogen wird [5]. Gegen die Zahlung der Geldstrafe durch die Reederei sind jedoch dann keine Einwände zu erheben, wenn die Zahlung unmittelbar vom Arbeitsverdienst des Betroffenen erfolgt und dieser sich lediglich der Hilfe der Reederei zur Übermittlung des Strafgeldes an die Justizkasse bedient. Denn in diesem Fall bestreitet der Verurteilte die Geldstrafe materiell aus sei-

---

1) Bei Gefahr im Verzug auch die StA und ihre Hilfsbeamten.

2) Vgl. bei Gläser-Becker, Seerecht, Bd. 1 S. 147.

3) RGSt 30 S. 235; BGHZ 23 S. 222; str. unentschieden BGHZ 41 S. 223.

4) RGSt 30 S. 235; Schönke-Schröder, StGB, § 257 Anm. 21; Jagusch, LK (8. Aufl.), § 257 Anm. 2 b; im einzelnen ist vieles streitig; vgl. zum Streitstand Stree JZ 1964 S. 588, ferner Brüggemann GA 1968, S. 161 ff.; Lange, in Festschrift für Engisch, S. 621 ff.

5) Vgl. Schwarz-Dreher, StGB (26. Aufl.), § 257 Anm. 3 B d; Dahlcke-Fuhrmann-Schäfer, StGB, § 257 Anm. 7; für diese Ansicht spricht, daß dem Verurteilten bei Vorauslage und nachträglicher Erstattung des Betrages der Geldstrafe mit dem Strafzweck nicht zu vereinbarende Vorteile erwachsen können (z. B. geringe Belastung durch niedrige Abzahlungsraten, keine Ersatzfreiheitsstrafe bei Nichtzahlung). A. A. Frank, StGB, § 257 Anm. V 1 a; Olshausen, StGB, § 257 Anm. 21.

nem eigenen Vermögen [1], ohne daß ihm durch die vermittelnde Tätigkeit der Reederei ein Vorteil entsteht.

II. Die deutschen Küstengewässer

Da die deutschen Küstengewässer ebenso wie die deutschen Eigengewässer Inlandsqualität besitzen, entspricht die Rechtslage in dieser Zone grundsätzlich den für die Eigengewässer aufgezeigten Einzelheiten. Abweichungen ergeben sich aber daraus, daß im Bereich der Küstengewässer das Interesse der Seefahrt an einer freien und ungehinderten Passage Berücksichtigung verlangt.

1. Deutsche Schiffe

Die Verkehrsinteressen der Seefahrt müssen sich bereits bei der Verfolgung von Straftaten an Bord deutscher Schiffe auswirken [2]. Zwar sind deutsche Schiffe in den deutschen Küstengewässern unbeschränkt der deutschen Staatsgewalt, also auch der deutschen Strafgerichtsbarkeit, unterworfen [3], so daß von der Geltung des Legalitätsprinzips auszugehen ist. Läuft das Schiff nach einer im Küstenmeer begangenen Straftat einen deutschen Hafen an, so werden die Staatsanwaltschaft und ihre Hilfsbeamten so tätig, als wenn die Tat an Land begangen worden wäre.

Besonderheiten ergeben sich jedoch dann, wenn die Strafverfolgungsbehörde Maßnahmen der Strafverfolgung an Bord bereits in den Küstengewässern durchzuführen beabsichtigt. In diesem

---

1) Durch wen die Zahlung formell bewirkt wird, bleibt insoweit ohne Bedeutung; vgl. Stree JZ 1964 S. 589 f. und Dreher, StGB, § 257 Anm. 3 B d, wonach die technische Abwicklung des Bezahlens nicht für die Strafbarkeit ausschlaggebend sein darf.

2) A. A. offenbar Mettgenberg ZStW Bd. 52 (1932) S. 809, der deutsche Schiffe im deutschen Küstenmeer ohne Einschränkung als Zugriffsobjekt der Strafverfolgung ansieht.

3) Mettgenberg, a.a.O.

Fall stehen dem Interesse der Allgemeinheit an einer schnellen und effektiven Strafverfolgung die Verkehrsinteressen der Handelsschiffahrt gegenüber. Denn jeder Eingriff in die freie Fahrt eines Handelsschiffs kann zu wirtschaftlichem Schaden und unter Umständen sogar zu einem Sicherheitsrisiko nicht nur für das betroffene Schiff führen.

Die StPO hat für den sich hier ergebenden Konflikt keine Regelung getroffen. Die Lösung, die notwendigerweise zu einer Abwägung der widerstreitenden Interessen führen muß, ergibt sich jedoch aus der Geltung des Grundsatzes der Verhältnismäßigkeit im Strafverfahren, die das BVerfG mehrfach bestätigt hat [1]. Bei Eingriffen in die Freiheit der Schiffahrt ist daher stets zu prüfen, ob die geplante Festnahme, Beschlagnahme oder sonstige Maßnahme auf See das Gebot der Zweck-Mittel-Relation wahrt. Die Begehung eines unbedeutenden Diebstahls an Bord darf nicht dazu führen, daß das Schiff zwecks Vornahme einer Untersuchung seine Fahrt unterbrechen muß.

2. Ausländische Schiffe

a) Der Umfang der deutschen Strafgerichtsbarkeit

Die Regelung des § 153 b Abs. 1 Nr. 2 StPO gilt auch für strafbare Handlungen, die an Bord eines ausländischen Schiffes im deutschen Küstenmeer begangen werden. Mithin nimmt die Bundesrepublik für den Bereich ihrer Küstengewässer die unbeschränkte Strafgerichtsbarkeit in Anspruch, verzichtet jedoch darauf, sie in jedem Fall durchzusetzen. Es hat sich oben [2] gezeigt, daß diese Rechtslage für den Bereich der deutschen Eigengewässer sowohl dem Völkerrecht als auch der überwiegenden

---

1) Vgl. oben S. 60 Anm. 4.
2) Vgl. oben S. 56 ff.

Staatenpraxis entspricht. Dieses Ergebnis kann jedoch nicht bedenkenlos auf die deutschen Küstengewässer übertragen werden. Denn bereits die Souveränität des Uferstaates ist in den Küstengewässern nicht schrankenlos, was auch für den Bereich der Strafrechtspflege von Bedeutung sein muß. Es ist daher zunächst zu untersuchen, ob dem Küstenstaat die Gerichtsbarkeit in den Küstengewässern überhaupt - beschränkt oder unbeschränkt - zusteht.

Der Streit zwischen der französischen und der englischen Lehre [1] über den Umfang der Strafgerichtsbarkeit des Uferstaates war ursprünglich nur für die Seehäfen von Bedeutung. Er ist jedoch mit der Zeit auf das Küstenmeer sinngemäß ausgedehnt worden [2].

Ein Teil der völkerrechtlichen Literatur hat die Auffassung vertreten, dem Küstenstaat stehe bei strafbaren Handlungen an Bord überhaupt keine Gerichtsbarkeit zu [3]. Andere Autoren wollen die Gerichtsbarkeit auf solche Schiffe beschränken, die sich nicht auf der Durchfahrt durch das Küstenmeer befinden [4].

Während die zuerst genannte Meinung als überwunden angesehen werden muß, scheinen für die letztgenannte Ansicht gute Gründe zu sprechen. Denn wenn ein anerkannter Grundsatz des Völkerrechts fremden Handelsschiffen das Recht auf friedliche Durchfahrt durch fremde Küstengewässer gewährt [5], so liegt die Folgerung nahe, daß dieses Recht nicht durch die Unterwerfung unter die Gerichtsbarkeit des Uferstaates untergraben werden dürfe. Diese Argumentation geht aber in ihrer Schlußfolgerung fehl. Denn die Frage, ob der Küstenstaat die strafrechtliche Jurisdiktionsgewalt besitzt, ist von der Frage, ob der Küstenstaat an Bord im Küsten-

---

1) Vgl. oben S. 54 ff.
2) Coenen, Das Küstenmeer, S. 48.
3) So Liszt-Fleischmann, Völkerrecht, S. 145.
4) Von Martens, Völkerrecht, Bd. 2 S. 238; Perels, Seerecht, S. 70 ff.; Bluntschli, Völkerrecht, S. 188; Hübler, Konsularrecht, S. 89; Heffter-Geffken, Völkerrecht, S. 177; Bonfils-Fauchille, Droit International Public, S. 437.
5) Vgl. oben S. 8.

meer strafprozessuale Zwangsmaßnahmen vornehmen darf, scharf zu trennen. Das Recht auf friedliche Durchfahrt durch das Küstenmeer steht damit der Anerkennung der Strafgerichtsbarkeit des Küstenstaates nicht entgegen [1].

Diesem Ergebnis entspricht auch weitgehend die Staatenpraxis, wie anläßlich der Haager Seerechtskonferenz von 1930 bekannt wurde [2]. Dem Rechnung tragend geht auch Art. 8 des Haager Entwurfs über das Küstenmeer von der unbegrenzten Gerichtsbarkeit des Küstenstaates aus und beschränkt sich lediglich darauf, ihre Ausübung für bestimmte Fälle zu untersagen [3]. Dieser Rechtszustand wird durch Art. 19 des Genfer Küstenmeerabkommens von 1958 [4] bestätigt, denn auch dort ist nur eine Ausübungsbeschränkung in Gestalt einer Sollvorschrift enthalten [5].

b) Der Inhalt der Ermessensausübung

Zu einer deutschen Strafverfolgung wegen einer von einem Ausländer [6] an Bord eines ausländischen Schiffs im deutschen Küstenmeer begangenen Straftat kommt es gem. § 153 b Abs. 1 Nr. 2 StPO nur dann, wenn sich die Staatsanwaltschaft im Rahmen des Opportunitätsprinzips für eine Strafverfolgung entscheidet.

---

1) In diesem Sinn auch Coenen, a.a.O. S. 50 ff. Das Durchfahrtsrecht führt danach nur zu einer Beschränkung der Strafverfolgung an Bord. Vgl. auch Dahm, Völkerrecht, Bd. 1 S. 648 ("Ausübung" der Gerichtsbarkeit ist beschränkt); Steinert, Schiff im Küstenmeer, S. 136 ff., 140; Bolte, Rechte des Uferstaates, S. 68 f.; Berber, Völkerrecht, Bd. 1 S. 319.

2) Coenen, a.a.O., unter Hinweis auf die als "Base De Discussion" (vgl. oben S. 54 Anm. 1) zugrunde liegenden Regierungsantworten.

3) Abgedruckt bei Hoog, Die Genfer Seerechtskonferenzen, S. 71.

4) Die Bundesrepublik hat das Abkommen nicht unterzeichnet. Dies ist aber hier belanglos, da es sich insoweit um positiviertes Völkergewohnheitsrecht handelt.

5) Vgl. den Wortlaut unten S. 80 f.

6) Ist der Täter Deutscher, so findet das Legalitätsprinzip Anwendung.

Die Ausübung des Ermessens muß sich hierbei wegen der gleichen Rechts- und Interessenlage sinngemäß nach den Gesichtspunkten richten, welche auch für die Verfolgung von Taten in den deutschen Eigengewässern gelten [1]. Dieses Ergebnis wird im wesentlichen durch die deutsche Stellungnahme anläßlich der Haager Seerechtskonferenz bestätigt [2], wonach ein Verzicht auf eine Strafverfolgung wegen an Bord eines ausländischen Schiffs im deutschen Küstenmeer begangenen Straftaten in folgenden Fällen in Betracht komme:

"Wenn die Taten weder

1) von einem Angehörigen oder dem Träger eines Amtes des Uferstaates, noch

2) gegen einen Angehörigen, den Träger eines Amts des Uferstaates während der Ausübung oder in Beziehung auf das Amt oder gegen Rechtsgüter oder Interessen des Uferstaates begangen seien, noch

3) geeignet seien, den öffentlichen Frieden oder die gute Ordnung in den deutschen Küstengewässern zu gefährden."

Soweit nach den genannten Grundsätzen eine an Bord begangene strafbare Handlung verfolgt wird, läßt dies das Recht des ausländischen Schiffes auf friedliche Passage des deutschen Küstenmeeres unangetastet. Denn die Einleitung eines Ermittlungsverfahrens, welche nicht mit der Ausübung strafprozessualen Zwan-

---

1) Vgl. oben S. 67 ff.
2) Vgl. die Bases De Discussion, Tome II S. 114; abgedruckt bei Vanselow, Völkerrecht, S. 104 f.

ges verbunden ist [1], stellt noch keine Behinderung der Reise des Schiffes dar.

c) Strafprozessuale Zwangsmaßnahmen an Bord

Das Völkerrecht gewährt ausländischen Schiffen das Recht auf friedliche Durchfahrt durch die deutschen Küstengewässer. Daraus folgt, daß Maßnahmen deutscher Strafverfolgungsbehörden an Bord von ausländischen Schiffen im deutschen Küstenmeer besonderen Zulässigkeitsbeschränkungen unterworfen sein müssen. Denn ein strafprozessuales Einschreiten an Bord bedeutet regelmäßig einen behindernden Eingriff in die Reise des betroffenen Schiffs und schränkt dessen Möglichkeit zur friedlichen [2] Passage des deutschen Küstenmeeres ein.

Die Zulässigkeit einer von der Staatsanwaltschaft beabsichtigten Maßnahme der Strafverfolgung an Bord ist nicht schon dann ausreichend dargetan, wenn sich die Staatsanwaltschaft unter ermessensrichtiger Anwendung des § 153 b Abs. 1 Nr. 2 StPO für die Strafverfolgung entschieden hat. Zwar muß die in § 153 b Abs. 1 Nr. 2 StPO enthaltene Beschränkung der Strafverfolgung zwangsläufig dazu führen, daß es in Fällen mangelnden öffentlichen Interesses an der Strafverfolgung zu Zwangsmaßnahmen an Bord nicht kommen kann. Jedoch müssen die aus dem Recht auf friedliche Durchfahrt herrührenden Schranken des Völkerrechts keineswegs dem Ermessensinhalt des § 153 b Abs. 1 Nr. 2 StPO entsprechen. Im übrigen ist auch nicht gewährleistet, daß der beabsichtigten Zwangsmaßnahme in jedem Fall eine Entscheidung der Staatsanwaltschaft gem. § 153 b Abs. 1 Nr. 2 StPO vorausgegangen ist.

---

1) Anders, wenn die Einleitung des Ermittlungsverfahrens schlüssig durch die Vornahme einer strafprozessualen Maßnahme an Bord erfolgt; vgl. § 163 StPO.

2) Der Rahmen der "friedlichen" Durchfahrt wird noch nicht dadurch überschritten, daß an Bord eine strafbare Handlung begangen wird, welche ohne Auswirkungen auf die Bundesrepublik bleibt; vgl. Art. 14 des Genfer Küstenmeerabkommens, abgedr. bei Hoog, a.a.O.

Eine Beschränkung der Strafverfolgung unter dem Gesichtspunkt mangelnder deutscher Interessen tritt insbesondere dann nicht ein, wenn der Täter Deutscher ist oder die Tat außerhalb des Schiffes im Inland begangen wurde. Hier bleibt die Staatsanwaltschaft an das Legalitätsprinzip gebunden.

Die Ermittlung des geltenden deutschen Rechtszustandes muß in enger Anlehnung an die Gebote des Völkerrechts erfolgen. Zunächst sind die aus dem Recht auf friedliche Durchfahrt fließenden Einschränkungen darzulegen; danach ist ihr Verhältnis zur StPO zu klären. Entsprechend der im Völkerrecht getroffenen Unterscheidung [1] muß auch für das deutsche Recht von vornherein differenzierend darauf abgestellt werden, ob das ausländische Schiff das deutsche Küstenmeer durchquert, um einen Hafen der Bundesrepublik anzulaufen oder aus ihm auszulaufen, oder ob das deutsche Küstenmeer ohne diese Begleitumstände durchfahren wird. Dazu tritt noch als denkbare Fallgestaltung, daß das Schiff in die deutschen Küstengewässer einläuft und sich dort, ohne einen Hafen anzulaufen, länger aufhält.

aa) Schiffe bei aufenthaltsloser Passage

Bewertet man das Interesse des Küstenstaates, Maßnahmen der Strafverfolgung an Bord zu ergreifen, so ist dies für den Fall am geringsten, daß das Schiff vom hohen Meer kommend die Küstengewässer wieder in Richtung des hohen Meeres verläßt, ohne einen Hafen des Küstenstaates anzulaufen. Entsprechend dieser Bewertung kann hier eine Beeinträchtigung des Rechts auf friedliche Durchfahrt mittels strafprozessualen Zwanges nur ausnahmsweise anerkannt werden.

---

1) Vgl. die Fassung der Fragen anläßlich des Fragebogens des Völkerbundes zur Vorbereitung der Haager Seerechtskonferenz, Bases De Discussion, a.a.O., S. 78.

Dies gilt zunächst für Taten, die während der Durchfahrt selbst begangen wurden. Art. 8 des Haager Kodifikationsentwurfes bestimmte [1], dieser Abwägung Rechnung tragend:

"Ein Küstenstaat darf an Bord eines das Küstenmeer durchfahrenden [2] Schiffes keine Schritte unternehmen, um im Zusammenhang mit einer während der Durchfahrt an Bord begangenen strafbaren Handlung eine Person festzunehmen oder eine Untersuchung durchzuführen, außer in folgenden Fällen:

1. wenn sich die Folgen der strafbaren Handlung über das Schiff hinaus erstrecken; oder

2. wenn die strafbare Handlung geeignet ist, den Frieden des Landes oder die Ordnung im Küstenmeer zu stören; oder

3. wenn die Hilfe der örtlichen Behörden vom Kapitän des Fahrzeugs oder vom Konsul des Staates, dessen Flagge das Schiff führt, erbeten worden ist.

Art. 19 des Genfer Küstenmeerabkommens [3] hat diese Einschränkung im wesentlichen übernommen, ist aber als "Sollvorschrift" gestaltet:

"Die Strafgerichtsbarkeit des Küstenstaates soll an Bord eines das Küstenmeer durchfahrenden

1) Vgl. Hoog, Die Genfer Seerechtskonferenzen, S. 71 f.
2) Coenen, Das Küstenmeer, S. 53, weist darauf hin, daß hier nur die ununterbrochene Durchfahrt gemeint ist.
3) Vgl. Hoog, a.a.O.

fremden Schiffes nicht ausgeübt werden, um im Zusammenhang mit einer während der Durchfahrt des Schiffes begangenen strafbaren Handlung eine Person festzunehmen oder eine Untersuchung durchzuführen außer in folgenden Fällen:

1. wenn sich die Folgen der strafbaren Handlung auf den Küstenstaat erstrecken; oder

2. wenn die strafbare Handlung geeignet ist, den Frieden oder die Ordnung des Küstenmeeres zu stören; oder

3. wenn die Hilfe der örtlichen Behörden vom Kapitän oder vom Konsul des Staates, dessen Flagge das Schiff führt, erbeten worden ist; oder

4. wenn dies zur Unterdrückung des unerlaubten Handels mit Rauschgiften erforderlich ist.

Die Beschränkung von Maßnahmen der Strafverfolgung seitens des Küstenstaates auf bestimmte Ausnahmefälle wird auch in der völkerrechtlichen Literatur [1] gefordert, um das freie Durchfahrtsrecht zu gewährleisten. Im Interesse der Wahrung dieses Durchfahrtsrechts ist es jedoch nicht angängig, die genannten Beschränkungen als unverbindliche Empfehlung an den Küstenstaat aufzufassen. Vielmehr enthalten die Regelungen des Haager Entwurfes und des Genfer Küstenmeerabkommens insoweit positiviertes Völ-

---

1) Colombos, Seerecht, S. 262; Dahm, Völkerrecht, Bd. 1 S. 648; Berber, Völkerrecht, Bd. 1 S. 319; Guggenheim, Völkerrecht, Bd. 1 S. 384 f.; Wengler, Völkerrecht, Bd. 2 S. 1085; Schücking, Kodifikationsversuch, S. 35 ff.; Vanselow, Völkerrecht, S. 109; vgl. auch Steinert, Schiff im Küstenmeer, S. 140.

kergewohnheitsrecht [1]. Die Vornahme strafprozessualer Maßnahmen im Fall der aufenthaltslosen Passage eines Schiffs durch das deutsche Küstenmeer unterliegt daher echten Schranken des Völkerrechts.

Mithin muß die Stellungnahme der deutschen Regierung zum Fragebogen des Völkerbundes [2], wonach das Küstenmeer durchfahrende Schiffe stets zur Vornahme von strafprozessualen Amtshandlungen angehalten werden dürfen, als zu weitgehend angesehen werden.

Zwar trägt die StPO für die Ausübung des Verfolgungszwanges den Besonderheiten eines Schiffs im Küstenmeer nicht ausdrücklich Rechnung. Das bedeutet jedoch nicht, daß im Einklang mit der StPO den genannten völkerrechtlichen Geboten nicht Genüge getan werden könnte. Einmal ist bereits die Anwendung strafverfolgender Zwangsmaßnahmen nach dem Verhältnismäßigkeitsprinzip beschränkt [3]. Zum anderen ist die Staatsanwaltschaft auch nur berechtigt, gesetzlich zulässige Zwangsmaßnahmen zu ergreifen. Da das Recht auf unbehinderte Durchfahrt, wie es durch das Genfer Küstenmeerabkommen positiviert ist, eine allgemeine Regel des Völkerrechts darstellt, haben Maßnahmen, die dieses Recht verletzen, bereits wegen Art. 25 GG zu unterbleiben.

Soweit in den genannten Schranken des Völkerrechts unbestimmte Rechtsbegriffe enthalten sind, obliegt deren Auslegung

---

1) Vanselow, Völkerrecht, S. 109; Hoog, Genfer Seerechtskonferenzen, S. 16; Münch, in Strupp-Schlochauer, WdV, Bd. 3, S. 239; wegen des Unterschiedes zum Begriff der völkerrechtlichen "Kodifikation" (Kodifikation geht über die Feststellung bereits geltender Normen hinaus und schafft eine neue Rechtsquelle) vgl. Kägi, in Strupp-Schlochauer, WdV, Bd. 2 S. 228 f.
2) Vgl. Bases De Discussion, Tome II S. 115; vgl. auch bei Vanselow, Völkerrecht, S. 106.
3) Vgl. oben S. 60 Anm. 4, 71.

dem jeweiligen Küstenstaat [1]. Hierbei kommt der Staatsanwaltschaft bei der Beantwortung der Frage, ob von der Straftat störende Auswirkungen über das Schiff hinaus ausgegangen sind, ein Beurteilungsspielraum zu [2]. Es ist aber erforderlich, daß die fraglichen Auswirkungen konkret feststellbar sind. Keinesfalls dürfen die Auswirkungen einer Tat auf den abstrakt verstandenen Rechtsfrieden der Bundesrepublik als bloße Störung des "moralischen" Friedens zum Anlaß für ein strafprozessuales Einschreiten genommen werden [3] [4].

Streitig ist in diesem Zusammenhang die Frage, ob nach den angeführten Grundsätzen eine Befugnis zum Eingreifen allein deswegen besteht, weil entweder der Täter oder das Opfer die deutsche Staatsangehörigkeit besitzt [5]. Denjenigen Autoren, welche hier ein Eingreifen billigen, ist zuzugeben, daß durch die Tat deutsche Interessen berührt werden. Ferner zeigt § 4 Abs. 2 Nr. 1, 2 StGB, daß die deutsche Staatsangehörigkeit eines Beteiligten keineswegs nur als "moralischer" Berührungspunkt verstanden wird. Indes liegt in der Beteiligung eines deutschen Staatsangehörigen, über die Bedeutung dieses Umstandes für das deutsche internationale Strafrecht hinaus, noch keine konkrete Auswirkung der Straftat auf die Bundesrepublik als Küstenstaat vor. Ohne weitere Tatsachen [6] wird durch eine solche Straftat auch keineswegs der Frieden des Landes oder die Ordnung des

---

1) Dahm, Völkerrecht, Bd. 1 S. 639 Anm. 24.
2) Vgl. auch oben S. 71 Anm. 3.
3) Dahm, Völkerrecht, Bd. 1 S. 648 Anm. 29.
4) Insoweit besteht eine gewisse Ähnlichkeit mit dem von Gallas, Festschrift für Heinitz, S. 171 ff., behandelten Abgrenzungsproblem zwischen abstrakten und konkreten Gefährdungsdelikten, wonach die einen durch die generelle Gefährlichkeit des Verhaltens und die anderen durch den "realen" Gefährdungserfolg gekennzeichnet werden.
5) Bejahend: Gläser-Becker, Seerecht, Bd. 1 S. 151; verneinend: Steinert, Schiff im Küstenmeer, S. 144.
6) Z. B. Bekanntwerden der Tat in der Öffentlichkeit und Empörung und Beunruhigung in der Bevölkerung.

Küstenmeeres gestört. Eine Eingriffsbefugnis deutscher Stellen ist in einem solchen Fall daher abzulehnen [1].

Hier zeigt sich, daß die Voraussetzungen, unter denen die Staatsanwaltschaft Zwangsmaßnahmen an Bord ergreifen darf, enger als die Kriterien sind, welche die Staatsanwaltschaft im Rahmen des § 153 b Abs. 1 Nr. 2 StPO zur Einleitung eines Ermittlungsverfahrens berechtigen. Denn die Tatbeteiligung eines Deutschen als Täter oder Opfer muß regelmäßig zur Einleitung eines Ermittlungsverfahrens führen [2].

Noch strenger müssen die Voraussetzungen für Zwangsmaßnahmen der Staatsanwaltschaft im deutschen Küstenmeer dann bemessen werden, wenn an Bord des ausländischen Schiffes keine Straftat begangen worden ist, sondern lediglich ein bestehender Haftbefehl vollstreckt werden soll, weil sich der Täter an Bord befindet. Da hier von dem passierenden Schiff in keinem Fall nachteilige Auswirkungen auf die Bundesrepublik ersichtlich sind, ist es der Staatsanwaltschaft hier von vornherein verwehrt, die völkerrechtlich geschützte Durchfahrt des Schiffes anzutasten [3]. Die gegenteilige deutsche Rechtsauffassung, welche in der deutschen Stellungnahme zur Haager Seerechtskonferenz [4] zum Ausdruck kam, ist unhaltbar. Das Genfer Küstenmeerabkommen [5] geht in Art. 19 Abs. 5 hier zu Recht von einem völkerrechtlichen Strafverfolgungsverbot aus:

"Der Küstenstaat darf an Bord eines fremden, sein Küstenmeer durchfahrenden Schiffes keine

---

1) Besonderheiten gelten nach dem deutsch-britischen Konsularvertrag (vgl. oben S. 66 f.), wonach in einem solchen Fall Zwangsmaßnahmen an Bord zulässig wären.
2) Vgl. oben S. 52, 68.
3) Vgl. Rousseau, Droit International Public, S. 443; Verdross, Völkerrecht, S. 279; Dahm, Völkerrecht, Bd. 1 S. 648.
4) Bases De Discussion, Tome II S. 115; vgl. bei Vanselow, Völkerrecht, S. 106.
5) Ebenso bereits Art. 8 des Haager Entwurfs; vgl. bei Hoog, Genfer Seerechtskonferenzen, S. 70 f.

Maßnahmen ergreifen, um im Zusammenhang mit einer strafbaren Handlung an Bord, die vor der Einfahrt des Schiffes in das Küstenmeer begangen wurde, eine Person festzunehmen oder eine Untersuchung durchzuführen, wenn das Schiff aus einem fremden Hafen kommt und das Küstenmeer nur durchfährt, ohne in die Binnengewässer einzulaufen."

Dieses Verbot muß auch dann gelten, wenn der Täter nicht im Inland abgeurteilt werden soll, sondern seine Verhaftung nur zwecks Auslieferung beabsichtigt ist [1].

bb) Deutsche Eigengewässer anlaufende Schiffe

Die Zulässigkeit strafprozessualer Maßnahmen an Bord von ausländischen Schiffen, die das deutsche Küstenmeer durchqueren, um einen Hafen der Bundesrepublik anzulaufen, muß ebenfalls das völkerrechtliche Gebot der friedlichen Durchfahrt berücksichtigen. Denn "Durchfahrt" im Sinne dieses Rechts ist keinesfalls nur die Durchquerung des Küstenmeeres ohne Kontakt zu den Eigengewässern, sondern auch die Passage von der hohen See zu einem Hafen des Küstenstaates [2].

Entsprechend dieser Auslegung ist den zuständigen Organen der Bundesrepublik auch bei Schiffen, die einen deutschen Hafen anlaufen, die Vornahme von strafprozessualen Zwangsmaßnahmen an Bord nur in den genannten [3] Ausnahmefällen gestattet.

---

1) Dahm, Völkerrecht, Bd. 1 S. 648.
2) Coenen, Küstenmeer, S. 40; Colombos, Seerecht, S. 100; Dahm, Völkerrecht, Bd. 1 S. 645; Schücking, Kodifikationsversuch, S. 26; Vanselow, Völkerrecht, S. 103; Schaps-Abraham, Seerecht, Bd. 1 S. 59 f.; Steinert, Schiff im Küstenmeer, S. 111.
3) Vgl. oben S. 80 ff.

Die Auslegung des Art. 19 Abs. 5 des Genfer Küstenmeerabkommens [1] ergibt, daß hingegen Maßnahmen an Bord dann zulässig sein sollen, wenn sie eine Straftat betreffen, die bereits vor dem Einlaufen in die Küstengewässer begangen worden ist [2]. Ob diese Regelung einer richtigen Bewertung des völkerrechtlichen Durchfahrtsrechts entspricht, ist jedoch zweifelhaft.

Das deutsche Recht zieht die Schranken jedoch hier enger als das Völkerrecht. Die Staatsanwaltschaft ist verpflichtet, den Verkehrsinteressen der Schiffahrt nach Verhältnismäßigkeitsgesichtspunkten Rechnung zu tragen [3]. Wenn der Zielort des betroffenen Schiffs ohnehin ein deutscher Hafen ist, entspricht es im Regelfall einer gerechten Interessenbewertung, wenn die Maßnahmen kurzfristig bis zum Einlaufen des Schiffs in den angesteuerten deutschen Hafen aufgeschoben werden.

cc) Schiffe mit über die Passage hinausgehendem Aufenthalt im deutschen Küstenmeer

Der Aufenthalt eines ausländischen Schiffs im deutschen Küstenmeer, der ohne zwingenden Grund [4] über das zeitliche Maß einer normalen Passage hinausgeht, wird durch das Recht auf unbehinderte Durchfahrt nicht mehr gedeckt [5]. Demnach entfallen auch die Beschränkungen, die einer Strafverfolgung an Bord des im Küstenmeer befindlichen Schiffes in den bisher erörterten Fallgestaltungen entgegenstanden [6]. Die Staatsanwaltschaft darf daher im Rahmen der Strafverfolgung jede beabsichtigte

---

1) Vgl. oben S. 84 f.

2) So auch Steinert, Schiff im Küstenmeer, S. 151; Westerburg, Polizeigewalt des Luftfahrzeugkommandanten, S. 124 Anm. 177.

3) Vgl. oben S. 60 Anm. 4, 71.

4) Z. B. Seenot.

5) Art. 14 Abs. 3 des Genfer Küstenmeerabkommens; vgl. Art. 15 Abs. 4 des Haager Entwurfs.

6) A. A. Liszt-Fleischmann, Völkerrecht, S. 145 f.; Westerburg, Polizeigewalt des Luftfahrzeugkommandanten, S. 124, der seine Ansicht jedoch zu Unrecht aus einem Vergleich von Art. 8 Abs. 2 Haager Entwurf und Art. 19 Abs. 2 Genfer Küstenmeerabkommen zu folgern scheint.

Maßnahme an Bord des Schiffes so durchführen, als wenn sich das Schiff in einem deutschen Hafen befände. Wenn auch das im Küstenmeer vor Anker liegende Schiff nicht in so enge und vielfältige Beziehungen zur Bundesrepublik tritt wie im Hafen, so ist doch das Strafverfolgungsinteresse der Bundesrepublik gegenüber einem nur wenige Seemeilen vom Hafen entfernt liegenden Schiff nicht geringer als gegenüber einem Schiff im Hafen selbst [1].

dd) Aus einem deutschen Hafen auslaufende Schiffe

Eine Sonderstellung nehmen diejenigen ausländischen Schiffe ein, die nach Verlassen eines deutschen Hafens das deutsche Küstenmeer durchqueren. Entsprechend der Reichweite des Rechts auf friedliche Durchfahrt genießt das ausländische Schiff auch hier das freie Durchfahrtsrecht. Jedoch scheint das Völkerrecht in diesem Fall umfassendere Maßnahmen des Küstenstaats gegen das Schiff zuzulassen.

Orientiert man sich zur Ermittlung des geltenden Rechtszustandes an dem Inhalt des Haager Entwurfs und des Genfer Küstenmeerabkommens, so ergibt sich für die Eingriffsmöglichkeiten eine Rechtslage, die nur wenig befriedigend erscheint. Beide Dokumente räumen dem Küstenstaat ohne besondere völkerrechtliche Beschränkung die Befugnis ein, alle in Betracht kommenden Maßnahmen der Strafverfolgung an Bord vorzunehmen (Art. 19 Abs. 2 Genfer Küstenmeerabkommen, Art. 8 Abs. 2 Haager Entwurf) [2]. Danach ist es dem Küstenstaat sogar erlaubt, wegen bordinterner Vorgänge einzuschreiten. Ebenso sind Maßnahmen wegen strafbarer Handlungen zulässig, die zeitlich mit der Reise des Schiffs in keinem Zusammenhang stehen. Diese Regelung wird lediglich dadurch abgeschwächt,daß den zuständigen Behörden auferlegt wird,

---

1) Joseph, Das Schiff in fremden Gewässern, S. 73.
2) Vgl. Hoog, Genfer Seerechtskonferenzen, S. 70 f.

bei der Frage, ob und wie eine Festnahme erfolgen soll, den Interessen der Schiffahrt gebührend Rechnung zu tragen [1].

Inwieweit bei dieser Regelung noch von der Positivierung von ohnehin geltendem Völkerrecht die Rede sein kann, bleibt zweifelhaft [2]. Denn das Recht auf friedliche Durchfahrt muß gegenüber den Zugriffsmöglichkeiten des Küstenstaates gewahrt bleiben.

Zweifel an den Eingriffsbefugnissen der Strafverfolgungsbehörden sind aber dann unbegründet, wenn das Schiff wegen einer vor dem Auslaufen an Land begangenen strafbaren Handlung von einiger Bedeutung angehalten werden soll, weil sich der Täter als Passagier oder Besatzungsmitglied an Bord befindet. Das Recht auf unbehinderte Durchfahrt muß hier dem berechtigten Interesse der Bundesrepublik am Schutz seiner Bürger und an der Wahrung seiner Rechtsordnung weichen [3]. Den Strafverfolgungsbehörden obliegt es jedoch, im Einzelfall nach innerstaatlichem Recht zu prüfen, ob die beabsichtigte Maßnahme insbesondere unter dem Gesichtspunkt der Verhältnismäßigkeit [4] den Rahmen des rechtsstaatlich Zulässigen wahrt. Die Durchsuchung eines großen Passagierschiffs nach dem flüchtigen Täter eines leichten Vergehens wird danach bereits aus zeitlichen Gründen kaum in Betracht kommen. Hingegen ist die Festnahme zulässig, wenn sich der Gesuchte an Bord nicht verborgen hält und ohne Schwierigkeit - z. B. gemeinsam mit dem Lotsen - von Bord gebracht werden kann.

Bedenken gegen die Regelung des Art. 19 Abs. 2 Genfer Küstenmeerabkommen ergeben sich vielmehr aus der dort enthaltenen Befugnis des Küstenstaates, bei nach dem Auslaufen an Bord

---

1) Art. 19 Abs. 4 Genfer Küstenmeerabkommen.
2) Kritisch Coenen, Küstenmeer, S. 53 f.; Schücking, Kodifikationsversuch, S. 37 f.; vgl. dag. Oehler, Intern. Strafrecht, S. 296.
3) Vgl. Steinert, Schiff im Küstenmeer, S. 147, 150.
4) Vgl. oben S. 60 Anm. 4, 71.

begangenen strafbaren Handlungen, die für den Küstenstaat keine Auswirkungen haben [1], strafprozessuale Maßnahmen zu ergreifen. Eine so weitgehende Beschränkung des Durchfahrtsrechts kann kaum mit dem Argument gerechtfertigt werden, daß sich das Schiff während seines Aufenthalts im inländischen Hafen der Rechtsordnung des Uferstaates unterworfen habe und die weitergehenden Befugnisse des Küstenstaats nur eine Nachwirkung dieser Unterwerfung darstellten [2]. Dem ist zunächst entgegenzuhalten, daß die begriffliche Konstruktion eines besonderen Akts der "freiwilligen Unterwerfung" für die Geltung einer Rechtsordnung nach heutiger Rechtsauffassung keine Bedeutung hat [3]. Im übrigen vermag eine Abwägung zwischen den Interessen des Küstenstaates und dem völkerrechtlichen Durchfahrtsrecht so weitgehende Befugnisse des Küstenstaates nicht zu rechtfertigen [4].

Nach deutschem Strafprozeßrecht ist den Strafverfolgungsbehörden zugunsten der unbehinderten Passage des Schiffs größere Zurückhaltung geboten. Dies ergibt sich bereits daraus, daß wegen strafbarer Handlungen von Ausländern an Bord eines ausländischen Schiffs, soweit keine deutschen Interessen berührt sind, [5] eine Strafverfolgung bei richtiger Ermessensausübung gar nicht stattfinden darf (§ 153 b Abs. 1 Nr. 2 StPO) [6]. Soweit die Staatsanwaltschaft an das Legalitätsprinzip gebunden ist, verbietet hier der Grundsatz der Verhältnismäßigkeit [7] regelmäßig die Vornahme von

---

1) Vgl. dazu Art. 19 Abs. 1 Genfer Küstenmeerabkommen, oben S. 80 f.

2) So Dahm, Völkerrecht, Bd. 1 S. 649; vgl. auch Meyers, The Nationality of Ships, S. 88 f.

3) Die Verbindlichkeit einer Rechtsnorm hat ihren Legitimationsgrund nicht in ihrer Anerkennung, sondern in der staatlichen Autorität, H. Nawiaski, Allgemeine Rechtslehre, 1948, S. 18 f.; vgl. Dahm, Völkerrecht, Bd. 1 S. 154; kritisch zum Erfordernis eines besonderen Willensakts der Unterwerfung bereits J. J. Rousseau, Du Contrat Social, IV 2.

4) Ablehnend auch Steinert, Schiff im Küstenmeer, S. 150 f.

5) Vgl. dazu oben S. 67 ff.

6) Vgl. oben S. 77, 71.

7) Vgl. oben S. 60 Anm. 4, 71.

Zwangsmaßnahmen an Bord. Die Verkehrsinteressen der Schifffahrt sind höher zu bewerten als die Verfolgung einer strafbaren Handlung, deren Wirkung lediglich auf den bordinternen Bereich beschränkt bleibt.

Soweit die Staatsanwaltschaft nach den dargelegten Grundsätzen im Küstenmeer an Bord eines ausländischen Schiffes tätig werden darf, ist es geboten, den Konsul des Flaggenstaates zu benachrichtigen und seine Anwesenheit bei der Amtshandlung zu ermöglichen [1].

III Die dem deutschen Küstenmeer vorgelagerte Randzone

In der dem deutschen Küstenmeer vorgelagerten Randzone des hohen Meeres sind für die Verfolgung strafbarer Handlungen Besonderheiten gegenüber der Rechtslage auf dem hohen Meer nur dann ersichtlich, wenn die Bundesrepublik von ihrer Befugnis [2], in diesem Bereich außerhalb des Inlands eine beschränkte Kontrolle auszuüben, Gebrauch gemacht hat. Diese Kompetenz ist von der Bundesrepublik nur sehr begrenzt ausgeübt worden. Einseitige Rechtsakte der Bundesrepublik, mittels derer solche Rechte in Anspruch genommen werden, existieren nicht [3]. Insbesondere gehen die Durchsuchungsbefugnisse der Zollbehörden nicht über den Bereich der deutschen Küstengewässer hinaus [4].

Indessen nimmt die Bundesrepublik aber in bestimmten Fällen aufgrund bestehender Verträge das Recht für sich in Anspruch, ihre Gesetze in der dem Küstenmeer vorgelagerten Randzone anzuwenden. Art. 9 des Abkommens von Helsingfors zur Bekämp-

---

1) Insoweit wird auf die oben S. 70 f. angeführten Grundsätze verwiesen.
2) Vgl. oben S. 9.
3) Vgl. die deutsche Stellungnahme anläßlich der Haager Seerechtskonferenz, Bases De Discussion, Tome II S. 109 f.
4) § 67 Abs. 2 ZollG.

fung des Alkoholschmuggels in der Ostsee [1] berechtigt die Bundesrepublik, in dem Seegebiet bis zu einer Breite von 9 Seemeilen von der deutschen Küstenmeergrenze die Strafbestimmungen über den Bannbruch mit Alkohol unterschiedslos auf Taten an Bord von Schiffen eigener oder fremder Nationalität anzuwenden. Deutsche Polizei- und Zollbehörden dürfen in den genannten Fällen an Bord alle erforderlichen Maßnahmen unmittelbar anordnen und durchführen [2].

Darüber hinaus bestehen für das angrenzende Seegebiet vor dem deutschen Küstenmeer keine Besonderheiten. Da diese Randzone grundsätzlich wie das hohe Meer zu behandeln ist, ergibt sich dort - abgesehen von den aufgezeigten Ausnahmen - für die Verfolgung strafbarer Handlungen an Bord die gleiche Rechtslage wie für den Bereich des hohen Meeres.

IV Das hohe Meer

1. Deutsche Schiffe

Strafbare Handlungen an Bord eines deutschen Schiffes außerhalb der inländischen Hoheitsgewässer sind der deutschen Strafrechtspflege nicht entzogen. Neben der Ausdehnung der deutschen Strafgewalt gemäß § 5 StGB gilt für den Bereich des hohen Meeres bis zum Einlaufen in fremde Hoheitsgewässer [3] an Bord auch das deutsche Strafverfahrensrecht [4]. Zwar fehlt der StPO, deren räumlicher Geltungsbereich an sich auf das territoriale Hoheits-

1) v. 19. 8. 1925 (RGBl. 1926 II S. 221); das Abkommen ist im Verhältnis zu Dänemark und Norwegen nach dem Krieg wieder in Kraft getreten, vgl. BGBl 1952 II S. 724.
2) Mettgenberg ZStW 52 (1932) S. 812.
3) Vgl. unten S. 108.
4) Mettgenberg, a.a.O. S. 813; Rudolf, Geltung der Straf- und Strafprozeßgesetze im Seebereich, S. 61; Meyer, in: Luftrecht in fünf Jahrzehnten, S. 189; Kleinknecht, StPO, § 10 Anm. 3; vgl. auch Steidle, Das Luftfahrzeug als Begehungsort strafbarer Handlungen, S. 31.

gebiet der Bundesrepublik beschränkt ist [1], eine ausdrückliche Regelung, wie sie im internationalen Strafrecht des StGB enthalten ist. Jedoch ist es ein allgemein anerkannter Grundsatz des Völkerrechts, daß die Staatszugehörigkeit des Schiffes die Geltung der Gesetze des Flaggenstaates an Bord zur Folge hat [2].

Die Geltung der StPO an Bord bewirkt, daß eine strafbare Handlung an Bord innerhalb des Geltungsbereichs der StPO begangen ist, § 153 b Abs. 1 Nr. 1 StPO findet daher keine Anwendung.

Tritt die Zuständigkeit der deutschen Strafrechtspflege nach Begehung einer Tat an Bord als selbstverständliche Folge ein [3], so sind demgegenüber der Strafverfolgung an Bord natürliche Grenzen gesetzt. Zwar ist es rechtlich möglich, daß Kriminalbeamte - umgehend auf dem Luftwege zum Tatort geflogen - an Bord die erforderlichen Feststellungen und Maßnahmen treffen [4]. Solche Möglichkeiten haben in der Praxis jedoch keine Bedeutung [5].

Fraglich ist, ob im Bedarfsfall die Seestreitkräfte der Bundeswehr im Wege der Amtshilfe gerichtspolizeilich tätig werden dürfen. Die Behörden des Bundes und der Länder sind nach Art. 35 GG gegenseitig zur Amtshilfe verpflichtet. Die ersuchte Behörde darf jedoch keine Amtshilfe leisten, wenn sie dazu aus rechtlichen Gründen nicht in der Lage ist [6]. Dabei ist von Bedeutung, daß die ersuchte Behörde durch das Amtshilfeersuchen keine zusätzlichen Befugnisse erhält [7]. Die ersuchte Behörde hat also zu prüfen, ob

---

1) Vgl. Dünnebier, in Loewe-Rosenberg, StPO, § 10 Anm. 3; ferner unten S. 108 Anm. 2.
2) Meyer, a.a.O.; vgl. auch oben S. 30 f.
3) Wegen der zusätzlichen Gerichtsstände vgl. § 10 StPO; vgl. ferner § 37 Abs. 4 OWiG.
4) So ausdrücklich Nr. 66 RiStV in der Fassung vom 13. 4. 1935.
5) Auskunft der Staatsanwaltschaft Hamburg.
6) § 4 Abs. 2 Nr. 1 des Musterentwurfes eines Verwaltungsverfahrensgesetzes.
7) Art. 35 GG betrifft nicht die Befugnis der ersuchten Behörde gegenüber dem Bürger, sondern regelt allein das Verhältnis zur ersuchenden Behörde; vgl. Maunz-Dürig-Herzog, GG, Art. 35 Anm. 1.

sie selbst zur Vornahme von Amtshandlungen der erbetenen Art befugt ist [1].

Den Dienststellen der Bundeswehr steht ein umfassendes Recht zur Vornahme von strafverfolgenden Zwangsmaßnahmen nicht zu. Zwar sieht die Rechtsordnung vor, daß Stellen der Bundeswehr in bestimmten Fällen, die gesetzlich genau abgegrenzt sind, zur Vornahme von Zwangsmaßnahmen im Rahmen der Strafverfolgung befugt sind [2]. Dabei handelt es sich jedoch offensichtlich um Ausnahmevorschriften, die einer Erweiterung nicht fähig sind.

In der Praxis ist die Staatsanwaltschaft daher darauf angewiesen, bei strafbaren Handlungen von geringerer Bedeutung die Rückkehr des Schiffes mit dem Täter an Bord abzuwarten. In schweren Fällen, in denen die Gefahr besteht, daß sich der Täter dem Verfahren entzieht, bleibt die Möglichkeit, den Staat des nächsten Bestimmungshafens im Wege der Rechtshilfe um die Festnahme und Auslieferung des Täters zu ersuchen [3]. Diese aufwendige Möglichkeit kann jedoch dann vermieden werden, wenn sich der Täter mit seinem Rücktransport nach Deutschland einverstanden erklärt und der Rückführung des Täters nicht das am Ort geltende Recht entgegensteht [4].

---

1) So bereits Pr. OVG in OVGE Bd. 20 S. 448; OLG Düsseldorf DVBl 1957, S. 215; Maunz-Dürig-Herzog, a.a.O.; v. Mangoldt-Klein, GG, Bd. 2 Art. 35 Anm. II 4; Model-Müller, GG, Art. 35 Anm. 1; M. Dreher, Amtshilfe, S. 109.

2) §§ 98 Abs. 4, 105 Abs. 4 StPO; ferner § 6 Festlandsockelgesetz (v. 24. 7. 1964, BGBl 1964 I S. 497).

3) Vgl. Nr. 89 ff. der RiVASt v. 15. 1. 1959 (BAnz. 1959 Nr. 9); abgedruckt bei Grützner, Internationale Rechtshilfe in Strafsachen, Bd. 1 S. 29 ff.

4) Deutsche Handelsschiffe, die einen deutschen oder einen nahen ausländischen Hafen anlaufen, können von der deutschen Auslandsvertretung (Seemannsamt) verpflichtet werden, einen straffällig gewordenen deutschen Seemann heimzuschaffen; vgl. das Heimschaffungsgesetz v. 2. 6. 1902 (RGBl 1902 S. 212).

Soweit dennoch ausnahmsweise Hilfsbeamte der Staatsanwaltschaft auf hoher See tätig werden [1], ist zu beachten, daß der Täter nicht ohne weiteres einer fremden Gerichtsbarkeit überstellt werden darf. Denn aufgrund der Bindung des Schiffes an die heimische Rechtsordnung gilt an Bord das deutsche Rechtshilferecht [2], wonach jede Auslieferung an bestimmte formelle und materielle Voraussetzungen gebunden ist [3].

2. Ausländische Schiffe

Der Aufenthalt eines ausländischen Schiffs auf dem hohen Meer hindert nicht, daß eine an Bord begangene strafbare Handlung nach Maßgabe der Regeln des deutschen internationalen Strafrechts der deutschen Strafgewalt unterliegen kann [4]

Eine solche Tat ist jedoch außerhalb des Geltungsbereichs des deutschen Strafverfahrensrechts begangen, so daß die Staatsanwaltschaft gem. § 153 b Abs. 1 Nr. 1 StPO von der Verfolgung der Tat absehen kann. Die Lockerung des Verfolgungszwanges betrifft sowohl Taten deutscher Staatsangehöriger als auch Taten von Ausländern. Diese Regelung trägt der Tatsache Rechnung, daß der Täter gleichzeitig einem Strafanspruch des ausländischen Flaggenstaates ausgesetzt ist [5] und insbesondere die Tat

---

1) Der Grundsatz der Verhältnismäßigkeit ist auch hier wichtige Zulässigkeitsvoraussetzung; vgl. oben S. 60 Anm. 4, 71.

2) Vgl. Mettgenberg ZStW Bd. 52 (1932) S. 813, 815, wonach die Inanspruchnahme eines deutschen Schiffs zur Auslieferung eines Täters zwischen zwei fremden Staaten bereits eine Durchlieferung ist.

3) Deutsches Auslieferungsgesetz (DAG) v. 23. 12. 1929 (RGBl 1929 I S. 239).

4) Vgl. oben S. 19 f. ; soweit ein deutscher Strafanspruch gem. § 4 Abs. 2 StGB besteht, ist zu beachten, daß an Bord des ausländischen Schiffes die Strafgesetze des ausländischen Flaggenstaates gelten, § 4 Abs. 2 2. Alt. StGB vermag daher nicht einzugreifen. Jescheck, Strafrecht, AT § 18 V 1; a. A. Schnorr von Carolsfeld, Straftaten in Flugzeugen, S. 35 Anm. 48.

5) Vgl. Protokolle StrABTag V 78. Sitzung S. 1561; ferner Krauth, Kurfess, Wulf JZ 1968 S. 732 f.

eines Ausländers im Regelfall deutsche Interessen nicht berührt. Diese Gesichtspunkte müssen auch die Ermessensausübung der Staatsanwaltschaft bestimmen. Danach sollte von der Einleitung eines Ermittlungsverfahrens stets abgesehen werden, wenn die Verfolgung des Täters durch den Flaggenstaat erfolgt, oder sonst deutsche Belange eine Strafverfolgung nicht erfordern [1]. Im Rahmen der letztgenannten Möglichkeit sind die Schwere der Tat und die etwaige deutsche Staatsangehörigkeit des Täters zu berücksichtigen.

Auf dem hohen Meer sind Maßnahmen deutscher Strafverfolgungsbehörden an Bord von ausländischen Schiffen unzulässig, da das Schiff dort der ausschließlichen Herrschaft des Flaggenstaates untersteht [2]. Dieser Grundsatz erfährt jedoch Ausnahmen, die entweder auf allgemeinem oder vertraglichem Völkerrecht beruhen.

a) Das Recht der Nacheile

Eine anerkannte Ausnahme von dem dargestellten Grundsatz betrifft das Recht der Nacheile [3]. Die Regeln des Völkerrechts über die Nacheile sind in Art. 23 des Genfer Abkommens über das hohe Meer positiviert worden. Die Bundesrepublik hat das Abkommen unterzeichnet und ratifiziert [4].

Das Recht der Nacheile gestattet, ein Schiff auf hoher See zu

1) Vgl. Nr. 84 b RiStBV.
2) Wengler, Völkerrecht, Bd. 2 S. 1074; vgl. auch oben S. 30 f.
3) Colombos, Seerecht, S. 129 ff.; Dahm, Völkerrecht, Bd. 1 S. 672; Wengler, a.a.O.; Jessup, The Law of Territorial Waters, S. 106; Verdross, Völkerrecht, S. 282; Berber, Völkerrecht, Bd. 1 S. 325; Perels, Seerecht, S. 59; Vanselow, Völkerrecht, S. 108 f.; eine Positivierung dieses völkergewohnheitsrechtlichen Satzes findet sich in Art. 23 des Genfer Abkommens über das hohe Meer, welches am 30. 9. 1962 in Kraft getreten ist.
4) BGBl. 1972 II S. 1089.

verfolgen, wenn an Bord des Schiffes eine Zuwiderhandlung gegen die Gesetze des Inlands noch in den Hoheitsgewässern begangen wurde. Unter den gleichen Voraussetzungen genügt auch ein Verstoß gegen die in der vorgelagerten Randzone geltenden Bestimmungen [1]. Ist die Verfolgung des fliehenden Schiffes noch nicht erfolgreich beendet, bevor dieses die Küstengewässer oder die vorgelagerte Randzone verläßt, so braucht die Verfolgung nicht deshalb aufgegeben zu werden, weil sich das Schiff nunmehr auf dem hohen Meer befindet. Die Verfolgung ist jedoch nur dann zulässig, wenn das ausländische Schiff wegen des Vorfalls in der betreffenden Meeresrandzone selbst hätte angehalten werden dürfen [2], wenn es dort zum Halten aufgefordert wurde und die anläßlich der Weigerung begonnene Verfolgung durch ein im Dienste des Küstenstaates stehendes Fahrzeug erfolgt [3]. Die Verfolgung muß sofort aufgenommen werden. Sie endet, sobald das verfolgte Schiff die Hoheitsgewässer eines anderen Staates erreicht [4]. Liegen die Voraussetzungen der Nacheile vor, so sind die verfolgenden Hoheitsorgane berechtigt, an Bord die erforderlichen Maßnahmen zu treffen. Ebenso darf das Schiff gezwungen werden, in die inländischen Hoheitsgewässer zurückzukehren [5].

Die Berechtigung zur Ausübung des Nacheilerechts ergibt sich für deutsche Polizeifahrzeuge unmittelbar aus Art. 23 des Genfer Abkommens über das hohe Meer, wenn das betroffene Schiff die Staatszugehörigkeit eines anderen Mitgliedsstaates des Abkom-

---

1) Wengler, Völkerrecht, Bd. 2 S. 1074 f.; Dahm, Völkerrecht, Bd. 1 S. 673; Berber, Völkerrecht, Bd. 1 S. 325; vgl. auch Art. 23 Abs. 1 a.a.O.

2) Das Nacheilerecht gewährt dem Küstenstaat keine weitergehenden Rechte zu Zwangsmaßnahmen, sondern erlaubt ihm nur, diese auch auf hoher See geltend zu machen; vgl. Dahm, a.a.O. S. 672.

3) Wengler, a.a.O. S. 1075.

4) Art. 23 Abs. 2 a.a.O.

5) Guggenheim, Völkerrecht, Bd. 1 S. 385 f.; Verdross, Völkerrecht, S. 282; Rudolf, Geltung der Straf- und Strafprozeßgesetze im Seebereich, S. 65.

mens besitzt [1]. Denn Art. 23 kann ohne weitere Ausführungsvorschriften im innerstaatlichen Recht angewendet werden.

Bei Schiffen, deren Flaggenstaat dem Abkommen über das hohe Meer nicht angehört, kommt die Ausübung des Nacheilerechts jedoch ebenfalls in Betracht, weil die vertragliche Regelung lediglich einen ohnehin bestehenden Völkerrechtssatz positiviert. Danach steht deutschen Polizeiorganen ein Recht zur Nacheile jedoch nur dann zu, wenn sich neben der völkerrechtlichen Ermächtigung auch eine entsprechende Befugnis aus dem innerstaatlichen Recht herleiten läßt [2]. Denn die Befugnisse des Völkerrechts rechtfertigen allein im Verhältnis zu anderen Staaten. Die Ermächtigung zu Eingriffen in die Freiheitsrechte des Betroffenen muß das innerstaatliche Recht erteilen [3]. Das Recht der Nacheile erlaubt daher lediglich, die ansonsten bestehenden strafprozessualen Befugnisse auch auf hoher See auszuüben. Zudem steht dem einzelnen Staat die Entscheidung frei, von der eingeräumten völkerrechtlichen Befugnis Gebrauch zu machen oder nicht [4].

Die StPO vermag zur Ausübung des Nacheilerechts nicht zu ermächtigen, denn ihr Geltungsbereich ist an das Inland bzw. die deutsche Flagge gebunden. Im vorliegenden Fall ergibt sich die erforderliche innerstaatliche Ermächtigung indessen aus dem dargestellten Völkerrechtssatz in Verbindung mit innerstaatlichem Verfassungsrecht - Art. 25 GG - selbst. Dabei kann dahinstehen, ob Völkerrecht und innerstaatliches Recht Teile einer einheitlichen

---

1) Das Abkommen umfaßt 46 Mitgliedsstaaten; vgl. BT-Drucks. VI/2726 S. 17.

2) Vgl. Dahm, Völkerstrafrecht, S. 69 f.

3) Art. 20 Abs. 3 GG.

4) Die deutsche Stellungnahme anläßlich der Haager Seerechtskonferenz (vgl. Bases De Discussion, Tome II S. 116) und die wechselnde Ausgestaltung der für die Ausübung des Nacheilerechts maßgeblichen Nr. 906 A 2 der "Bestimmungen über den Dienst an Bord" von Schiffen der deutschen Kriegsmarine (v. 9. 10. 1925), abgedruckt bei Kraus, Der Auswärtige Dienst, S. 305; geändert durch VO vom 1. 11. 1931, abgedruckt bei Schröder, Der Kriegsschiffskommandant, S. 40 f.) lassen erkennen, daß das Nacheilerecht von Deutschland nicht immer in vollem Umfang in Anspruch genommen wurde.

Gesamtrechtsordnung bilden [1], oder ob es zur innerstaatlichen Verbindlichkeit eines Völkerrechtssatzes erst eines umsetzenden Rechtssatzes bedarf [2]. Denn Art. 25 GG erklärt die allgemeinen Regeln des Völkerrechts zu Bestandteilen des Bundesrechts. Das Recht der Nacheile stellt einen seit langem unbestrittenen Satz im Völkergewohnheitsrecht dar, so daß keine Bedenken bestehen, ihm den Charakter einer allgemeinen Völkerrechtsregel zuzusprechen. Eine innerstaatliche Ausführungsbestimmung ist entbehrlich. Die Einzelheiten des Nacheilerechts sind im Völkerrecht so deutlich ausgeprägt, daß das gesamte Rechtsinstitut mit einer "self-executing-Bestimmung" [3] eines völkerrechtlichen Vertrages vergleichbar ist.

Mithin sind die deutschen Hoheitsfahrzeuge [4] zur Nacheile befugt [5]. Für die Durchführung der konkreten Maßnahme an Bord des fremden Schiffes sind die Bestimmungen der StPO anzuwenden. Denn die Ermächtigung, im Wege der Nacheile strafprozessuale Zwangsmaßnahmen an Bord eines ausländischen Schiffes auszuüben, bewirkt gleichzeitig eine Erweiterung des räumlichen Geltungsbereichs der StPO.

Die Ausübung des Nacheilerechts ist als schwerer Eingriff in die Belange der freien Schiffahrt nach Verhältnismäßigkeitsgesichtspunkten [6] nur dann zulässig, wenn die Strafverfolgung durch besondere öffentliche Interessen geboten ist.

---

1) So die monistischen Theorien, vgl. Maunz-Dürig-Herzog, GG, Art. 25 Anm. 5; entsprechend dem Verhältnis beider Teilrechtsordnungen werden die monistische Theorie mit Vorrang des innerstaatlichen Rechts und die monistische Theorie mit Vorrang des Völkerrechts unterschieden.

2) So die dualistische Theorie, vgl. Maunz-Dürig-Herzog, a.a.O. Anm. 6.

3) Vgl. zum Begriff der "self-executing-Norm" Wengler, Völkerrecht, Bd. 1 S. 453, 460.

4) Fahrzeug der Bundesmarine jedoch nur, soweit sie in einer Angelegenheit tätig werden, die ihnen zur eigenen Wahrnehmung überwiesen ist; vgl. z. B. § 6 Festlandsockelgesetz, a.a.O.

5) Gläser-Becker, Seerecht Bd. 1 S. 44, 152; Rudolf, Geltung der deutschen Straf- und Strafprozeßgesetze im Seebereich, S. 62.

6) Vgl. oben S. 60 Anm. 4, 71.

b) Piraterie

Eine weitere Ausnahme besteht für den völkerrechtlichen Tatbestand der Piraterie [1]. Die völkerrechtlichen Regeln über die Piraterie sind in den Artikeln 15 ff. des Genfer Abkommens über das hohe Meer positiviert worden [2]. Unter Piraten werden im Völkerrecht Personen verstanden, die auf hoher See Schiffe unter ihrer Kontrolle zu Gewalttaten gegen Personen oder Eigentum benutzen, ohne zu ihrem Vorgehen von einer anerkannten Regierung oder einer sonst anerkannten Gewalt ermächtigt zu sein [3].

Zur Bekämpfung der Piraterie gestattet das Völkerrecht allen Staaten die Wahrnehmung einer zusätzlichen Jurisdiktionsbefugnis [4]. Da jedoch die völkerrechtlichen Regeln über die Piraterie keine eigenen Strafsanktionen gegen gefangene Piraten enthalten [5], sondern diese dem Recht des urteilenden Staates vorbehalten bleiben [6], handelt es sich bei der Piraterie nicht um eine völkerrecht-

---

1) Dahm, Völkerrecht, Bd. 1 S. 680; Guggenheim, Völkerrecht, Bd. 1 S. 419; Colombos, Seerecht, S. 357; Wengler, Völkerrecht, Bd. 2 S. 1074; Verdross, Völkerrecht, S. 281; Berber, Völkerrecht, Bd. 1 S. 326 f.; Liszt-Fleischmann, Völkerrecht, S. 299 f.; Perels, Seerecht, S. 108 ff.

2) Umstritten ist, ob diese Positivierung erschöpfend ist, vgl. BT-Drucks. VI/2726 S. 18 f. Zu der Frage, ob der Tatbestand der Piraterie es voraussetzt, daß die Tat von einem Fahrzeug ausgehend gegen ein anderes begangen wird, vgl. unten S. 214 f.

3) So die Definition bei Dahm, a.a.O.; im einzelnen ist vieles umstritten. Überwiegend wird eine private Bereicherungsabsicht verlangt; vgl. Wengler, a.a.O. Anm. 3; Berber, a.a.O. Auch Teilnahme und Versuch fallen unter den Pirateriebegriff; vgl. im einzelnen die Definition in Art. 15 des Genfer Abkommens über die hohe See.

4) Dahm, Völkerstrafrecht, S. 51; ders., Völkerrecht, Bd. 1 S. 680; Faller, Flugzeugentführungen, S. 104; Verdross, a.a.O.; Guggenheim, a.a.O.; Abendroth, in Strupp-Schlochauer, WdV, Bd. 2 S. 769.

5) Vgl. die Art. 15 ff. des Genfer Abkommens über das hohe Meer.

6) Vgl. Art. 19 des Abkommens a.a.O.

liche Strafnorm [1], sondern um eine vom Völkerrecht eingeräumte besondere staatliche Strafermächtigung [2]. Neben dem völkerrechtlichen Pirateriebegriff besteht daher ein strafrechtlicher Pirateriebegriff [3], der dem innerstaatlichen Recht zu entnehmen ist [4].

Neben der zusätzlichen Jurisdiktionsbefugnis ermächtigt das Völkerrecht jeden Staat, die zur Ergreifung der Piraten erforderlichen Zwangsmaßnahmen zu treffen [5]. Ein der Piraterie verdächtiges Schiff darf angehalten und durchsucht werden. Bei Bestätigung des Verdachts ist die Beschlagnahme des Schiffes und die Verhaftung der Piraten zulässig. Der Grund für diese Befugnisse liegt nicht darin, daß jedes Seeräuberschiff als entnationalisiert anzusehen sei [6], sondern beruht auf der Solidarität aller Staaten zum Schutz der Seefahrt vor Piraten.

Eine Verpflichtung zum Einschreiten gegen Piraten wurde vor Inkrafttreten des Genfer Abkommens über die hohe See [7] überwiegend verneint [8]. Zwar verpflichtet nunmehr Art. 14 des Ab-

---

1) Dahm, Völkerrecht, Bd. 1 S. 680; ders., Völkerstrafrecht, S. 51; Faller, a.a.O. S. 103 f.; anderenfalls müßte eine Einzelperson als Träger von Pflichten des Völkerrechts angesehen werden; sehr umstritten vgl. Dahm, Völkerstrafrecht, S. 14 ff.; Berber, Völkerrecht, S. 171 ff.; Wengler, Völkerrecht, Bd. 1 S. 153 ff.; Faller, a.a.O. S. 98 ff.

2) Dahm, Völkerrecht, Bd. 1 S. 680; ders., Völkerstrafrecht, S. 51 f.; Faller, a.a.O. S. 104.

3) Dahm, Völkerrecht, a.a.O.; Abendroth, in Strupp-Schlochauer, WdV, Bd. 2 S. 768.

4) § 250 Abs. 1 Nr. 3 StGB; auf besondere Ausführungen zu dem deutschen Tatbestand des Seeraubes kann hier verzichtet werden, da für den Seeraub nichts anderes als für den gewöhnlichen Straßenraub gilt.

5) Dahm, Völkerrecht, Bd. 1 S. 685; Guggenheim, a.a.O.; Colombos, a.a.O.; Verdross, a.a.O.; Berber, a.a.O.; vgl. Art. 19 des Genfer Abkommens über die hohe See.

6) So die früher vertretene Ansicht, vgl. insbes. Stiel, Tatbestand der Piraterie, S. 10; dagegen Zorn AöR 21 (1907) S. 283 ff.

7) Vgl. oben S. 95 Anm. 3, 4.

8) Abendroth, in Strupp-Schlochauer, WdV, Bd. 2 S. 770; Dahm, Völkerrecht, Bd. 1 S. 680; ders., Völkerstrafrecht, S. 51; Zorn, a.a.O. S. 295; a. A. Liszt-Fleischmann, Völkerrecht, S. 300.

kommens alle Mitgliedsstaaten zur Zusammenarbeit bei der Bekämpfung von Piraterie. Eine Verpflichtung zum Einschreiten im konkreten Einzelfall folgt jedoch aus der Vorschrift nicht. Ebenso ist auch kein Mitgliedsstaat nach dem Abkommen verpflichtet, seine Strafgesetze um einen besonderen Piraterietatbestand zu ergänzen. Denn wenn das Abkommen hier - über eine allgemeine Pflicht zur Zusammenarbeit hinaus - eine besondere Pflicht zur Strafverfolgung hätte schaffen wollen, so ist dies nicht deutlich genug zum Ausdruck gekommen [1].

Die Befugnis, gegen Piraten auf dem hohen Meer zum Zweck der Strafverfolgung einzuschreiten, folgt für den innerstaatlichen Bereich unmittelbar aus dem Genfer Abkommen über das hohe Meer. Soweit Schiffe unter der Flagge von Nichtmitgliedsstaaten betroffen sind, ergibt sich die Anwendbarkeit des geltenden Völkergewohnheitsrechts für den innerstaatlichen Bereich aus Art. 25 GG. Denn das Recht zum Einschreiten gegen Piraten stellt eine allgemeine Regel des Völkerrechts dar. In dem durch das Völkerrecht gegebenen Rahmen sind daher auch deutsche Hoheitsfahrzeuge [2] berechtigt, gegen Piraten mit den gebotenen Zwangsmitteln vorzugehen. Der Umfang, in dem deutsche Organe von dieser Befugnis zum Zweck der Strafverfolgung Gebrauch machen dürfen, wird jedoch durch das deutsche Straf- und Straf-

---

1) So zu Recht Faller, a.a.O., S. 106, unter Hinweis auf die entsprechenden Regelungen anderer internationaler Verträge. A. A. Jescheck, in Festschrift für Maurach, S. 591.

2) Nach den "Bestimmungen über den Dienst an Bord" vom 9. 10. 1925 (vgl. oben S. 97 Anm. 4) auch deutsche Kriegsschiffe; eine entsprechende Vorschrift ist für die Bundesmarine nach Auskunft des Bundesministeriums für Verteidigung in Vorbereitung; vgl. ferner Mettgenberg ZStW 52 (1932) S. 816; Rudolf, Geltung der Straf- und Strafprozeßgesetze im Seebereich, S. 79; Gläser-Becker, Seerecht, S. 45, 152.

prozeßrecht mitbestimmt [1]. Danach können Maßnahmen der Strafverfolgung nur dann in Betracht kommen, wenn wegen der begangenen Tat ein deutscher Strafanspruch nach den §§ 3 ff. StGB besteht [2]. Dies ist aber bei Piraterie nur unter besonderen Voraussetzungen [3] der Fall, da dieses Delikt im Katalog der Weltrechtsdelikte nicht enthalten ist und auch eine vertragliche Erweiterung des Weltrechtsprinzips im Genfer Abkommen über die hohe See nicht vorgesehen ist [4].

c) Das Recht auf Flaggenfeststellung

Weiterhin gewährt das Völkerrecht den Staaten die Befugnis, auf dem hohen Meer durch ihre Hoheitsfahrzeuge die Nationalität eines Handelsschiffs zu überprüfen [5]. Dieses Recht ist auch von Bedeutung, damit der Flaggenstaat über strafbare Handlungen, Gesetzes- und Vertragsverletzungen benachrichtigt werden kann und eine Strafverfolgung durch diesen ermöglicht wird [6].

---

1) Dem steht nicht entgegen, daß Art. 25 GG den allgemeinen Regeln des Völkerrechts im Kollisionsfall Vorrang vor einfachem Bundesrecht einräumt (vgl. dazu Maunz-Dürig-Herzog, GG, Art. 25 Anm. 23 ff.); denn die Regeln über die Piraterie enthalten allein eine Ermächtigung zum Einschreiten. Bei der Entscheidung, ob entsprechend der Ermächtigung im Einzelfall eingeschritten werden soll, ist das gesamte innerstaatliche Recht heranzuziehen.

2) Soweit eine allgemeine Regel des Völkerrechts eine Ermächtigung zur Ausübung der deutschen Strafgewalt enthält, bedarf es - ungeachtet des Art. 25 GG - eines förmlichen Bundesgesetzes, damit Art. 103 Abs. 2 GG nicht verletzt wird (vgl. Dahm, Völkerstrafrecht, S. 69 f.); vgl. auch Art. 20 Abs. 3 GG. Das Grundgesetz hat insoweit im Kollisionsfall Vorrang vor den allgemeinen Regeln des Völkerrechts (Dahm, a.a.O.; Maunz-Dürig-Herzog, a.a.O.).

3) So wenn die Piraterie gegen ein deutsches Schiff oder einen Deutschen begangen wurde (§§ 5, 4 Abs. 2 StGB).

4) Vgl. § 4 Abs. 3 Nr. 10 StGB und Art. 19 des Abkommens ("Die Gerichte des Staates können ..."). Oehler, Intern. StrafR, S.310.

5) Ortolan, Règles Internationales Et Diplomatie De La Mer, Bd. 1 S. 250 ff.; Colombos, Seerecht, S. 258; vgl. Art. 22 Abs. 1 lit. c des Genfer Abkommens über die hohe See.

6) Rudolf, Geltung der Straf- und Strafprozeßgesetze im Seebereich, S. 71.

Als Strafverfolgungsmaßnahme ist die Ausübung des Rechts auf Flaggenfeststellung jedoch nicht anzusehen. Hier handelt es sich vielmehr um eine Maßnahme sui generis, die erst die Einleitung der Strafverfolgung durch den Flaggenstaat ermöglichen soll.

d) Sonstige Strafverfolgungsbefugnisse aufgrund völkerrechtlicher Verträge

Neben den völkergewohnheitsrechtlich anerkannten Eingriffsrechten gegen ausländische Handelsschiffe auf hoher See räumen zahlreiche internationale Abkommen der Bundesrepublik weitergehende strafprozessuale Befugnisse ein.

aa) Nach dem Abkommen über die polizeiliche Regelung der Fischerei in der Nordsee außerhalb der Küstengewässer [1], das nach dem 2. Weltkrieg für alle Vertragsparteien wieder in Kraft getreten ist [2], sind deutsche Hoheitsfahrzeuge [3] befugt, Übertretungen der Anordnungen des Vertrages und sonstige Fischereivergehen ohne Rücksicht auf die Nationalität der Fischer und ihres Fahrzeuges auf hoher See zu ermitteln. An Bord eines betroffenen ausländischen Schiffes dürfen Nachforschungen angestellt und Protokolle angefertigt werden (Art. 29, 30). Die schuldige Person kann bei entsprechender Schwere des Vorfalls vorläufig festgenommen und dem Flaggenstaat übergeben werden (Art. 30 Abs. 3). Eine Erweiterung der deutschen Strafgewalt sieht das Abkommen jedoch nicht vor, (vgl. Art. 36).

---

1) Vom 6. 5. 1882 (RGBl 1884 S. 25 ff.).
2) Bekanntmachungen vom 29. 2. 1952 (BGBl II S. 435) und 31. 1. 1953 (BGBl II S. 25).
3) Jedoch nicht Fahrzeuge der Seestreitkräfte der Bundeswehr; die Überwachung erfolgt durch die dem Bundesministerium für Ernährung, Landwirtschaft und Forsten unterstellten Fischereischutzfahrzeuge; vgl. Art. 1 Abs. 2 des Zusatzabkommens vom 3. 6. 1955 (BGBl 1957 II S. 213) i. V. mit der entsprechenden Bekanntmachung v. 15. 10. 1957 (BAnz. 1957 Nr. 200 S. 2).

bb) Weniger einschneidend sind die Befugnisse, die deutschen Hoheitsfahrzeugen nach dem Vertrag zum Schutze unterseeischer Telegraphenkabel vom 14. 3. 1884 [1] zukommen. Art. 10 des Vertrages ermächtigt die zuständigen Kommandanten [2], im Fall des Verdachts einer Straftat im Zusammenhang mit dem Abkommen ein Protokoll an Bord des ausländischen Schiffes aufzunehmen und dessen Nationalität anhand der üblichen Unterlagen zu überprüfen.

cc) Ähnlich sind die Befugnisse ausgestaltet, die deutschen Hoheitsfahrzeugen durch das Abkommen zur Unterdrückung des Branntweinhandels unter den Nordseefischern vom 16. 11. 1887 [3] verliehen sind. Nach Begehung einer Tat, deren Bestrafung das Abkommen vorsieht, ist die Aufnahme eines Protokolls an Bord des ausländischen Schiffes zulässig. Bei schweren Vergehen darf das Schiff in den nächsten Hafen des Flaggenstaates abgeführt werden (Art. 7 Abs. 5) [4].

dd) Art. 22 Abs. 1 lit. b des Genfer Abkommens über das hohe Meer gestattet deutschen Kriegsschiffen gegen ausländische Handelsschiffe einzuschreiten, wenn ein ernstlicher Grund zu der Annahme besteht, daß diese Sklavenhandel betreiben. Neben der Überprüfung der Schiffspapiere ist im Verdachtsfall eine Untersuchung an Bord zulässig. Diese Befugnisse haben jedoch nur im Verhältnis der Bundesrepublik zu anderen Vertragsstaaten Bedeutung. Denn obwohl das Abkommen in weiten Teilbereichen positiviertes Gewohnheits-

1) RGBl 1888 S. 151 ff.; Bekanntmachungen über die Wiederanwendung vom 11. 1. 1955 (BGBl 1955 II S. 5), 28. 6. 1956 (BGBl 1956 II S. 764) und 9. 9. 1969 (BGBl 1969 II S. 1913).
2) Die Überwachung erfolgt durch die deutschen Fischereischutzfahrzeuge (BAnz. 1960 Nr. 99 S. 2); vgl. oben S. 103 Anm. 3.
3) RGBl 1894 S. 427, 151; Bekanntmachungen über die Wiederanwendung vom 29. 2. 1952 (BGBl II S. 435), 14. 10. 1952 (BGBl II S. 973) und 11. 6. 1953 (BGBl II S. 149).
4) Eine ausdrückliche Ausführungsbestimmung, durch welche deutschen Hoheitsfahrzeuge die Ausübung dieser Befugnisse erfolgen soll, ist nicht ersichtlich.

recht darstellt, war ein außervertragliches Durchsuchungsrecht gegenüber Sklavenschiffen noch nie anerkannt [1].

Weitere Rechte zur Vornahme strafprozessualer Maßnahmen auf hoher See gegenüber ausländischen Schiffen werden deutschen Hoheitsfahrzeugen durch bestehende Verträge nicht eingeräumt. Zwar hat die internationale Solidarität zur Bekämpfung bestimmter Straftaten wie Rauschgifthandel und Frauen- und Mädchenhandel in zahlreichen Abkommen ihren Ausdruck gefunden. Jedoch werden in diesen Abkommen die deutschen Strafverfolgungsbefugnisse für den Bereich des hohen Meeres nicht erweitert.

Soweit ausnahmsweise von deutschen Hoheitsfahrzeugen auf hoher See strafprozessuale Maßnahmen ergriffen werden, kann sich der problematische Fall ergeben, daß ein festgenommener und sodann an Bord des deutschen Hoheitsfahrzeuges gebrachter Täter anschließend den Behörden des zur Strafverfolgung zuständigen ausländischen Flaggenstaates übergeben werden soll. Hier stellt sich die Frage, ob die Bestimmungen des deutschen Auslieferungsrechts [2] einer Übergabe des Täters an den fremden Staat entgegenstehen. Dies gilt insbesondere dann, wenn der Täter die deutsche Staatsangehörigkeit besitzt [3]. Die Übergabe des Täters würde in einem solchen Fall zum Zweck der Strafverfolgung erfolgen und damit eine wesentliche Voraussetzung des Auslieferungsbegriffs erfüllen. Demgegenüber ist jedoch nicht zu verkennen, daß die Übernahme der zu übergebenden Person in den Hoheitsbereich

---

1) Vgl. Colombos, Seerecht, S. 368 ff., wonach britische Bemühungen, Sklaverei und Piraterie hinsichtlich der strafprozessualen Befugnisse gleichzusetzen, gescheitert sind. Nach einer noch heute gültigen Admiralitätsanordnung von 1844 haben sich britische Kriegsschiffe einer Durchsuchung fremder Sklavenschiffe mangels vertraglicher Befugnisse zu enthalten.

2) Vgl. oben S. 94 Anm. 3.

3) Art. 16 Abs. 1 Nr. 2 GG.

des deutschen Schiffes nur den Charakter einer vorläufigen Maßnahme hätte, deren Endzweck von vornherein in der Überantwortung an eine fremde Gerichtsbarkeit bestünde [1]. Insoweit liegt eine ähnliche Problemstellung wie im Sonderfall der sog. Rücklieferung vor. Geht man von den vom Bundesverfassungsgericht zur Rücklieferung entwickelten Grundsätzen bei der Lösung des Problems aus, so liegt eine Auslieferung nur dann vor, wenn der Täter durch diese vollständig einer anderen Hoheitsgewalt unterworfen wird [2]. Der an Bord des fremden Schiffes festgenommene Täter befindet sich aber zunächst an Bord des ausländischen, der Herrschaft des Flaggenstaates unterstehenden Schiffes und damit im Geltungsbereich der Rechtsordnung des Flaggenstaates. Durch seine Übergabe an den Flaggenstaat wird der ursprüngliche Zustand lediglich wiederhergestellt. Die Übergabe des Täters ist in einem solchen Fall daher nicht als Auslieferung im Sinne des deutschen Auslieferungsgesetzes anzusehen.

Dieser Rechtszustand ist ohnehin dann selbstverständlich, wenn deutsche Organe in Ausübung vertraglich eingeräumter Befugnisse vorgegangen sind und die Übergabe des Betroffenen an den Flaggenstaat und nach dem betreffenden Abkommen vorgesehen ist [3].

V Die dem ausländischen Küstenmeer vorgelagerte Randzone

Wenn ein ausländischer Staat eine dem Küstenmeer vorgelagerte Randzone seiner beschränkten Hoheitsgewalt unterwirft [4],

---

1) Darauf stellt Mettgenberg ZStW Bd. 52 (1932) S. 819 ab.
2) BVerfG NJW 1970 S. 2205 ff.; davor RGSt 65 S. 374; BGHSt 5 S. 396; BGHSt 22 S. 58; vgl. zum Problem Vogler, Auslieferungsrecht und Grundgesetz, S. 137 ff., 170 ff., der jedoch darauf abstellt, daß der Staat, an den die Rücklieferung erfolgt, seine Strafgewalt nicht vom rückliefernden Staat ableitet; Grützner NJW 1954 S. 1023; a. A. Maunz-Dürig-Herzog, GG, Art. 16 Anm. 42.
3) So z. B. nach Art. 30 Abs. 3 des Abkommens über die polizeiliche Regelung der Fischerei in der Nordsee, vgl. oben S. 103.
4) Vgl. oben S. 9.

bestehen für die Verfolgung von Straftaten gegenüber der Rechtslage auf dem hohen Meer Abweichungen nur insoweit, als der Küstenstaat wegen bestimmter Delikte, deren Begehung in der vorgelagerten Randzone strafbar ist, bereits außerhalb seiner Hoheitsgewässer auch an Bord ausländischer Schiffe Maßnahmen der Strafverfolgung ergreifen kann [1].

Im übrigen ist das Schiff so zu behandeln, als befinde es sich noch auf dem hohen Meer, so daß insoweit die bereits aufgezeigten Grundsätze [2] gelten.

VI Die ausländischen Hoheitsgewässer

1. Deutsche Schiffe

Mit dem Einlaufen in fremde Eigen- oder Küstengewässer befindet sich ein deutsches Handelsschiff im Geltungsbereich einer ausländischen Strafrechtsordnung. Dies hat zur Folge, daß das Schiff nur noch sehr beschränkt Gegenstand der deutschen Strafrechtspflege sein kann.

a) Die deutsche Strafgewalt

Eine an Bord eines deutschen Schiffes in ausländischen Hoheitsgewässern begangene strafbare Handlung unterliegt der deutschen Strafgewalt (§ 5 StGB) [3]. Daneben gilt gleichrangig das ausländische Strafrecht. Die Geltung der einen Rechtsordnung schließt die andere nicht aus [4] [5].

---

1) Vgl. z. B. die Regelung im Abkommen von Helsingfors (vgl. oben S. 90 f), wonach die Vertragsstaaten berechtigt sind, zur Bekämpfung des Alkoholschmuggels bereits in einer Entfernung bis zu 12 Seemeilen vor der Küste strafverfolgend tätig zu werden.

2) Vgl. oben S. 91 ff.

3) Vgl. oben S. 27.

4) Vgl. oben S. 18 f., 31.

5) Da § 5 StGB das Bestehen des deutschen Strafanspruchs vom Tatortrecht unabhängig erklärt (vgl. dazu oben S. 33 ff.), findet § 3 Abs. 2 StGB keine Anwendung; wegen der Strafbarkeit von Auslandsübertretungen vgl. oben S. 39 f.

b) Das Strafverfahren

Bedeutende Abweichungen ergeben sich aus dem Standort des Schiffes in ausländischen Hoheitsgewässern für die Verfolgung einer an Bord begangenen strafbaren Handlung. Denn die völkergewohnheitsrechtlich bestimmte Geltung der Gesetze des Flaggenstaates an Bord von Schiffen seiner Staatszugehörigkeit bleibt auf den Bereich des hohen Meeres beschränkt [1].

Demnach hat ein deutsches Schiff im Ausland seinen Standort nicht nur außerhalb des räumlichen Geltungsbereichs [2] der StPO. Ebenso verliert das deutsche Strafverfahrensrecht, das sich für den Bereich des hohen Meeres räumlich auf das Schiff erstreckt, nach dem Einlaufen in ausländische Küstengewässer an Bord seine Geltung [3]. Der entgegenstehenden Ansicht von Kleinknecht [4], der unter Hinweis auf § 10 StPO von einer unbeschränkten Erweiterung des räumlichen Geltungsbereichs der StPO auf deutsche Schiffe ausgeht, muß widersprochen werden. Denn die genannte Vorschrift regelt allein die besonderen Gerichtsstände zur Ahndung von Taten, die auf deutschen Schiffen mit Standort außerhalb der Bundesrepublik begangen sind und wegen der gleichwohl ein deutscher Strafanspruch besteht.
Die Verfolgung und Ahndung von an Bord begangenen Straftaten ist jedoch etwas anderes als die Strafverfolgung an Bord selbst. Wenn das Gesetz für an Bord begangene Straftaten einen besonderen Gerichtsstand innerhalb des räumlichen Geltungsbereichs der StPO zur Verfügung stellt [5], so kann daraus nicht ge-

---

1) Vgl. oben S. 28 ff.; Art. 6 des Genfer Abkommens über das hohe Meer.

2) Der Geltungsbereich der StPO ist - abgesehen von ihrer räumlichen Erstreckung auf Fahrzeuge deutscher Staatszugehörigkeit in staatenlosen Gebieten - auf das Hoheitsgebiet der Bundesrepublik beschränkt; vgl. oben S. 92 Anm. 1.

3) Mettgenberg ZStW Bd. 52 (1932) S. 821 f.; Rudolf, Die Geltung der deutschen Straf- und Strafprozeßgesetze im Seebereich, S. 104 ff., 116; vgl. auch RGSt 23 S. 267.

4) Kleinknecht, StPO, § 10 Anm. 3.

5) Dünnebier, in Loewe-Rosenberg, StPO § 10 Anm. 1.

folgert werden, daß an Bord eines deutschen Schiffs in einem ausländischen Hafen deutsches Strafverfahrensrecht zu gelten habe [1].

Da der Begehungsort einer Straftat an Bord eines deutschen Schiffes, das sich in ausländischen Hoheitsgewässern befindet, außerhalb des räumlichen Geltungsbereichs der StPO liegt, findet § 153 b Abs. 1 Nr. 1 StPO Anwendung. Die zuständige Staatsanwaltschaft kann von der Verfolgung der Tat absehen [2].

Die damit bestehende Lockerung des Verfolgungszwanges für Taten, die außerhalb des räumlichen Geltungsbereichs der StPO an Bord eines deutschen Schiffes begangen sind, kann im Einzelfall zu bedenklichen Ergebnissen führen. Denn der ausländische Territorialstaat wird die Durchführung eines Strafverfahrens wegen der Tat oftmals der Bundesrepublik als dem Flaggenstaat überlassen. Dem entspricht die Regelung, welche die Bundesrepublik selbst für diesen Fall in § 153 b Abs. 1 Nr. 2 StPO getroffen hat [3]. Somit besteht die Gefahr, daß der Täter überhaupt jeder Strafverfolgung entgeht. Diesem Gesichtspunkt kann jedoch dadurch Rechnung getragen werden, daß die Staatsanwaltschaft eine etwaige Entscheidung des Territorialstaates, die Strafverfolgung der Bundesrepublik als dem Flaggenstaat zu überlassen, bei Ausübung ihres Ermessens berücksichtigt.

In ausländischen Hoheitsgewässern sind die Person des Täters und auch das Schiff der Vornahme von Maßnahmen der Strafverfolgung entzogen. Denn im Ausland ist jede Tätigkeit deutscher Strafverfolgungsbehörden unzulässig [4].

---

1) Darüber hinaus scheint Kleinknecht bei seiner Folgerung auch von einer zu weit gefaßten Fiktion des Schiffes als Inland auszugehen; vgl. Kleinknecht, StPO, § 153 b Anm. 4.
2) So auch Jescheck, Deutsche Beiträge, S. 204; Gläser-Becker, Seerecht, S. 135; a. A. Oehler, Intern. Strafrecht, S. 320.
3) Vgl. oben S. 52 ff., 76 f.
4) Ausnahmen sind unter der Voraussetzung denkbar, daß der ausländische Staat einwilligt; vgl. Nr. 189 ff. RiVASt.

c) Die Mitwirkung deutscher Konsulate bei der Strafverfolgung

Die rechtliche und tatsächliche Beschränkung der Tätigkeit deutscher Strafverfolgungsbehörden auf das Inland findet ihren Ausgleich in der internationalen kriminalpolizeilichen Zusammenarbeit [1)]und in dem internationalen Rechtshilfeverkehr in Strafsachen. Neben diesem Zusammenwirken im zwischenstaatlichen Bereich hat für die Verfolgung strafbarer Handlungen an Bord von Schiffen auch die Tätigkeit der deutschen konsularischen Vertretungen im Ausland Bedeutung [2)]. Für den Bereich der Seefahrt üben diese Behörden regelmäßig gleichzeitig die Funktion des nach dem Seemannsgesetz von 1957 [3)] zuständigen Seemannsamtes aus [4)].

Die Mitwirkung von deutschen konsularischen Vertretungen im Rahmen der Strafverfolgung hat ihre Ursache für den Seebereich darin, daß der ausländische Uferstaat in vielen Fällen auf die Ausübung seiner Hoheitsbefugnisse verzichtet und die Wahrnehmung dieser Aufgaben der Verantwortung des Flaggenstaates überläßt [5)]. Dem Flaggenstaat ist es danach möglich, bestimmte Aufgaben im Rahmen der Strafverfolgung mittels seiner konsularischen Vertretung am Ort unmittelbar zu erfüllen. Die Tätigkeit

---

1) Diese Zusammenarbeit ist durch die mittels Verwaltungsabkommens geschaffene Internationale Kriminalpolizeiorganisation (IKPO-Interpol) institutionalisiert worden. Die nationalen Zentralbüros der Organisation (für die Bundesrepublik das BKA) leisten sich unmittelbar zwischenstaatliche Amtshilfe. Einer Vermittlung diplomatischer Vertretungen bedarf es nicht. Vgl. im einzelnen Schneider, in Strupp-Schlochauer, WdV, Bd. 2 S. 143 f.; Moellmann, Internationale Kriminalpolizei, S. 83 ff., 110 ff.; Dickopf, Das Bundeskriminalamt, S. 51 ff.; Sicot, in Internationale Verbrechensbekämpfung, S. 19 ff.

2) Der Amts- und Rechtshilfeverkehr zwischen Heimatbehörden und Auslandsvertretungen ist innerstaatlicher Natur, vgl. Nr. 170 RiVASt.

3) v. 26. 7. 1957 (BGBl I S. 713).

4) § 9 SeemG; vgl. dazu die Bekanntmachung des Auswärtigen Amtes vom 11. 4. 1962 (BAnz. 1962 Nr. 89).

5) Vgl. oben S. 54 ff.

des Konsuls setzt danach voraus, daß sie vom Empfangsstaat zugelassen [1] und dem Konsul nach deutschem Recht übertragen ist. Die Amtsbefugnisse des Konsuls sind in vielen Fällen völkervertraglich vereinbart [2]. Aber auch soweit keine ausdrückliche Vertragsregelung besteht, entspricht die sinngemäße Heranziehung fremden Vertragsrechts, sofern die Gegenseitigkeit gewährleistet ist, im Regelfall der Praxis [3].

Die Mitwirkung des deutschen Konsuls bei der Verfolgung an Bord begangener Straftaten war unter der Geltung der früheren Bestimmungen über die Ausübung von Strafgerichtsbarkeit durch die Seemannsämter besonders ausgeprägt [4]. Nach der gesetzlichen Regelung waren die Seemannsämter berechtigt, wegen Übertretungen und Vergehen nach der Seemannsordnung Strafe zu verhängen. Ähnliche Befugnisse waren nach dem Gesetz über die Konsulargerichtsbarkeit [5] vorgesehen, wonach deutsche Staatsangehörige der Gerichtsbarkeit besonders bevollmächtigter Konsuln unterstanden [6]. Die Ausübung von Strafbefugnissen durch deutsche Konsulate bzw. Seemannsämter war insbesondere dann bedeutsam, wenn der Uferstaat in der Ausübung seiner eigenen Strafgerichtsbarkeit Zurückhaltung bewahrte [7]. Nach der Beseitigung der Konsulargerichtsbarkeit [8] und der Strafbefugnisse der Seemannsämter [9] bleibt die

---

1) Die Erfüllung bestimmter Aufgaben wird dem Konsul bereits durch das allgemeine Völkerrecht gestattet (vgl. dazu Wengler, Völkerrecht, Bd. 2 S. 966; Verdross, Völkerrecht, S. 342). Die meisten der dem Konsul vom Entsendestaat verliehenen Amtsbefugnisse werden davon jedoch nicht erfaßt, so daß der Konsul nur insoweit tätig werden darf, als das Recht des Empfangsstaates nicht entgegensteht. Vgl. Freudenberg in Strupp-Schlochauer, WdV, Bd. 2 S. 286; Art. 5 des Wiener Übereinkommens über konsularische Beziehungen v. 24. 4. 1963 (BGBl. 1969 II S. 1595); Art. 23 des Konsularabkommens zwischen der Bundesrepublik und den USA v. 3. 6. 1953 (BGBl. 1954 II S. 722).
2) Vgl. dazu oben S. 65 ff.
3) Gläser-Becker, Seerecht, Bd. 1 S. 137.
4) Vgl. § 122 SeemO v. 2. 6. 1902 (RGBl S. 175); VO betr. das Strafverfahren vor Seemannsämtern v. 13. 3. 1903 (RGBl S. 42).
5) v. 7. 4. 1900 (RGBl S. 213).
6) Vgl. dazu Busch, Die Stellung des deutschen Konsuls, S. 23.
7) Vgl. oben S. 54 ff.
8) Vgl. dazu Wengler, Völkerrecht, Bd. 2 S. 1153 ff.
9) Aufgehoben durch das SeemG.

Verhängung von Strafe in den genannten Fällen allein den deutschen Gerichten vorbehalten.

Damit ist der Aufgabenbereich des Konsuls auf Verwaltungsaufgaben beschränkt [1].

Nach § 33 Konsulargesetz [2] ist der deutsche Konsul befugt, über deutsche Schiffe in einem ausländischen Hafen die Polizeigewalt auszuüben. Dabei ist zu beachten, daß deutsche Handelsschiffe in fremden Häfen grundsätzlich der Hoheitsgewalt des Uferstaates unterstehen. Der Konsul kann daher Polizeigewalt nur insoweit ausüben, als der Uferstaat diese Tätigkeit zuläßt [3]. Dies ist jedoch regelmäßig bezüglich der Aufrechterhaltung der inneren Ordnung der Fall [4].

Im Rahmen seiner Aufgaben ist der Konsul zur Durchführung von Ermittlungen und zum Erlaß von Bußgeldbescheiden gem. § 132 SeemG als zuständiges Seemannsamt befugt, wenn die Tat als Ordnungswidrigkeit nach dem Seemannsgesetz zu ahnden ist.

Zur Vornahme von Strafverfolgungsmaßnahmen ist der Konsul ungeachtet seiner beschränkten Polizeigewalt über deutsche Schiffe nicht ermächtigt [5]. Gleichwohl treffen ihn aber zur Erleichterung der Strafverfolgung durch die deutschen Strafverfolgungsbehörden vereinzelte Mitwirkungspflichten.

---

1) Westphal, Konsulargesetzgebung, S. 158.
2) Vom 8. Nov. 1867 (Ges.Bl. Norddt. Bund 1867 S. 137 ff.) i. d. Fassung vom 16. 12. 1950 (BGBl. 1950 S. 784).
3) Vgl. oben S. 31 ; Schaps-Abraham, Seerecht, Bd. 1 S. 1219; Kraske-Nöldecke, Handbuch des Auswärtigen Dienstes, S. 351 f.; Westphal, a.a.O. S. 118 f.; ablehnend Grützner, Internationale Rechtshilfe in Strafsachen, Bd. 1 I D 1 S. 8.
4) Vgl. oben S. 65ff.; diese Praxis entspricht dem Inhalt des engl. und franz. Systems (vgl. dazu oben S. 54 ff.).
5) Vgl. bereits § 41 OWiG, wonach bei Verdacht einer Straftat die Ermittlungen an die Staatsanwaltschaft abzugeben sind; ferner Ziff. VI 4 d des Merkblattes für die Tätigkeit der als Seemannsamt bestimmten diplomatischen und konsularischen Vertretungen der Bundesrepublik vom 5. 8. 1959, abgedruckt bei Schaps-Abraham, Seerecht, Bd. 3, S. 64.

Abgesehen von den Aufgaben des Konsuls bei der Vermittlung von Auslieferungsersuchen im internationalen Rechtshilfeverkehr [1] kann der Konsul im Wege der Amts- und Rechtshilfe deutsche Behörden bei der Strafverfolgung unmittelbar unterstützen [2]. Voraussetzung ist jedoch auch hier, daß das am Ort geltende Recht nicht entgegensteht [3]. In Betracht kommt lediglich die Vornahme von Zustellungen, Erteilung von Auskünften oder Vernehmung von Zeugen und Sachverständigen [4], wobei die Möglichkeit einer Zeugniserzwingung aber nicht besteht [5]. Die Vernehmung und Vereidigung haben nach den Vorschriften der StPO zu erfolgen. Die durch einen zur Vernehmung und zur Vereidigung von Zeugen ermächtigten Konsul aufgenommene Urkunde kann im späteren Strafverfahren gem. § 251 StPO zum Zweck des Urkundenbeweises verlesen werden [6], da die Verhandlung, die gem. § 20 Konsulargesetz derjenigen einer zuständigen inländischen Behörde gleichsteht, kraft Gesetzes wie die Niederschrift über eine richterliche Vernehmung zu behandeln ist.

Der deutsche Konsul hat im Rahmen der nach örtlichem Recht gegebenen Möglichkeiten von Amts wegen alle erforderlichen Feststellungen zu treffen, wenn bei dem Seeunfall eines deutschen Schiffs jemand den Tod gefunden hat oder ein Fahrzeug verloren gegangen ist [7]. Dabei handelt es sich jedoch nicht um eine strafprozessuale Tätigkeit, da die Untersuchungen im Zuge des seeamtlichen Verfahrens stattfinden [8]. Gleichwohl können die getroffenen Feststellungen auch in einem späteren Strafverfahren tatsächlich von Bedeutung sein.

---

1) Vgl. Nr. 7 b RiVASt.
2) Vgl. Nr. 170 ff. RiVASt.
3) Vgl. Art. 5 lit. m der Wiener Übereinkunft über konsularische Beziehungen, a.a.O.; Freudenberg, a.a.O., S. 287.
4) Die Vernehmung eines Beschuldigten kann auf § 20 Konsulargesetz nicht gestützt werden; Grützner, Internationale Rechtshilfe in Strafsachen, Bd. 1 I D 1 S. 6 Anm. 32.
5) Grützner, a.a.O.
6) LG Darmstadt GA 1970 S. 250; Kleinknecht, StPO, § 251 Anm. 3 B.
7) §§ 3, 33 des Gesetzes über die Untersuchung von Seeunfällen v. 28. 9. 1935 (RGBl 1 S. 1183).
8) Schaps-Abraham, Seerecht, Bd. 3 S. 457.

Weitere Aufgaben kommen dem Konsul als Seemannsamt nach dem Heimschaffungsgesetz [1] bei der Überführung straffällig gewordener deutscher Seeleute in die Bundesrepublik zu. Der Konsul ist berechtigt, durch schriftliche Anweisung ein deutsches Kauffahrteischiff zu verpflichten, einen deutschen Seemann, der wegen einer nach deutschem Recht strafbaren Handlung an die inländischen Behörden überführt werden soll, nach seinem Bestimmungshafen mitzunehmen. Die Heimschaffung kann jedoch nur erfolgen, wenn der Betroffene damit einverstanden ist und soweit nicht das am Orte geltende Auslieferungsrecht entgegensteht. Denn die Mißachtung des örtlichen Auslieferungsrechts durch die hoheitliche Tätigkeit des Konsuls würde eine Verletzung der Souveränität des Aufenthaltsstaates darstellen [2].

Abschließend ist noch zu prüfen, ob der Konsul verpflichtet ist, seine Kenntnis über eine an Bord eines deutschen Schiffes begangene strafbare Handlung der zuständigen deutschen Strafverfolgungsbehörde anzuzeigen. Eine solche Benachrichtigung ist durch innerdienstliche Weisung dem pflichtgemäßen Ermessen des Konsuls überlassen [3]. Danach darf eine Mitteilung insbesondere bei schwerwiegenden Delikten nicht unterbleiben. Über den Inhalt der innerdienstlichen Weisung hinaus ist eine Erweiterung der Mitteilungspflicht durch strafrechtliche Vorschriften kaum denkbar. § 257 StGB pönalisiert die Verletzung der Mitteilungspflicht lediglich insoweit, als sie aufgrund der amtlichen Stellung des Konsuls ohnehin begründet ist [4]. § 346 StGB hat für die Erweiterung der Mitteilungspflicht ebenfalls keine praktische Bedeutung. Denn eine Berufung des Konsuls, vermöge seines Amtes in

---

1) Vgl. oben S. 93 Anm. 4.
2) Vgl. oben S. 111 Anm. 1.
3) Runderlaß des Auswärtigen Amtes v. 11. 8. 1966 (- V4 - 8103/ o -) unter II b; abgedruckt bei Grützner, Internationale Rechtshilfe in Strafsachen, Bd. 1 I D 1 S. 14.
4) Vgl. dazu allgemein: Schönke-Schröder, StGB, § 257 Anm. 26.

einem Strafverfahren mitzuwirken, ist allein für den Fall ersichtlich, daß er im Wege der Amts- oder Rechtshilfe auf Ersuchen eines deutschen Gerichts oder einer Strafverfolgungsbehörde tätig wird [1]. Jedoch setzt § 346 StGB hier einschränkend voraus, daß die Begünstigungshandlung in sachlicher Beziehung zur konkreten dienstlichen Tätigkeit des Beamten steht [2].

2. Ausländische Schiffe

Ist eine Tat an Bord eines ausländischen Schiffes in den ausländischen Hoheitsgewässern begangen worden und besteht wegen der Tat nach den §§ 3 ff. StGB ein deutscher Strafanspruch, so kann die Staatsanwaltschaft gem. § 153 b Abs. 1 Nr. 1 StPO von der Verfolgung absehen. Entschließt sich die Staatsanwaltschaft zur Strafverfolgung, so bleibt nur die Möglichkeit, den im Ausland aufhältlichen Täter mittels internationaler Fahndung [3] zu ermitteln und im Wege der internationalen Rechtshilfe in Strafsachen dessen Auslieferung zu erreichen.

VII Besonderheiten der Strafverfolgung bei Schiffszusammenstößen

Nachdem die Bundesrepublik das internationale Abkommen über die Vereinheitlichung von Regeln über die strafgerichtliche Zuständigkeit bei Schiffszusammenstößen [4] ratifiziert hat, erge-

1) Die Funktion des Konsuls als Behörde im Ordnungswidrigkeitenverfahren betrifft nach h. M. nicht die Mitwirkung in einem Strafverfahren; vgl. OLG Karlsruhe NJW 1955, S. 1200; Dreher, StGB, § 346 Anm. 1; Schönke-Schröder, StGB, § 346 Anm. 3; Maurach, StGB, BT § 82 II E 1; str. a. A. Mösl, LK, § 346 Anm. 2.
2) BayObLG JZ 1961 S. 453; Schönke-Schröder, a.a.O., Anm. 10; Mösl, LK, a.a.O.; Welzel, StGB, § 78 VI c; str. weiter einschränkend Geerds JZ 1961 S. 454 ff.; a. A. Maurach, StGB, BT § 82 II E 2, der keinen sachlichen Zusammenhang zwischen Begünstigung und konkreter dienstlicher Tätigkeit voraussetzt.
3) Vgl. oben S. 110 Anm. 1.
4) vom 10. 5. 1952 (BGBl 1972 II S. 653).

ben sich für diesen Teilbereich [1] der Strafrechtspflege einige bedeutsame Besonderheiten. Das Abkommen hat zum Ziel, die Beteiligten einer strafbaren Handlung, welche mit der technischen und nautischen Schiffsführung zusammenhängt, vor der Gefahr wiederholter strafrechtlicher Verfolgung [2] zu schützen und die strafrechtliche Zuständigkeit dem Flaggenstaat vorzubehalten [3]. Eine Ausnahme besteht allein für strafbare Handlungen, die in den Hoheitsgewässern [4] der Bundesrepublik oder von einem Deutschen [5] begangen sind. Hier bleibt die Bundesrepublik berechtigt, ihre Strafgewalt unabhängig von derjenigen des Flaggenstaates auszuüben. Zweifelhaft ist, ob die Bundesrepublik zur Strafverfolgung darüber hinaus auch dann als befugt angesehen werden kann, wenn die Strafverfolgung nach dem Recht des Flaggenstaates nicht möglich ist [6]. Gegen eine solche Berechtigung spricht, daß das Abkommen außer den bereits erwähnten Ausnahmen von einer ausschließlichen Zuständigkeit des Flaggenstaates ausgeht und daneben auch subsidiär keine Strafverfolgung durch einen anderen Staat vorgesehen ist. Einer solchen formalen Auslegung ist jedoch entgegenzuhalten, daß es nicht Zweck der Übereinkunft sein kann, die Strafverfolgung im konkreten Fall völlig auszuschließen. Der Sinn der

---

1) Straftaten im Zusammenhang mit Schiffszusammenstößen und anderen mit der Führung eines Seeschiffs zusammenhängenden Ereignissen; das Abkommen erfaßt auch allgemeine Straftaten, die mit einer unter das Abkommen fallenden Straftat in Idealkonkurrenz stehen; vgl. BT-Drucks. VI 2224 S. 17 ff., 44 ff.

2) Vgl. oben S. 42 ff.; ferner Oehler, Intern. Strafrecht, S. 304.

3) BT-Drucks. a.a.O., S. 44.

4) Gem. Art. 4 Abs. 1, 2 des Abk., wonach für die Küstengewässer ein entsprechender Vorbehalt zulässig ist. Ein solcher Vorbehalt ist in Art. 1 Nr. 3 des Ratifizierungsgesetzes enthalten.

5) Die Strafverfolgung durch die Bundesrepublik soll jedoch hier nur subsidiär sein, vgl. BT-Drucks. a.a.O. S. 46.

6) Bejahend BT-Drucks., a.a.O. S. 45.

Kompetenzregelung geht vielmehr dahin, bei Zusammentreffen mehrerer Strafgewalten einen Vorrang zu schaffen, um den Täter vor wiederholter Strafverfolgung zu schützen.

Soweit die Strafverfolgung nach dem Abkommen dem Flaggenstaat vorbehalten ist, bleibt dieser allein berechtigt, das Schiff zu Untersuchungszwecken zu beschlagnahmen oder sonst zurückzuhalten [1].

Die Ratifikation des Abkommens durch die Bundesrepublik erfordert keine förmliche Änderung des deutschen Straf- und Strafprozeßrechts [2], da sich die erforderlichen Einschränkungen der §§ 94, 103, 152 ff. StPO unmittelbar aus dem Abkommen selbst ergeben [3].

VIII Die Befugnisse des Kapitäns zur Strafverfolgung

Für den Schutz der heimatlichen Rechtsordnung an Bord eines deutschen Schiffs kommt dem Kapitän eine zentrale Bedeutung zu. Die rechtliche Ausgestaltung seiner Befugnisse und Pflichten ist für die Verfolgung von strafbaren Handlungen an Bord von erheblicher Bedeutung. Ohne die Mitwirkung des Kapitäns besteht die Gefahr, daß eine Tat überhaupt nicht zur Kenntnis der Strafverfolgungsbehörde gelangt oder die Verfolgung wegen Verdunklung der Beweise keine Aussicht auf Erfolg hat.

Die Seemannsordnung von 1902 [4] trug dieser Erkenntnis um-

---

1) Art. 2 d. Abk.; eine Beschlagnahme durch die Bundesrepublik ist selbst dann unzulässig, wenn ein deutscher Staatsangehöriger verfolgt wird (vgl. Art. 2, 3 d. Abk.); anders wenn die Tat in den Hoheitsgewässern der Bundesrepublik begangen ist; vgl. BT-Drucks. a.a.O. S. 46.

2) A. A. Stellungnahme des deutschen Vereins für internationales Seerecht (1956), Schriftenreihe B Heft 3 (ohne Verfasserangabe).

3) Eine Einschränkung der §§ 3 ff. StGB ist mit dem Abkommen jedoch nicht verbunden; anders die Begr. zum RegEntw. BT-Drucks. a.a.O. S. 45.

4) Vgl. oben S. 111 Anm. 4.

fassend Rechnung. Die §§ 126, 127 SeemO statteten den Kapitän mit umfangreichen strafprozessualen Befugnissen aus. Nach Begehung einer strafbaren Handlung durch einen Seemann an Bord war der Kapitän zur Vornahme von Ermittlungen verpflichtet sowie berechtigt, Durchsuchungen und Festnahmen durchzuführen. Das Seemannsgesetz von 1957 [1] hat die genannten Bestimmungen nicht übernommen. Zwar war auch bei der Neuordnung des Seemannsrechts beabsichtigt, die Stellung des Kapitäns als Organ der Strafrechtspflege mittels Einfügung eines § 163 a StPO festzulegen [2]. Bemerkenswert an der geplanten Novelle war, daß die der Seemannsordnung von 1902 entsprechenden Befugnisse nicht nur gegenüber Besatzungsmitgliedern, sondern auch gegenüber Passagieren gelten sollten. Der Regierungsentwurf zum Seemannsgesetz [3] enthielt die fragliche Ergänzung der StPO jedoch nicht mehr und sah auch sonst keine strafprozessualen Befugnisse für den Kapitän vor. Als Grund für den Verzicht auf die geplante Regelung werden vor allem die angeblich schlechten Erfahrungen der Vorkriegszeit genannt [4]. Über Funk unrichtig übermittelte Haftbefehle hätten häufig zu Festnahmen der falschen Personen geführt.

1. Das geltende Recht

Wie schwer der Verzicht auf strafprozessuale Befugnisse des Kapitäns wiegt und ob eventuell eine Neuregelung vorzuschlagen ist, bemißt sich danach, wie die dem Kapitän verbleibenden Möglichkeiten zu bewerten sind.

a) Nach den §§ 520 Abs. 3, 519 der bis 1965 gültigen Fassung des

---

1) Vgl. oben S. 110 Anm. 3.
2) Gläser-Becker, Seerecht, Bd. 1 S. 546; Westerburg, Polizeigewalt des Luftfahrzeugkommandanten, S. 93 f.
3) BT-Drucks. II 2962.
4) Vgl. Gläser-Becker, a.a.O. S. 132; Westerburg a.a.O.

HGB war der Kapitän verpflichtet, über eine an Bord begangene strafbare Handlung eine Eintragung ins Schiffstagebuch vorzunehmen [1]. Diese Vorschriften wurden durch das Gesetz über die Aufgaben des Bundes auf dem Gebiet der Seeschiffahrt [2] gestrichen. Gleichzeitig ermächtigte das genannte Gesetz den Bundesminister für Verkehr, das Schiffstagebuchrecht durch Rechtsverordnung neu zu regeln. Dies ist bisher noch nicht geschehen. Jedoch wird die beabsichtigte Neufassung wieder eine Pflicht zur Eintragung von Straftaten vorsehen [3]. Bis zum Inkrafttreten der Neuregelung kann davon ausgegangen werden, daß die Führung des Schiffstagebuches zwischenzeitlich inhaltlich in der bisherigen Weise weitergehandhabt wird. Denn die Führung eines Schiffstagebuchs im Hinblick auf die Ereignisse an Bord entspricht seit jeher dem Brauch und den Erfordernissen einer geordneten Seefahrt. Hieran hat die Aufhebung der §§ 519, 520 Abs. 3 HGB nichts geändert [4].

Die Eintragung eines Vermerks über eine strafbare Handlung an Bord kann aber, auch soweit eine gesetzliche Verpflichtung zur Eintragung besteht, nicht als Ausübung strafprozessualer Befugnisse durch den Kapitän angesehen werden. Zwar besteht die Eintragungspflicht aus Gründen des öffentlichen Interesses [5] und wendet sich an den Kapitän als Vertreter der

---

1) Die Eintragungspflicht bestand auch bei Straftaten von Passagieren.
2) vom 24. 5. 1965 (BGBl II S. 833).
3) Auskunft des BMin. f. Verkehr, Abt. Seeverkehr.
4) Das Gesetz vom 24. 5. 1965 a.a.O. beabsichtigte nicht, die Tagebuchführungspflicht endgültig aufzuheben. Allein die systematische Stellung der fraglichen Vorschriften im HGB erschien unangebracht, und es sollte ihre Neufassung durch eine einheitliche SchiffstagebuchVO ermöglicht werden; vgl. BT-Drucks. IV 2549 S. 12; vgl. auch § 124 Abs. 2 SeemG, wonach die Eintragungspflicht bei Ordnungswidrigkeiten fortbesteht.
5) Gläser-Becker, Seerecht, Bd. 3 S. 1371 f.; vgl. Zimmerer, Stellung des Kapitäns, S. 33.

Staatsgewalt und Inhaber der obersten Anordnungsbefugnis an Bord [1]. Jedoch hat das Tagebuch lediglich die Aufgabe, den Strafverfolgungsbehörden später die Wahrheitsfindung zu erleichtern und Erinnerungslücken des Kapitäns oder anderer Beteiligter auszuschließen.

Der unterschriebene Tagebucheintrag stellt eine Urkunde dar, die den allgemeinen Beweisregeln unterliegt [2] und nach Maßgabe der Vorschriften über den Urkundenbeweis im Strafprozeß verwertet werden darf.

Eine wahrheitsgetreue Eintragung über eine strafbare Handlung an Bord ist jedoch nur dann möglich, wenn der Kapitän alle notwendigen Feststellungen über den Sachverhalt trifft [3]. Es ist dem Kapitän daher gestattet, nähere Einzelheiten der Tat zu ermitteln, insbesondere freiwillige Bekundungen von Zeugen oder etwa ein Geständnis des Täters aufzunehmen [4]. Strafprozessuale Eingriffsrechte stehen dem Kapitän jedoch im Zusammenhang mit der Führung des Schiffstagebuchs nicht zu. Die möglichen Ermittlungshandlungen des Kapitäns bedeuten keine Ausübung strafprozessualer Gewalt, sondern dienen lediglich der Tatsachenermittlung über den Verlauf der Reise [5].

b) Eine Befugnis zur Mitwirkung bei der Strafverfolgung kann sich für den Kapitän nur aus § 127 StPO ergeben, wonach jedermann zur Festnahme eines auf frischer Tat betroffenen oder verfolgten Täters berechtigt ist [6]. Dieses Recht steht auch dem

---

1) Schaps-Abraham, Seerecht, Bd. 2 S. 178 Anm. 5 zu § 519 HGB.
2) Schaps-Abraham, a.a.O. Anm. 17.
3) Gläser-Becker, Seerecht, Bd. 1 S. 546; vgl. auch § 124 Abs. 2 SeemG.
4) Gläser-Becker, a.a.O. S. 547.
5) Vgl. Schaps-Abraham, a.a.O. Anm. 1; Gläser-Becker, a.a.O. Bd. 3 S. 1372.
6) Aus den sonstigen Selbsthilferechten wie z. B. §§ 227, 228, 859, 860, 904 BGB, 53 StGB, ergeben sich allein Rechte zur Gefahrenabwehr, jedoch keine Befugnisse zur Strafverfolgung.

Kapitän zu. Etwas anderes ergibt sich nicht daraus, daß das Seemannsgesetz von 1957 dem Kapitän bewußt keine strafprozessualen Festnahmebefugnisse verliehen hat. Denn der Verzicht auf die Schaffung besonderer Rechte im Rahmen des Seemannsgesetzes läßt die aufgrund allgemeiner Vorschriften jedermann zustehenden Rechte unberührt.

Eine Festnahme gem. § 127 StPO durch den Kapitän ist jedoch nur dann zulässig, wenn die Gefahr besteht, daß sich der Täter vom Tatort entfernt. Diese Möglichkeit scheidet regelmäßig solange aus, als sich das Schiff mit dem Täter an Bord außerhalb eines Hafens befindet [1].

Das Recht des Kapitäns zur Festnahme erlischt, sobald das Schiff ausländische Hoheitsgewässer erreicht. Denn § 127 StPO kann nur innerhalb des räumlichen Geltungsbereichs der StPO eingreifen [2].

c) Eine besondere Verpflichtung des Kapitäns, über eine an Bord begangene strafbare Handlung der zuständigen Staatsanwaltschaft Anzeige zu erstatten, besteht nicht. Sie ergibt sich weder im Zusammenhang mit der Führung des Schiffstagebuchs noch aus strafrechtlichen Bestimmungen. Der Kapitän gehört nicht zu dem Täterkreis des § 346 StGB. § 257 StGB stellt ein Unterlassen einer Anzeige nur dann unter Strafe, wenn eine Pflicht zur Anzeige besteht [3].

d) Den mangelnden strafprozessualen Befugnissen des Kapitäns stehen weitreichende Befugnisse zur Aufrechterhaltung der Sicherheit und Ordnung gegenüber. Maßnahmen der Gefahrenab-

---

1) Vgl. Westerburg, Polizeigewalt des Luftfahrzeugkommandanten, S. 78.
2) Vgl. oben S. 108 f.; Westerburg, Polizeigewalt des Luftfahrzeugkommandanten, S. 80.
3) Schönke-Schröder, StGB, § 257 Anm. 24.

wehr kann der Kapitän notfalls mit dem erforderlichen Zwang durchführen, wobei auch die vorläufige Festnahme des Täters zulässig ist [1].

2. Kritik der geltenden Rechtslage

Bei Gesamtwürdigung der Rechte und Pflichten des Kapitäns erscheint der Beitrag, den eine effektive Strafverfolgung von den Möglichkeiten des Kapitäns erwarten kann, äußerst gering. Es ist daher zu prüfen, ob die Stellung des Kapitäns im Rahmen der Strafverfolgung durch eine Erweiterung seiner Befugnisse verstärkt werden sollte. Eine derartige Neuregelung hängt in erster Linie von einem entsprechenden Bedürfnis ab.

a) Das Bedürfnis für die Schaffung strafprozessualer Befugnisse des Kapitäns

Für die Erweiterung der bestehenden Rechte des Kapitäns spricht, daß ein Schiff während der oftmals langen Zeit seiner Reise den Zugriffsmöglichkeiten der deutschen Strafverfolgungsbehörden praktisch entzogen ist. Dieser Mangel erscheint besonders dann schwerwiegend, wenn sich an Bord des Schiffes eine größere Anzahl von Passagieren befindet und damit die Begehung strafbarer Handlungen an Bord nicht nur theoretische Bedeutung hat. Die fehlenden Zugriffsmöglichkeiten der deutschen Strafverfolgungsbehörden müssen durch eine Erweiterung der Befugnisse des Kapitäns ausgeglichen werden, damit sich nicht dem Täter die Chance bietet, der verwirkten Strafe entgehen zu können. Die nach geltender Rechtslage bestehenden Rechte und Pflichten des Kapitäns sind hierzu unzureichend.

Die Aussicht auf erfolgreiche Strafverfolgung ist um so größer, je eher mit den ersten Feststellungen über die Tat begonnen wer-

1) § 106 Abs. 3, 4 SeemG.

den kann. Die Möglichkeiten der zuständigen Behörden, später an Land die auf dem Schiff begangene Tat aufzuklären, sind in vielen Fällen wenig erfolgversprechend, wenn nicht dem Kapitän das Recht zu einer umfassenden Beweissicherung gegeben wird.

Einer Erweiterung bedürftig erscheint ebenfalls das Recht des Kapitäns zur Festnahme. Denn wegen des Fehlens einer Fluchtgefahr auf hoher See kann § 127 StPO erst dann eingreifen, wenn sich das Schiff einem Hafen nähert. Jedoch versagt § 127 StPO hier auch dann, wenn der angelaufene Hafen im Ausland liegt, weil mit dem Erreichen der ausländischen Hoheitsgewässer die räumliche Geltung der StPO an Bord endet [1]. Zwar kann dieser Mangel theoretisch dadurch behoben werden, daß der Kapitän die Behörden des Hafenstaates um die Festnahme des Täters ersucht. Jedoch wird der Uferstaat nach den Regeln seines internationalen Strafrechts oftmals für Strafverfolgungsmaßnahmen keine rechtliche Grundlage besitzen. Ein deutsches Rechtshilfeersuchen an den Uferstaat wird aus zeitlichen Gründen die Flucht des Täters nicht immer verhindern können.

Eine Erweiterung der Aufgaben des Kapitäns innerhalb der Strafverfolgung ist auch insoweit wünschenswert, als der Kapitän dadurch verpflichtet wird, sein Wissen über die Begehung einer Straftat an Bord den zuständigen deutschen Strafverfolgungsbehörden mitzuteilen.

Die Übertragung strafprozessualer Aufgaben bedeutet keine Überforderung des Kapitäns, wenn gewährleistet bleibt, daß die Wahrnehmung der Aufgaben der Schiffsführung dadurch nicht beeinträchtigt wird. Im übrigen bietet die Person des Kapitäns für eine verantwortungsbewußte Ausübung von gerichtspolizeilichen Befugnissen an Bord ausreichende Gewähr. Die hinzutretenden Aufgaben würden lediglich eine sinnvolle Ergänzung der dem Kapi-

---

1) Vgl. oben S. 121.

tän nach § 106 SeemG ohnehin zustehenden Polizeigewalt darstellen [1].

b) Der räumliche und zeitliche Geltungsbereich der zu schaffenden Befugnisse

Das Bedürfnis für die Wahrnehmung strafprozessualer Aufgaben durch den Kapitän besteht während des gesamten Verlaufs der Reise.

Damit wird klärungsbedürftig, ob das deutsche Recht dem Kapitän strafprozessuale Befugnisse auch dann wirksam verleihen kann, wenn sich das Schiff in ausländischen Hoheitsgewässern befindet. Denn strafverfolgende Tätigkeit bedeutet Ausübung staatlicher Hoheitsgewalt, die, wenn sie im Ausland vorgenommen wird, grundsätzlich eine Verletzung der fremden Souveränität darstellt.

Die Ausübung flaggenstaatlicher Strafverfolgungsbefugnisse durch den Kapitän in ausländischen Hoheitsgewässern unterliegt jedoch dann keinen Bedenken, wenn sie vom ausländischen Uferstaat zugelassen ist. Eine solche Möglichkeit bietet sich gerade für den Seebereich an, weil die Staatenpraxis fast aller seefahrenden Nationen strafbare Handlungen an Bord in den uferstaatlichen Hoheitsgewässern nur beschränkt der Strafverfolgung des Uferstaats unterwirft [2]. Diese Praxis zielt keineswegs darauf ab, an Bord des fremden Schiffes während seines Auslandsaufenthalts für den Bereich der Strafverfolgung einen rechtsfreien Zustand herbeizuführen. Vielmehr läßt sie sich von dem Gedanken leiten,

1) Dem entspricht auch Art. 57 des Schweizer Bundesgesetzes über die Seeschiffahrt v. 23. 9. 1953 (Sammlung der eidgenössischen Gesetze 1956 Bd. 2 S. 1323 f.); danach besitzt der Kapitän nach Begehung einer strafbaren Handlung an Bord die Befugnisse eines Untersuchungsrichters und führt eine Voruntersuchung, wobei er diejenigen Untersuchungshandlungen vornimmt, die keinen Aufschub dulden.

2) Vgl. oben S. 54 ff., 75, 76 ff. ; dabei kommt es nicht darauf an, ob sich der betreffende Staat durch einen seine Jurisdiktionsgewalt beschränkenden Völkerrechtssatz gehindert sieht, oder ob seiner Haltung eine freiwillige Selbstbeschränkung zugrunde liegt.

daß die Ausübung der aufgegebenen Befugnisse in den Zuständigkeitsbereich des Flaggenstaates fällt [1], so daß der Kapitän im Rahmen der ihm vom Flaggenstaat verliehenen Befugnisse tätig werden darf. Insoweit geht der Uferstaat für den Seebereich von der Erwartung aus, daß die Polizeigewalt des Flaggenstaates auch innerhalb der uferstaatlichen Hoheitsgewässer zur Anwendung kommen kann [2].

Die damit mögliche Ausübung deutscher Strafverfolgungsbefugnisse durch den Kapitän eines deutschen Schiffes im Ausland bleibt nicht nur auf Delikte mit rein "bordinterner" Wirkung beschränkt. Zwar nimmt der Uferstaat gewöhnlich die Strafverfolgung bei Delikten, die seine öffentlichen Interessen berühren, durch seine eigenen Organe wahr [3]. Daraus folgt jedoch keineswegs, daß die vom Flaggenstaat dem Kapitän verliehenen Befugnisse erlöschen. Diese erhalten vielmehr subsidiären Charakter, so daß der Kapitän, solange die örtlichen Behörden noch nicht tätig geworden sind, zunächst zum Einschreiten berechtigt ist. Hingegen müssen seine Befugnisse erlöschen, sobald der Uferstaat seine Untersuchung begonnen hat [4].

Die beabsichtigte Erweiterung der Befugnisse des Kapitäns für den Verlauf der gesamten Reise unterliegt daher unter dem Gesichtspunkt der Wahrung ausländischer Souveränität keinen Bedenken.

---

1) Vgl. Verdross, Völkerrecht, S. 283; Westerburg, Polizeigewalt des Luftfahrzeugkommandanten, S. 108; Colombos, Seerecht, S. 271; Joseph, Schiff in fremden Gewässern, S. 70; Schücking, Kodifikationsversuch, S. 32; Bolte, Rechte des Uferstaates, S. 51; dem entspricht auch § 106 i. V. mit § 1 SeemG, wonach der Kapitän polizeiliche Befugnisse zur Gefahrenabwehr auch in ausländischen Hoheitsgewässern ausüben darf; vgl. auch Wengler, Völkerrecht, Bd. 2 S. 1090 Anm. 7.

2) Westerburg, a.a.O.

3) Vgl. oben S. 54 ff., 74, 76 ff.

4) Westerburg, a.a.O. S. 108 f., 129.

c) Der Inhalt der beabsichtigten Regelung

Die Übertragung strafprozessualer Befugnisse auf den Kapitän bedeutet, daß ihm eine staatliche Aufgabe zur selbständigen Wahrnehmung überantwortet wird. Die Ausübung öffentlich-rechtlicher Befugnisse durch den Kapitän im Rahmen einer staatlichen Aufgabe ist jedoch keine Ausnahme und für den Bereich der Gefahrenabwehr bereits durch § 106 SeemG geregelt [1]. Soweit der Kapitän öffentlich-rechtlich tätig wird, läßt sich seine Stellung als die eines "Beliehenen" konstruieren [2], da er als Privatperson hoheitliche Befugnisse im eigenen Namen wahrnimmt, ohne ein Teil der Staatsorganisation zu sein [3].

Strafverfolgungsbefugnisse des Kapitäns sind nur insoweit erforderlich, als es die Schwere einer an Bord begangenen Straftat rechtfertigt. Dies ist nur bei Vergehen und Verbrechen der Fall. Eine Bindung des Kapitäns an das Legalitätsprinzip erscheint wenig sinnvoll, da die Hauptaufgaben des Kapitäns die Führung des Schiffes betreffen und er an der Wahrnehmung dieser Aufgaben im Einzelfall nicht gehindert werden darf. Bleibt die Ausübung seiner Befugnisse hingegen seinem pflichtgemäßen Ermessen überlassen, scheidet die Gefahr einer Kollision mit übergeordneten Aufgaben der Schiffsführung bereits deshalb aus, weil der Kapitän bei der Ausübung seines Ermessens die Inanspruchnahme durch anderweitige Aufgaben berücksichtigen darf.

---

1) Die Befugnisse des Kapitäns aus § 106 SeemG sind nach h. M. öffentlich-rechtlicher Natur, so Drews-Wacke, Allg. Polizeirecht, S. 489; Zimmerer, Stellung des Kapitäns, S. 47; Schaps-Abraham, Seerecht, Bd. 2 S. 143 ff., Bd. 3 S. 186 f.; Gläser-Becker, Seerecht, Bd. 1 S. 501; Westerburg, Polizeigewalt des Luftfahrzeugkommandanten, S. 107; vgl. auch Begr. d. RegEntw. zum SeemG BT-Drucks. II 2962 S. 70 f. (Vorbem. 3 zum 5. Abschnitt).

2) So Zimmerer, a.a.O. S. 36 ff.; Wolff, Verwaltungsrecht, Bd. 2 § 104 I b; a. A. Drews-Wacke, a.a.O. ("gesetzliche Indienstnahme"); Gläser-Becker, a.a.O. ("Vertreter der Staatsgewalt").

3) Vgl. zu den Voraussetzungen Wolff, a.a.O.

Die strafprozessuale Tätigkeit des Kapitäns muß dem Ziel dienen, den regulären Strafverfolgungsbehörden des nächsten anzulaufenden Hafens die Zugriffsmöglichkeiten zu erhalten und ihre Arbeit zu erleichtern. Hat sich daher der Kapitän nach Begehung einer Straftat an Bord zum Eingreifen entschlossen, so muß er das Recht haben, erste Ermittlungshandlungen zur Aufklärung der Tat anzustellen. Im Rahmen dieser Untersuchung ist es neben der Feststellung der Person des Täters vor allem erforderlich, daß die notwendigen Maßnahmen zur Beweissicherung getroffen werden. Insbesondere besteht bei Passagieren, die als Zeugen in Betracht kommen, die Gefahr, daß sie nach dem Einlaufen des Schiffes in den Bestimmungshafen unerreichbar werden. Daher ist es wichtig, ihre Personalien festzustellen und im Rahmen des Möglichen ihre Bekundungen zur Sache aufzunehmen [1].

Die Sammlung und Sicherung von Beweisen kann jedoch nur dann erfolgreich vorgenommen werden, wenn der Kapitän zur Erfüllung dieser Aufgabe bestimmte Eingriffsrechte übertragen erhält. Eines förmlichen Beschlagnahmerechts bedarf es allerdings nicht, da es ausreicht, wenn der Kapitän zur vorläufigen Sicherstellung von Beweismitteln bis zur Übergabe an die zuständige Strafverfolgungsbehörde ermächtigt wird [2]. Zu den vorzunehmenden Ermittlungshandlungen gehört auch die Durchsuchung von verdächtigen Personen und ihres Besitzes zur Auffindung von Beweismitteln.

Dem Kapitän muß ferner die Möglichkeit gegeben werden zu verhindern, daß sich der Täter nach dem Erreichen des nächsten Hafens der beabsichtigten Verhaftung durch die örtlichen Behörden mittels Flucht entziehen kann. Die vorläufige Festnahme des

---

1) Ein solches Vernehmungsprotokoll könnte gem. § 251 Abs. 2 StPO Gegenstand des Urkundenbeweises sein.

2) Eine solche Befugnis umfaßt nach Ansicht von Dünnebier, in Loewe-Rosenberg, StPO, Anm. 9, bereits das Festnahmerecht aus § 127 StPO.

Täters muß daher kurz vor Erreichen des Hafens bis zum Eintreffen der zuständigen Strafverfolgungsorgane zulässig sein.

Soweit der Verdacht besteht, daß an Bord eine strafbare Handlung begangen worden ist, sollte der Kapitän verpflichtet sein, die nach § 10 StPO zuständige Staatsanwaltschaft zu benachrichtigen und gegebenenfalls das Ergebnis seiner Untersuchungen zu übermitteln. Da dem Kapitän jedoch nur eine begrenzte Mitwirkung bei der Strafverfolgung obliegen soll, sind ihm diese Pflichten jedoch nur dann aufzuerlegen, wenn es die Bedeutung der begangenen Tat rechtfertigt [1].

Im Ergebnis wird daher die Einfügung eines § 106 a SeemG mit folgendem Inhalt vorgeschlagen:

(1) Wird an Bord eines deutschen Schiffs ein Verbrechen oder Vergehen begangen, so kann der Kapitän alle notwendigen Ermittlungshandlungen zur Aufklärung der Tat vornehmen. Die Durchsuchung von Verdächtigen ist zulässig, wenn zu vermuten ist, daß diese zur Auffindung von Beweismitteln führen wird. Gegenstände, die für die Untersuchung von Bedeutung sein können, unterliegen der vorläufigen Sicherstellung.

(2) Ist der Täter der Tat dringend verdächtig und besteht die Gefahr, daß er sich seiner Verhaftung bei Erreichen des nächsten Hafens durch Flucht entzieht, so kann der Kapitän ihn vor Erreichen des Hafens bis zum Eintreffen der örtlichen Behörden vorläufig festnehmen. Art. 2 Abs. 2 S. 2 GG wird insoweit eingeschränkt.

(3) Der Kapitän kann sich zur Ausübung dieser Befugnisse der Hilfe eines jeden Besatzungsmitglieds bedienen.

---

1) Diese Beschränkung muß insbesondere für solche Delikte gelten, die einen Strafantrag voraussetzen oder im Privatklageverfahren verfolgt werden.

(4) Besteht der Verdacht, daß an Bord eine strafbare Handlung begangen worden ist, so hat der Kapitän, soweit es wegen der Bedeutung der Tat angezeigt ist, unverzüglich für die Benachrichtigung der zuständigen deutschen Strafverfolgungsbehörde zu sorgen und ihr gegebenenfalls das Ergebnis seiner Untersuchungen zu übermitteln.

C Strafbare Handlungen an Bord von Staatsschiffen

Die Verfolgung von strafbaren Handlungen an Bord eines Staatsschiffes bedarf wegen der besonders engen Bindungen des Flaggenstaates zu dem von ihm betriebenen Schiff einer getrennten Untersuchung. Einheitliche Regeln über die strafprozessuale Behandlung von Staatsschiffen bestehen nicht. Dies gilt um so mehr, als die vorgenommene Bestimmung des Staatsschiffsbegriffs mögliche Rechtsfolgen unbeachtet ließ und entsprechend dem Wortsinn weit ausfiel [1].

Für die rechtliche Stellung von Staatsschiffen ist die teilweise Beschränkung der Souveränität des Küstenstaates gegenüber dem sich in seinen Hoheitsgewässern aufhaltenden Staatsschiff kennzeichnend. Damit wird der besonderen Bindung zwischen dem Staatsschiff und dem Staat seiner Flagge Rechnung getragen. Für diese begrenzte Hoheitsbeschränkung soll im folgenden der Ausdruck "Exterritorialität der Staatsschiffe" verwandt werden [2]. Die Exterritorialität der Staatsschiffe als deren spezifische Besonderheit muß den Ausgangspunkt der Untersuchungen bilden.

I Begriff und Umfang der Exterritorialität

Die begriffliche Verwendung des Ausdrucks Exterritorialität

1) Vgl. oben S. 49 ff.
2) So auch Klein, Staatsschiffe und Staatsluftfahrzeuge im Völkerrecht, S. 35; Coenen, Schiff im Küstenmeer, S. 53; Schaps-Abraham, Seerecht, Bd. 1 S. 50; Verdross, Völkerrecht, S. 283; Perels, Seerecht, S. 85; Vanselow, Völkerrecht, S. 33.

für den dargestellten Sachverhalt ist nicht völlig unproblematisch, weil sie scheinbar nötigt, das Staatsschiff als "extra territorium" und mithin, sei es auch nur im Wege der Fiktion, als schwimmenden Gebietsteil des Flaggenstaates anzusehen [1]. Diese Sinnverbindung ist jedoch keineswegs zwingend, da der Ausdruck "territorium" eine weitergehende Bedeutung hat [2].

So ist denn auch der Grund für die Exterritorialitätsrechte bestimmter Hoheitsfahrzeuge keineswegs in einer bereits oben abgelehnten [3] bildhaften Gleichsetzung des Schiffs mit dem Inland zu sehen. Er beruht auch nicht, wie andere Autoren [4] meinen, auf einem freiwilligen Verzicht des Aufenthaltsstaates, der als notwendige Konsequenz aus der Zulassung des Aufenthalts eines Staatsschiffs in den Hoheitsgewässern folge. Denn die Exterritorialität bleibt auch dann gewahrt, wenn die Aufenthaltsgenehmigung wieder entzogen wird.

Vielmehr hat die besondere Stellung bestimmter Staatsschiffe nach heute herrschender Meinung ihre Ursache darin, daß das betreffende Staatsschiff den Staat seiner Flagge repräsentiert [5]. Läuft ein Staatsschiff in fremde Hoheitsgewässer ein, dann sucht ein Organ eines souveränen, gleichberechtigten Staates einen anderen Staat in dessen Gebiet auf. Es hat daher Anspruch darauf, als Repräsentant des Flaggenstaates respektiert zu werden, weil nach einem allgemeinen und anerkannten Grundsatz des Völkerrechts einem Staat die Herrschaft über einen anderen Staat jedenfalls dann

---

1) Daher wird in der Literatur stattdessen auch der Ausdruck "Immunität" verwandt; vgl. Gläser-Becker, Seerecht, Bd. 1 S. 51; Colombos, Seerecht, S. 213 ff.; Steinert, Schiff im Küstenmeer, S. 218; Wengler, Völkerrecht, Bd. 2 S. 951 Anm. 1.

2) Vgl. Verosta, in Strupp-Schlochauer, WdV, Bd. 1 S. 500, wonach der Ausdruck "territorium" nach mittelalterlichem Sprachgebrauch als Jurisdiktion verstanden wurde.

3) Vgl. oben S. 28 ff.

4) Dahm, Völkerrecht, Bd. 1 S. 380 Anm. 8; wohl auch Vanselow, Völkerrecht, S. 33; Oehler, Internationales Strafrecht, S. 328.

5) Steinert, Schiff im Küstenmeer, S. 221; Klein, Staatsschiffe und Staatsluftfahrzeuge im Völkerrecht, S. 37; Geck, in Strupp-Schlochauer, WdV, Bd. 2 S. 369; Meyer, Archiv für Luftrecht 1932 S. 152.

nicht zusteht, wenn dieser in Ausübung von Hoheitsgewalt handelt [1].

Entgegen der früher vertretenen Ansicht, daß die Exemtion von der Staatsgewalt des Aufenthaltsstaates dem Staatsschiff und seiner Besatzung stets uneingeschränkt und absolut zugute komme [2], werden die Exterritorialität und der Umfang der aus ihr resultierenden Rechte funktional bestimmt. Danach kommt eine Exemtion von der örtlichen Staatsgewalt dann nicht in Betracht, wenn der Exterritorialität beanspruchende Staat mit dem von ihm betriebenen Schiff als gleichberechtigter Partner am privaten Verkehr teilnimmt [3]. Diese Einschränkung ist deshalb sinnvoll, weil die Staatlichkeit des Entsendestaates und nur dann hinreichend repräsentiert ist, wenn das Schiff unmittelbar im Dienst der hoheitlichen Betätigung des Staates steht [4].

Mit einer solchen funktionalen Betrachtungsweise wird zugleich der Sinn der den Staatsschiffen gewährten Exterritorialitätsrechte deutlich. Die Bevorrechtigung soll die weitere Tätigkeit des Staatsschiffes im Rahmen seiner öffentlich-rechtlichen Zweckbestimmung gewährleisten [5]. Werden nach diesem Gesichtspunkt auch die Grenzen der Exterritorialität bestimmt, so berücksichtigt dies zugleich das Interesse des Aufenthaltsstaates, seine Souveränität in möglichst weitem Umfang zu wahren.

---

1) "par in parem non habet imperium"; vgl. Geck, in Strupp-Schlochauer, WdV, Bd. 2 S. 369.
2) So die bei Colombos, Seerecht, S. 217 zit. Rspr. brit. Gerichte; ferner die Rspr. des RG in Zivilsachen Bd. 62 S. 165; 103, S. 274.
3) Vgl. Dahm, Völkerrecht, Bd. 1 S. 232 ff.; Klein, a.a.O. S. 91 f.; ferner Art. 1 des Brüsseler Abkommens zur einheitlichen Feststellung der Regeln über die Immunität von Kriegsschiffen vom 10. 4. 1926 (RGBl 1927 II S. 483).
4) Vgl. Wengler, Völkerrecht, Bd. 2 S. 951; Berber, Völkerrecht, Bd. 1 S. 325; Dahm, a.a.O. S. 244; Perels, Seerecht, S. 106; Steinert, Schiff im Küstenmeer, S. 223 m. w. Nachw.
5) Steinert, a.a.O. S. 227; vgl. Oehler, a.a.O., S. 328.

Die Verschiedenheit der Aufgaben, die ein Staatsschiff erfüllen kann, macht es erforderlich, das Ausmaß der jeweiligen Exterritorialitätsrechte nach Maßgabe des speziellen Verwendungszwecks des Schiffs festzulegen. Außerhalb der Reichweite der festgestellten Exterritorialitätsrechte bleibt das Staatsschiff in vollem Umfang der Staatsgewalt des Aufenthaltsstaates unterworfen [1].

II Kriegsschiffe

Kriegsschiffe stellen die wichtigste Gruppe innerhalb der Staatsschiffe dar. Der Ausdruck Kriegsschiff bezeichnet ein zu den Seestreitkräften eines Staates gehörendes Schiff, das die äußeren Kennzeichen der Kriegsschiffe seiner Staatszugehörigkeit trägt. Der kommandierende Offizier muß ordnungsgemäß im Staatsdienst stehenund sein Name muß in der Rangliste der Kriegsmarine enthalten sein. Für die Besatzung ist erforderlich, daß sie einer ordentlichen, der Kriegsmarine angemessenen Disziplin unterliegt [2].

1. Ausländische Kriegsschiffe in deutschen Hoheitsgewässern

Da in der Regel der Straftäter an Bord eines ausländischen Kriegsschiffes ein Angehöriger des Flaggenstaates sein wird und das Kriegsschiff außerhalb der deutschen Hoheitsgewässer ohnehin dem Zugriff der deutschen Strafverfolgungsbehörden entzogen ist, hat eine Straftat für die Vornahme von Verfolgungsmaßnahmen durch deutsche Organe grundsätzlich [3] nur dann praktische Bedeutung, wenn die Tat in zum Inland gehörenden Gewässern begangen worden ist.

---

1) Steinert, a.a.O.

2) So die Legaldefinition in Art. 8 Abs. 2 des Genfer Abkommens über das hohe Meer, die allgemein anerkannt ist; vgl. Colombos, Seerecht, S. 208.

3) Es ist zwar denkbar, daß eine außerhalb der Bundesrepublik an Bord begangene Straftat eines Ausländers nach § 4 StGB der deutschen Strafgewalt unterliegt; eine Strafverfolgung ist in diesen Fällen jedoch nur möglich, wenn der Täter eingeliefert oder sonst in der Bundesrepublik ergriffen wird.

Für die Untersuchung kann hier auf die Unterscheidung verzichtet werden, ob der Tatort in den deutschen Eigen- oder Küstengewässern liegt. Zwar kommt die Beschränkung der Staatsgewalt des Küstenstaates aufgrund des völkerrechtlichen Durchfahrtrechts [1] auch Kriegsschiffen zugute [2]. Jedoch sind die Exemtionen, die das Kriegsschiff wegen seiner Exterritorialität genießt, so weitreichend, daß das völkerrechtliche Durchfahrtsrecht für die Beschränkung der Strafverfolgung vernachlässigt werden kann.

a) Die Geltung der deutschen Strafgesetze

Kriegsschiffe als die bewaffneten Repräsentanten des Flaggenstaates müssen im besonderen Maße dessen Recht auch dann unterworfen sein, wenn sie sich im Ausland befinden. Da aber ebenfalls die Rechtsordnung des Küstenstaates als Ausdruck souveräner Staatsgewalt Beachtung verlangt, muß das Verhältnis beider Rechtsordnungen zueinander bestimmt werden, wenn das ausländische Kriegsschiff seinen Aufenthalt in der Bundesrepublik hat.

Ein Teil der Literatur [3] vertritt die Ansicht, daß Kriegsschiffe in fremden Hoheitsgewässern lediglich die dortigen schiffahrtspolizeilichen Vorschriften zu beachten hätten, während sie im übrigen allein der Rechtsordnung des Flaggenstaates unterworfen seien. Andere Autoren [4] halten das Kriegsschiff für schlechthin den Ge-

---

1) Vgl. oben S. 78 ff.
2) Vgl. Art. 14 Abs. 1, 6; Art. 23 des Genfer Küstenmeerabkommens, str., vgl. Steinert, a.a.O. S. 240 ff.
3) Gläser-Becker, Seerecht, Bd. 1 S. 60; Vanselow, Völkerrecht, S. 34; wohl auch Schaps-Abraham, Seerecht, Bd. 1 S. 50; vgl. ferner Martens, Völkerrecht, Bd. 2 S. 235; Geck, in Strupp-Schlochauer, WdV, Bd. 2 S. 370.
4) Mettgenberg ZStW Bd. 52 (1932) S. 804 f., 811; Perels, Seerecht, S. 86; Steinert, Schiff im Küstenmeer, S. 227, 235; Dahm, Völkerrecht, Bd. 1 S. 380; Colombos, Seerecht, S. 214 f.; Akademie der Wissenschaften der UdSSR, Völkerrecht, S. 215; Heilborn, Völkerrecht, S. 257; ebenso Art. 15 der Stockholmer Regeln des Institut de droit international, zitiert bei Dahm, a.a.O.

setzen des Küstenstaates unterworfen, wobei dessen Recht mit dem Recht des Flaggenstaates konkurriere.

Die Entscheidung der Streitfrage hängt davon ab, ob die Stellung des Kriegsschiffes als Repräsentant des Flaggenstaates eine völlige Befreiung von der Rechtsordnung des Küstenstaates rechtfertigt. Dies könnte nur dann bejaht werden, wenn die Funktion des Kriegsschiffes als zur Ausübung von Staatsgewalt berufenes Organ des Flaggenstaates unter der konkurrierenden Geltung fremden Rechts in Frage gestellt wäre.

Die Erfüllung der dem Kriegsschiff zugewiesenen Aufgaben bleibt jedoch auch dann gewährleistet, wenn die Gesetze des Aufenthaltsstaates zu beachten sind. Soweit im Einzelfall eine Behinderung der Aufgaben des Kriegsschiffs dennoch möglich erscheint, muß das Maß der Behinderung gegen die berechtigten Interessen des Aufenthaltsstaates abgewogen werden [1]. Grundsätzlich besteht ein legitimes Interesse des Küstenstaates an der Geltung seiner Rechtsordnung. Abgesehen von dem Interesse an der Wahrung der schiffahrtspolizeilichen Ordnung im Hafen und im Küstenmeer ist es denkbar, daß an Bord Straftaten begangen werden, die auf den Küstenstaat unmittelbare Auswirkungen haben oder seine Bürger verletzen.

Mit diesem Ergebnis ist klargestellt, daß das deutsche materielle Strafrecht auch an Bord eines in deutschen Hoheitsgewässern befindlichen ausländischen Kriegsschiffs gilt [2]. Eine an Bord begangene strafbare Handlung hat ihren Tatort im Inland, so daß der Täter ohne Rücksicht auf seine Nationalität einem deutschen Strafanspruch nach dem Territorialitätsprinzip ausgesetzt ist. [3]

---

1) Vgl. Steinert, Schiff im Küstenmeer, S. 228.
2) Vgl. die Rechtslage bei ausländischen Botschaften: trotz Exterritorialität gilt in ihren Räumen deutsches Strafrecht; RGSt 69 S. 55 ff.
3) Oehler, Internationales Strafrecht, S. 327.

b) Die deutsche Gerichtsbarkeit

Die Befugnis der Bundesrepublik, eine an Bord begangene strafbare Handlung der Entscheidung eines deutschen Gerichts zu unterwerfen, unterliegt völkerrechtlichen Beschränkungen [1]. Das Kriegsschiff und seine Besatzung als Repräsentanten fremder Souveränität dürfen nicht zu Objekten inländischer Staatsgewalt werden. Es wäre mit der Aufgabenstellung eines Kriegsschiffs unvereinbar, wenn es dem Aufenthaltsstaat zukäme, Besatzungsmitglieder zum Erscheinen vor einem inländischen Gericht zu zwingen. Diese Exemtion von der deutschen Gerichtsbarkeit besteht ohne Rücksicht auf die Staatsangehörigkeit des Täters oder des durch die Tat Geschädigten [2]. Es ist auch unerheblich, ob die Straftat besondere deutsche Interessen verletzt hat oder ob die Tat zu einem Zeitpunkt begangen wurde, als der Täter noch nicht den Status eines Besatzungsangehörigen hatte.

Für das deutsche Recht ergeben sich diese Beschränkungen der Gerichtsbarkeit aus § 18 GVG. Die Ausführungsbestimmungen [3] zu dieser Vorschrift erklären Besatzungsmitglieder ausländischer Kriegsschiffe ausdrücklich für exterritorial, solange sie sich an Bord oder mit Genehmigung deutscher Stellen an Land befinden [4].

---

1) Vgl. dazu Colombos, Seerecht, S. 213; Klein, Staatsschiffe und Staatsluftfahrzeuge, S. 52 ff.; Steinert, Schiff im Küstenmeer, S. 228, 236; Geck, a.a.O.; Perels, Seerecht, S. 86; Schaps-Abraham, Seerecht Bd. 1 S. 50; Verdross, Völkerrecht, S. 233; Bonfils-Fauchille, Droit International Public, S. 432.

2) Klein, a.a.O., S. 54; Steinert, a.a.O., S. 258.

3) "Diplomaten und andere bevorrechtigte Personen", Rundschreiben des BMin des Inneren v. 12. 4. 1970, abgedruckt bei Kleinknecht, StPO, § 18 Anm. 8 GVG (dort unter II 5).

4) Bei strafbaren Handlungen, die ein Besatzungsmitglied an Land begeht, muß zwischen dienstlichem und privatem Landaufenthalt unterschieden werden. Eine Exemtion von der Gerichtsbarkeit setzt voraus, daß die Tat in innerem Zusammenhang mit der Dienstausübung steht (vgl. §§ 340, 342 StGB: "in Ausübung oder in Veranlassung der Ausübung ...").

Ist die Tat hingegen von einem Täter begangen worden, der nicht dem Kreis der Besatzung angehört, z. B. einem Besucher, besteht kein Anlaß, auch insoweit eine Beschränkung der deutschen Gerichtsbarkeit anzunehmen. Dies gilt selbst dann, wenn durch die Straftat ein Besatzungsangehöriger geschädigt wurde [1]. In solchen Fällen besteht zwar für den Kommandanten völkerrechtlich die Möglichkeit, den Täter an Bord zu behalten und seine Strafverfolgung im Flaggenstaat zu veranlassen. Regelmäßig wird das Nichtbesatzungsmitglied jedoch den deutschen Behörden übergeben werden. Hat sich der Täter alsdann vor einem deutschen Gericht zu verantworten, so wird dadurch die Stellung des Kriegsschiffs nicht berührt. Eine andere Frage ist es, ob das Strafverfahren im Inland mit Erfolg durchgeführt werden könnte, denn die Exterritorialität des Kriegsschiffs und seiner Besatzung verbieten es auch, ein Besatzungsmitglied vor einem fremden Gericht zur Aussage zu zwingen [2].

Soweit nach den dargestellten Grundsätzen keine Jurisdiktionsbefugnisse für die Bundesrepublik gegeben sind, bestehen für die Strafverfolgungsorgane keine Möglichkeiten, die Beachtung der deutschen Strafgesetze zu erzwingen. Es kommt allein ein deutsches Ersuchen um Strafverfolgung durch den Flaggenstaat in Be-

---

1) A. A. Steinert, a.a.O. S. 258, der aus der möglichen Zeugnispflicht des Besatzungsangehörigen auf die Beschränkung der Gerichtsbarkeit schließt. Dies überzeugt aber nicht, da der Täter auch anders überführt werden kann, oder der Flaggenstaat der Vernehmung des Besatzungsmitgliedes zustimmen kann. Es besteht auch die Möglichkeit, die Vernehmung im Wege der internationalen Rechtshilfe herbeizuführen.

2) Klein, a.a.O. S. 54.

tracht [1].

Die Exemtion von der deutschen Gerichtsbarkeit ist jedoch in zeitlicher Hinsicht begrenzt. Sie währt nur solange, wie die Exterritorialität selbst [2]. Verliert der Täter seinen bevorrechtigten Status, indem er aus dem Kreis der Besatzungsangehörigen ausscheidet, so ist auch die Verfolgung der während der Dauer der Exterritorialität begangenen Straftaten wieder zulässig [3]. Denn die Exterritorialität soll den Täter nicht als persönliches Privileg vor der Bestrafung schützen; sie besteht vielmehr zugunsten des Entsendestaates und soll gewährleisten, daß der Täter als Träger des ihm verliehenen Amtes handlungsfähig bleibt [4].

Eine von diesen allgemeinen Grundsätzen abweichende Regelung der deutschen Gerichtsbarkeit gilt, wenn auf das Schiff und seine Besatzung das NATO-Truppenstatut [5] Anwendung findet. Dies ist nach deutscher Auffassung auch dann der Fall, wenn sich die betreffenden Streitkräfte nur vorübergehend in der Bundesre-

1) Vgl. dazu Nr. 193 ff. RiVASt; ferner das weitergehende Rechtsinstitut des Ersuchens um Übernahme der Strafverfolgung, das mit dem Beginn einer vertrauensvolleren internationalen Zusammenarbeit in Strafsachen erheblich an Bedeutung gewinnt. Für den europäischen Bereich siehe das Übereinkommen über die Übernahme der Strafverfolgung v. 15. 5. 1972 (European Treaty Series Nr. 73); vgl. H. Schultz, in Aktuelle Probleme des internationalen Strafrechts, S. 140 ff.; Jescheck, Festschrift für Maurach, S. 586 f.; Vogler, Festschrift für Maurach, S. 610 f.; ders. ZStW Bd. 81 (1969) S. 185; von Weber, ZStW Bd. 81 (1969) S. 188 ff.; Grützner ZStW Bd. 81 (1969) S. 136 ff.

2) Schäfer, in Loewe-Rosenberg, StPO, § 18 GVG Anm. 4; Jescheck, Strafrecht, AT § 19 III 1.

3) RGSt 52 S. 167; KG pr. JMinBl 1900, S. 579; Dreher, StGB, § 4 Anm. 1; Schäfer, a.a.O.; Tröndle, LK, § 3 Vorbem. 43; Binding, Handbuch, Bd. 1 S. 686; Jescheck, JRuD 1956 S. 76 f.; Schnorr von Carolsfeld, in Festschrift für Maurach, S. 620; a. A. Schönke, Festschrift für Mezger, S. 108 f., wonach sich aus dem Umfang der Gerichtsbarkeit eine Begrenzung der Gesetzesherrschaft ergibt; vgl. ferner Schönke-Schröder StGB, § 3 Vorbem. 19 m. w. Nachw.

4) RG a.a.O.; KG a.a.O.; vgl. oben S. 131.

5) v. 19. 6. 1951 (BGBl 1961 II S. 1183, 1190.

publik aufhalten [1]. Nach der vertraglichen Regelung [2] besitzt die Bundesrepublik die ausschließliche Gerichtsbarkeit über Handlungen, die nach deutschem Recht, jedoch nicht nach dem Recht des Entsendestaates mit Strafe bedroht sind [3]. Sofern nicht die Tat allein nach dem Recht des Entsendestaates mit Strafe bedroht ist [4], besteht für die Bundesrepublik eine konkurrierende Zuständigkeit, auf deren Ausübung jedoch bis auf wenige Ausnahmefälle verzichtet ist [5].

c) Zwangsmaßnahmen an Bord

Deutsche Behörden sind nicht befugt, an Bord eines ausländischen Kriegsschiffes, das sich im Inland befindet, Maßnahmen der Strafverfolgung durchzuführen. Die Funktion des Kriegsschiffes und seine Repräsentantenstellung können nur gewährleistet werden, wenn sich der Aufenthaltsstaat jedweder Zwangsmaßnahmen an Bord enthält [6].

Dieses völkerrechtliche Verbot gilt auch dann, wenn die Tat, wegen der die Zwangsmaßnahme beabsichtigt ist, der deutschen Gerichtsbarkeit unterliegt [7]. Flüchtet der verfolgte Täter an Bord

---

1) Unterzeichnungsprotokoll zum Zusatzabkommen zum NATO-Truppenstatut v. 3. 8. 1959 (BGBl 1961 II S. 1183, 1218, 1313), Teil I zu Art. 1 NATO-Truppenstatut.
2) Zu den strafprozessualen Bestimmungen des Abkommens vgl. Schwenck NJW 1963 S. 1425.
3) Art. 7 Abs. 2 b NATO-Truppenstatut.
4) Dann ist die ausschließliche Gerichtsbarkeit des Entsendestaates gegeben, Art. 7 Abs. 2 a NATO-Truppenstatut.
5) Art. 19 des Zusatzabkommens zum NATO-Truppenstatut sowie Teil II des dazugehörigen Unterzeichnungsprotokolls (a.a.O.).
6) Steinert, Schiff im Küstenmeer, S. 236 f., 259; Dahm, Völkerrecht, S. 380; Gläser-Becker, Seerecht, Bd. 1 S. 61; Mettgenberg ZStW Bd. 52 (1932) S. 805 f.; nach den Vorschriften über den Dienst an Bord von Schiffen der deutschen Kriegsmarine (vgl. oben S. 97 Anm. 4) waren derartige Maßnahmen notfalls mit Waffengewalt zurückzuweisen.
7) Steinert, a.a.O. S. 259; Klein, Staatsschiffe und Staatsluftfahrzeuge, S. 54 f.

eines ausländischen Kriegsschiffes, so hat ein polizeiliches Einschreiten auch dann außer Betracht zu bleiben, wenn eine Bitte an den Kommandanten [1] um Übergabe keinen Erfolg hat.

2. Deutsche Kriegsschiffe

a) Deutsche Hoheitsgewässer und das hohe Meer

Fahrzeuge der Seestreitkräfte der Bundeswehr sind, wo auch immer sie sich befinden, den deutschen Strafgesetzen unterworfen (§ 5 StGB) [2]. Für den Bereich der deutschen Hoheitsgewässer und das hohe Meer gilt auch an Bord das deutsche Strafverfahrensrecht [3].

Wird daher eine strafbare Handlung an Bord in den deutschen Hoheitsgewässern oder auf hoher See begangen, so sind die Strafverfolgungsorgane grundsätzlich berechtigt, an Bord die notwendigen Ermittlungshandlungen vorzunehmen. Besonderheiten bestehen nur, soweit die Ausführung einer Beschlagnahme oder Durchsuchung an Bord betroffen ist. Die §§ 98 Abs. 4, 105 Abs. 4 StPO bestimmen, daß Maßnahmen der genannten Art in nicht allgemein zugänglichen Einrichtungen oder Anlagen der Bundeswehr von der vorgesetzten Dienststelle der Bundeswehr durchgeführt werden. Diese Regelung trägt den Besonderheiten im militärischen Bereich Rechnung [4] und dient dazu, der Staatsanwaltschaft die Strafverfolgung in diesem für sie unübersichtlichen Bereich zu erleichtern. Keineswegs kann die Vorschrift jedoch so verstanden werden, als sei der militärische Bereich dem unmittelbaren Zugriff der Polizei entzogen und bleibe für die Strafverfolgung

1) Vgl. dazu Gläser-Becker, Seerecht, Bd. 1 S. 71; Colombos, Seerecht, S. 225.
2) Vgl. oben S. 26.
3) Mettgenberg ZStW Bd. 52 (1932) S. 809 f., 813; Rudolf, Geltung der Straf- und Strafprozeßgesetze, S. 61; vgl. oben S. 91 f.
4) Vgl. Dünnebier, in Loewe-Rosenberg, StPO, § 98 Anm. III 5; vgl. Kleinknecht JZ 1957 S. 407.

sich selbst überlassen. Denn die ersuchende Behörde bleibt zur Mitwirkung bei der vorzunehmenden Maßnahme berechtigt.

Die §§ 98 Abs. 4, 105 Abs. 4 StPO sind, was die nicht allgemein zugängliche Einrichtung oder Anlage der Bundeswehr anbetrifft, auch auf deren Seefahrzeuge anwendbar [1]. Hier erscheint die Vorschrift besonders sinnvoll, da in jedem Fall der Standort des Schiffes mit der vorzunehmenden Maßnahme abgestimmt werden muß. Als Adressat des Amtshilfeersuchens ist entgegen der mißverständlichen Fassung der Vorschrift der Kommandant des Schiffes anzusehen [2], da dieser die dienstliche Gewalt über das Schiff innehat [3].

b) Ausländische Hoheitsgewässer

Einer besonderen Untersuchung bedarf die Ausgestaltung der Strafverfolgung, wenn das Schiff seinen Aufenthalt in fremden Hoheitsgewässern hat. Entsprechend der Stellung von ausländischen Kriegsschiffen in deutschen Küstengewässern ist auch ein deutsches Kriegsschiff im Ausland in dem bereits aufgezeigten Umfang [4] dem Zugriff der ausländischen Hoheitsgewalt entzogen. Damit ist jedoch lediglich das Verhältnis des deutschen Marinefahrzeugs zu seinem Gastgeberstaat umrissen, während über die Besonderheiten, die der Standort des Schiffes für die Ausgestaltung der deutschen Strafverfolgung nach sich zieht, noch nichts gesagt ist.

Mit der früher vertretenen Ansicht, Kriegsschiffe stellten einen schwimmenden Teil des Inlands dar [5], war gleichzeitig über die Geltung des deutschen Strafverfahrensrechts an Bord entschie-

1) Dünnebier, a.a.O.
2) Vgl. dazu Kleinknecht JZ 1957 S. 407, der darauf hinweist, daß nicht die "nächst höhere" Dienststelle zuständig ist, da lediglich die früher geltende Regelung übernommen werden sollte.
3) Dünnebier, a.a.O.
4) Vgl. oben S. 132 ff.
5) Vgl. oben S. 130.

den. Die Aufgabe der Lehre von den "schwimmenden Gebietsteilen" zugunsten der Repräsentationstheorie [1] nötigt jedoch nicht, die Geltung des deutschen Strafverfahrensrechts an Bord nunmehr zu verneinen. Denn die inhaltliche Berechtigung für eine Erweiterung des Geltungsbereichs der StPO auf im Ausland befindliche deutsche Kriegsschiffe ergibt sich aus der engen Bindung eines deutschen Kriegsschiffes an die Bundesrepublik Deutschland. Ein deutsches Kriegsschiff besitzt die Stellung eines Staatsorgans und bleibt daher auch im Ausland mit dem deutschen Recht verbunden [2]. Diesem Ergebnis entspricht auch der Inhalt der Gesetzesmaterialien zur StPO [3].

Eine strafbare Handlung an Bord eines deutschen Kriegsschiffs ist mithin auch in ausländischen Hoheitsgewässern innerhalb des Geltungsbereichs der StPO begangen. Dies ist für den Verfolgungszwang der Staatsanwaltschaft von Bedeutung, denn das Opportunitätsprinzip nach § 153 b Abs. 1 Nr. 1 StPO findet keine Anwendung. Zum anderen können die Befugnisse gem. §§ 98 Abs. 4, 105 Abs. 4 StPO auf Ersuchen der zuständigen Behörde auch in fremden Hoheitsgewässern ausgeübt werden.

Fraglich ist noch, ob der Kommandant an Bord an das deutsche Auslieferungsrecht gebunden ist. Das ist trotz der Geltung der heimatlichen Rechtsordnung an Bord deshalb zweifelhaft, weil der räumliche Anwendungsbereich des deutschen Auslieferungsgesetzes an die Ausübung der deutschen Strafgerichtsbarkeit gebunden ist und die Ausübung von Strafgerichtsbarkeit an Bord keine

---

1) Vgl. oben S. 130 f.

2) So bereits Ziff. 874 der Bestimmungen über den Dienst an Bord von Schiffen der deutschen Kriegsmarine (vgl. oben S. 97 Anm. 4); vgl. auch Gläser-Becker, Seerecht, Bd. 1 S. 62; Steinert, Schiff im Küstenmeer, S. 228; Berber, Völkerrecht, Bd. 1 S. 324 f.; Vanselow, Völkerrecht, S. 33; Klein, Staatsschiffe und Staatsluftfahrzeuge, S. 38; Geck, in Strupp-Schlochauer, WdV, Bd. 3 S. 335.

3) Bei Hahn, Die gesamten Materialien zur StPO, S. 1195; ebenso Mettgenberg, DAG, S. 76; ders. ZStW 52 (1932) S. 825; Rudolf, Geltung der Straf- und Strafprozeßgesetze, S. 114.

praktische Bedeutung besitzt. Die aufgeworfene Frage wird wesentlich, wenn eine von den Behörden des Aufenthaltsstaates verfolgte Person an Bord eines deutschen Kriegsschiffes flüchtet und der Gaststaat nunmehr die Herausgabe des Täters vom Kommandanten verlangt. Es wäre kaum befriedigend, wenn der Betroffene, insbesondere falls er seine deutsche Staatsangehörigkeit nachweisen würde, den fremden Strafverfolgungsbehörden ohne weiteres übergeben werden könnte.

Eine Bindung des Kommandanten an das Auslieferungsgesetz muß hier bejaht werden. Denn zum einen wird die Ausübung von Strafgerichtsbarkeit an Bord eines deutschen Kriegsschiffes rechtlich für möglich gehalten [1]. Zum anderen wendet sich das deutsche Auslieferungsgesetz nicht nur an Justizbehörden. Auch Verwaltungsbehörden und alle Amtspersonen des Bundes und der Länder sind an die Vorschriften gebunden, wenn es sich um die Rechtshilfe in strafrechtlichen Angelegenheiten handelt [2]. Ein Kriegsschiff der Bundesmarine stellt sich in diesem Sinn als ein Bestandteil des Amtsorganismus der Bundesrepublik dar [3]. Da die Bundesrepublik über Personen an Bord unmittelbar Hoheitsgewalt ausüben kann, muß auch das deutsche Auslieferungsrecht Anwendung finden [4]. Die Übergabe des Verfolgten kann daher nur unter Wahrung der materiellen Auslieferungsvoraussetzungen in dem vorgesehenen förmlichen Verfahren bewilligt werden. Maßnahmen, die sich als eine Umgehung des deutschen Auslieferungsgesetzes darstellen, sind unzulässig [5].

---

1) Vgl. bei Mettgenberg ZStW Bd. 52 (1932) S. 814, 825; ders. DAG, S. 76.
2) Grützner, DAG, in: Das deutsche Bundesrecht, II B 76 S. 14.
3) Vgl. Böger, Immunität der Kriegsschiffe, S. 61.
4) Mettgenberg ZStW Bd. 52 (1932) S. 825 f.; ders. DAG, S. 76; Perels, Seerecht, S. 87; vgl. Schultz, Schweizer Auslieferungsrecht, S. 95 Anm. 78.
5) Lüttger GA 1960 S. 58; Mettgenberg-Doerner, DAG, S. 137; vgl. Nr. 26 RiVASt.

c) Die Mitwirkung des Kommandanten bei der Strafverfolgung

Da der Kriegsschiffkommandant die Befugnisse gem. §§ 98 Abs. 4, 105 Abs. 4 StPO lediglich im Wege der Amtshilfe ausübt, kann nicht gefolgert werden, daß er die Stellung eines Polizei- oder Hilfsbeamten der Staatsanwaltschaft besitze. Dies ergibt sich auch nicht daraus, daß er Disziplinarvorgesetzter [1] der ihm unterstellten Soldaten ist [2].

Seine Stellung als Disziplinarvorgesetzter im Bereich des seiner Kommandogewalt unterstellten Schiffes ist jedoch die Grundlage, welche die Mitwirkung des Kriegsschiffskommandanten im Rahmen der Strafverfolgung ergibt. Begeht ein Soldat an Bord eine Straftat, so liegt darin grundsätzlich zugleich ein Dienstvergehen gem. §§ 23 SoldG, 6 WDO [3], so daß die Vorschriften der Wehrdisziplinarordnung Anwendung finden. § 21 a WDO ist die Rechtsgrundlage für die Ermittlungstätigkeit des Disziplinarvorgesetzten und ermächtigt ihn, den Sachverhalt eines Dienstvergehens - auch soweit dieses gleichzeitig eine strafbare Handlung ist - aufzuklären. Der Kommandant kann den Beschuldigten und Zeugen vernehmen. Auf die Vernehmung finden die Vorschriften der StPO entsprechende Anwendung, soweit es um die Verpflichtung des Betroffenen zur Aussage geht [4]. Die Ermittlungstätigkeit ist jedoch insoweit beschränkt, als der Kom-

---

1) Ist nicht der Kommandant, sondern im Einzelfall ein anderer Offizier unmittelbarer Disziplinarvorgesetzter, so trifft den Kommandanten als höheren Disziplinarvorgesetzten eine Überwachungspflicht (§ 32 WDO).

2) Baden-v. Mitzlaff, WDO, § 21 a Anm. 3.

3) Vgl. Baden-v. Mitzlaff, WDO, § 6 Anm. 3 a.

4) Wegen der §§ 52 ff. StPO vgl. Hodes, WDO, § 21 a Anm. 3 c; der Beschuldigte ist nicht verpflichtet, sich durch seine Aussage selbst zu belasten; vgl. dazu Baden-v. Mitzlaff, WDO, § 6 Anm. 8 c, wo darauf hingewiesen wird, daß der Soldat, soweit er kein Aussageverweigerungsrecht besitzt, der Wahrheitspflicht gem. § 13 Abs. 1 SoldG unterliegt.

mandant nicht befugt ist, Anordnungen zu treffen, die dem Richter oder der Staatsanwaltschaft vorbehalten sind [1].

§ 9 WDO ermächtigt den Kriegsschiffskommandanten zur vorläufigen Festnahme, wenn dies die Aufrechterhaltung der Disziplin erfordert. Eine Festnahme ohne richterlichen Haftbefehl ist über das Ende des nächsten Tages hinaus dann zulässig, wenn sich das Kriegsschiff außerhalb der Hoheitsgewässer der Bundesrepublik aufhält und die Gefahr anders nicht abgewendet werden kann (§ 9 Abs. 4 WDO) [2]. Insoweit lehnt sich die getroffene Regelung an die Polizeigewalt des Handelskapitäns in § 106 Abs. 3, 4 SeemG an [3].

Entscheidende Bedeutung kommt der Frage zu, ob und in welchem Umfang eine Verpflichtung besteht, wegen der an Bord begangenen Tat die zuständige Staatsanwaltschaft zu benachrichtigen. § 21 WDO sieht eine Abgabe [4] [5] dann vor, wenn dies entweder zur Aufrechterhaltung der militärischen Ordnung oder wegen der Art der Tat oder wegen der Schwere des Unrechts oder der Schuld geboten ist. Diese allgemein gehaltenen Begriffe haben durch Erlaß des Bundesministers für Verteidigung [6] ihre für den Kriegsschiffkommandanten bindende [7] Auslegung gefunden. Danach ist

---

1) So z. B. Anordnung einer Blutentnahme, Baden-v. Mitzlaff, WDO, § 21 a Anm. 3.
2) Nach Rückkehr des Schiffes in deutsche Hoheitsgewässer ist der Verhaftete, soweit kein Haftbefehl ergangen ist, am Ende des nächsten Tages auf freien Fuß zu setzen; Hodes, WDO, § 9 Anm. 5.
3) Hodes, a.a.O.
4) Von der Pflicht zur Abgabe an die StA ist die Pflicht zur Meldung an den nächsten Vorgesetzten zu unterscheiden (vgl. z. B. § 19 Abs. 3 WDO); vgl. Busch, Die Pflicht des Vorgesetzten zum Einschreiten bei mit Strafe bedrohten Handlungen eines Untergebenen, S. 23, 66; Dreher-Lackner-Schwalm, WStG, § 40 Anm. 16, 18.
5) Zum Unterschied zwischen Strafantrag, Strafanzeige und Abgabe vgl. Busch, a.a.O. S. 66 ff.
6) v. 16. 2. 1962 (VMBl 1962 S. 188); abgedr. bei Hodes, a.a.O. Anhang Nr. 707.
7) Hodes, a.a.O., § 21 Anm. 2.

die Verfolgung bestimmter, aufgezählter Straftaten stets an die Staatsanwaltschaft abzugeben [1]. Bei anderen dort genannten Straftaten [2] darf die Abgabe nur in Ausnahmefällen unterbleiben. Liegt eine Straftat vor, die im Katalog des Erlasses nicht enthalten ist, so hat der Disziplinarvorgesetzte selbständig nach pflichtgemäßem Ermessen zu entscheiden, ob die Staatsanwaltschaft benachrichtigt werden soll [3] [4].

Nach der in der WDO getroffenen Regelung besteht weitgehende Gewähr, daß eine an Bord begangene strafbare Handlung nicht ungeahndet bleibt. Die mangelnden Zwangsbefugnisse des Kommandanten zur Vornahme von Ermittlungshandlungen werden dadurch ausgeglichen, daß eine funktelegraphische Verständigung zwischen dem Kommandanten und der zuständigen Behörde im Inland in dringenden Fällen zur Anwendung der Befugnisse gem. StPO §§ 98 Abs. 4, 105 Abs. 4 führen kann.

III Regierungsschiffe

Eine weitere Schiffskategorie innerhalb der Staatsschiffe stellen neben den Kriegsschiffen die sog. Regierungsschiffe [5] dar. Unter diesem Begriff sollen hier alle diejenigen Schiffe verstanden werden, die weder Kriegsschiffe sind noch vom Staat zu Erwerbszwecken [6] verwendet werden. Als Regierungsschiffe sind

---

1) Insbes. bei Verbrechen.
2) Insbes. bei schweren Vergehen.
3) Der Abgabe ist zweckmäßigerweise das Ergebnis der bisherigen Ermittlungen beizufügen.
4) Die Verletzung der Abgabepflicht durch einen Vorgesetzten wird durch § 40 WStG pönalisiert, der für den militärischen Bereich eine Ergänzung des § 346 StGB darstellt (vgl. dazu Dreher-Lackner-Schwalm, a.a.O., Anm. 9); zur Frage, ob die Strafbarkeit nach § 40 WStG eine dienstliche Kenntnisnahme des Vorgesetzten von der strafbaren Handlung voraussetzt (vgl. auch unten S. 149 zu § 346) vgl. Dreher-Lackner-Schwalm, a.a.O. Anm. 14; Busch, a.a.O., S. 71 ff.
5) Dem deutschen Seerecht ist der Ausdruck nicht geläufig; vgl. Gläser-Becker, Seerecht, Bd. 1 S. 53; Schaps-Abraham, Seerecht, Bd. 1 S. 236.
6) So die staatlichen Handelsschiffe, vgl. unten S. 150.

daher solche Schiffe anzusehen, die der Flaggenstaat unter dem Befehl eines von ihm eingesetzten Bediensteten zu öffentlich-rechtlichen Zwecken betreibt [1].

1. Ausländische Regierungsschiffe in deutschen Hoheitsgewässern

Es ist selbstverständlich, daß fremde Regierungsschiffe in vollem Umfang den deutschen materiellen Strafgesetzen unterworfen sind, da dies bereits für Kriegsschiffe als die hervorragendsten Repräsentanten des Flaggenstaates zu gelten hat [2].

Fraglich ist jedoch, ob eine Straftat eines Besatzungsmitglieds an Bord des ausländischen Schiffs der deutschen Gerichtsbarkeit unterliegt [3].

Die Richtlinien, welche die unbestimmte Regelung des § 18 GVG ausfüllen [4], nennen ausdrücklich neben Kriegsschiffen auch sonstige Schiffe, die hoheitlichen Zwecken dienen. Es bleibt jedoch zu prüfen, ob diese Regelung neben ausländischen Schiffen, die wie Polizei- oder Zollfahrzeuge staatliche Zwangsgewalt repräsentieren, auch solche Schiffe mit öffentlich-rechtlicher

---

1) Vgl. zum Begriff Regierungsschiff: Böger, Immunität der Staatsschiffe, S. 29; Klein, Staatsschiffe und Staatsluftfahrzeuge, S. 76 ff.; Colombos, Seerecht, S. 216 f.; Steinert, Schiff im Küstenmeer, S. 295 f., der staatliche Kontrollschiffe (Polizei- und Zollfahrzeuge), Forschungsschiffe und Dienstfahrzeuge der Schiffahrtsbehörden unterscheidet.

2) Vgl. oben S. 133 f.

3) Streitig; überwiegend wird eine Exemtion von der Gerichtsbarkeit des Uferstaates angenommen: Colombos, Seerecht, S. 216; Dahm, Völkerrecht, Bd. 1 S. 241 f.; Steinert, Schiff im Küstenmeer, S. 297 f.; Geck, in Strupp-Schlochauer, WdV, Bd. 3 S. 335; Coenen, Schiff im Küstenmeer, S. 53 Anm. 83; Schaps-Abraham, Seerecht, Bd. 1 S. 50; vgl. ferner Art. 3 Abs. 1 des Internationalen Abkommens zur einheitlichen Feststellung von Regeln über die Immunität von Staatsschiffen v. 9. 7. 1927 (RGBl 1927 II S. 483); a. A. Klein, Staatsschiffe und Staatsluftfahrzeuge, S. 79.

4) Vgl. oben S. 135 Anm. 3.

Zweckbestimmung erfaßt, bei denen die Wahrnehmung der Aufgabe nicht notwendig mit den Mitteln von Anordnung und Zwang erfolgt [1].

Angesichts der unterschiedlich zu bewertenden Handlungsformen, derer sich der Flaggenstaat bei der Wahrnehmung seiner Aufgaben bedient, liegt es nahe, zu einer differenzierten Beurteilung der Rechtsstellung der betreffenden Schiffe zu gelangen [2]. Die Staatsgewalt des Flaggenstaates wird von einem Schiff, das der unmittelbaren Ausübung obrigkeitlichen Zwanges dienen soll, in weitaus höherem Maße repräsentiert als von einem Fahrzeug, dessen staatliche Aufgabenstellung lediglich mittels schlicht-hoheitlicher Verwaltungstätigkeit erfüllt wird.

Dennoch kann eine so begründete Unterscheidung im Ergebnis nicht getroffen werden [3]. Es kann für die völkerrechtliche Stellung eines Regierungsschiffs nicht darauf ankommen, in welcher Handlungsform der Flaggenstaat eine öffentliche Aufgabe wahrnimmt, solange die Tätigkeit an Bord des Schiffs öffentlich-rechtlicher Natur ist und sich die zu erfüllende Aufgabe typischerweise als eine staatliche Aufgabe darstellt [4]. Der Flaggenstaat ist bei der Wahrnehmung einer jeden seiner staatlichen Aufgaben gleich schutzwürdig. Daher ist es angezeigt, Regierungsschiffe für den hier zu untersuchenden Bereich den gleichen Regeln wie Kriegsschiffe zu unterwerfen [5]. Eine deutsche Gerichtsbarkeit kann daher grundsätzlich nicht anerkannt werden. Ebenso sind strafprozessuale Zwangsmaßnahmen an Bord unzulässig.

---

1) Z. B. staatliches Forschungsschiff, Fahrzeuge der Schiffahrtsverwaltung wie z. B. Vermessungsschiffe oder Eisbrecher.
2) So Gläser-Becker, Seerecht, Bd. 1 S. 53 ff.; vgl. auch Böger, Immunität der Staatsschiffe, S. 76 f.; Fauchille, Traité de Droit International Public, Bd. 1 2. Halbbd. S. 1110 ff.
3) Nach früherer Auffassung war der Begriff der Staatsgewalt ausschließlich von Kategorien des Befehls und des Zwangs geprägt. Das heutige Verständnis des Begriffs der Staatsgewalt geht weiter. Vgl. dazu Herzog, Allgemeine Staatslehre, S. 155 ff.
4) So auch Steinert, Schiff im Küstenmeer, S. 296 f.
5) Vgl. die oben S. 146 Anm. 3 zitierte Literatur.

2. Deutsche Regierungsschiffe

Die genannten Grundsätze gelten auch, wenn ein deutsches Regierungsschiff fremde Hoheitsgewässer im Rahmen seiner öffentlich-rechtlichen Zweckbestimmung aufsucht.

Eine an Bord begangene Straftat unterliegt nach dem Flaggenprinzip der deutschen Strafgewalt (§ 5 StGB). Die Tat ist im Geltungsbereich der StPO begangen [1], da das Schiff wie ein Kriegsschiff aufgrund seiner öffentlich-rechtlichen Stellung mit dem deutschen Recht verbunden bleibt [2].

Die Befugnisse des Kapitäns eines deutschen Regierungsschiffs nach Begehung einer Straftat an Bord sind nicht besonders geregelt [3]. Dies erscheint auch angesichts der geringen Bedeutung, die Straftaten an Bord von Regierungsschiffen haben, entbehrlich.

Für das künftige Recht ist zu erwarten, daß die Vereinheitlichung des Schiffstagebuchrechts [4] auch dem Kapitän eines deutschen Regierungsschiffs die Pflicht auferlegen wird, über eine an Bord begangene strafbare Handlung eine Eintragung ins Schiffstagebuch vorzunehmen [5] [6].

Obwohl der Kapitän eines Regierungsschiffs im öffentlichen Dienst steht, ist er keineswegs verpflichtet, jede an Bord begangene strafbare Handlung bei der Staatsanwaltschaft zur Anzeige zu bringen. Teilweise wird die Ansicht vertreten, daß der Dienstvorgesetzte, der nicht dem Personenkreis des § 346 StGB unter-

---

1) Vgl. § 153 b Abs. 1 Nr. 1 StPO.
2) Vgl. oben S. 140 f.
3) Dem Kapitän stehen jedoch die Befugnisse des § 127 StPO zu; vgl. dazu oben S. 120 f.
4) Vgl. oben S. 119 Anm. 4.
5) Auskunft des BMin für Verkehr, Abt. Seeverkehr.
6) Vgl. Näheres oben S. 118 ff.

falle, nach pflichtgemäßen Ermessen zu entscheiden habe, ob er eine Anzeige erstatte oder nicht. Eine Strafbarkeit nach § 257 StGB komme daher nur in Betracht, wenn der Vorgesetzte sein Ermessen mißbrauche [1].

Diese Abgrenzung erscheint deshalb wenig befriedigend, weil die Annahme eines Ermessensmißbrauchs unter Umständen von den subjektiven Erwägungen des Beamten abhängig sein kann [2]. Deshalb ist derjenigen Meinung zuzustimmen, welche bei der Abgrenzung entscheidend darauf abstellt, ob die Gewährleistung eines ordnungsgemäßen Dienstbetriebs und die Wahrung des Ansehens der Behörde eine Anzeige erforderlich machen [3].

Die Pflichtenstellung des Beamten ist anders zu beurteilen, wenn er z. B. als Kommandant eines Polizeischiffs dem Personenkreis des § 346 StGB angehört. Für den Umfang der Verpflichtung des Beamten, eine Strafverfolgung einzuleiten, wird hier danach differenziert, ob der Beamte von dem betreffenden Sachverhalt dienstlich oder außerdienstlich Kenntnis erlangt hat [4]. Über die Pflichten des Beamten bei außerdienstlicher Kenntnisnahme besteht keine Einigkeit. Während der Beamte nach einer Ansicht [5] außerhalb des Dienstes völlig von seinem Amt losgelöst ist, entsteht nach anderer Meinung auch bei außerdienstlicher Kenntnisnahme im Regelfall eine Pflicht zum Einschreiten. In leichteren Fällen, für deren Abgrenzung § 153 Abs. 2 StPO als Richtlinie heranzuziehen ist, soll der Beamte jedoch von dieser Pflicht entbunden sein [6]. Die Rechtsprechung beurteilt die Pflichtenstellung

---

1) RGSt 73 S. 267; 74 S. 180; 134 S. 168 f.; BGHSt 4 S. 170; Jagusch, LK (8. Aufl.), § 257 Anm. 2 b; Kohlhaas, in Loewe-Rosenberg, StPO, § 158 Anm. 15.
2) Kritisch Welzel, Strafrecht, S. 520.
3) Schönke-Schröder, StGB, § 257 Anm. 26; vgl. Welzel, a.a.O.
4) Vgl. Schönke-Schröder, StGB, § 346 Anm. 6 f.
5) Müller-Sax, StPO, § 158 Anm. 5 c; vgl. auch OLG Hamburg, SJZ, 1948 S. 692.
6) Eb. Schmidt, StPO, Teil 1 Rdnr. 398 f.

des Beamten ebenfalls abwägend, wobei sie von ähnlichen Kriterien ausgeht. Nach ihr ist eine Pflicht zum Tätigwerden nur bei schweren Verbrechen oder solchen Straftaten zu bejahen, welche nach Art und Umfang die Belange der Öffentlichkeit in besonderem Maße berühren [1].

Für an Bord begangene Straftaten werden diese Grundsätze nur ausnahmsweise Bedeutung erlangen, da der mit der Schiffsführung betraute Kommandant eines Polizeischiffs von einer Straftat an Bord regelmäßig während seines Dienstes in amtlicher Eigenschaft Kenntnis erlangt und deshalb einem weiteren Pflichtenkreis unterliegt. Ausnahmsweise soll nach einer in der Literatur vertretenen Meinung auch hier eine private Sphäre anerkannt werden [2]. Jedoch hat die Rechtsprechung derartige Ausnahmen bisher nicht zugelassen, sondern bei dienstlich erlangten Kenntnissen des hauptamtlichen Leiters einer Polizeibehörde eine Pflicht zum Einschreiten bejaht [3]. Dieser Auffassung ist mit Rücksicht auf den Inhalt des § 346 StGB zuzustimmen. Sie muß auch für den Kommandanten eines Polizeischiffes gelten. Denn sein dienstliches Wissen gehört dem Beamten nicht allein [4], sondern muß im Rahmen der Pflichtenstellung des Beamten verwendet werden.

IV Staatliche Handelsschiffe

Unter staatlichen Handelsschiffen sind solche Fahrzeuge zu verstehen, die dem Flaggenstaat nicht zur Erfüllung einer öffentlich-rechtlichen Aufgabe, sondern allein zu kommerziellen Zwekken dienen und demzufolge wie Privatschiffe betrieben werden [5].

---

1) RGSt 70 S. 252; BGHSt 5 S. 225; 12 S. 280; OLG Freiburg DRZ 1947 S. 201; OLG Stuttgart NJW 1950 S. 198; Kohlhaas, in Loewe-Rosenberg, StPO, § 160 Anm. 3; Schönke-Schröder, a.a.O. Anm. 7.
2) Müller-Sax, StPO, § 158 Anm. 5 b.
3) BGHSt 4 S. 170; zust. Schönke-Schröder, StGB, § 346 Anm. 6 m. w. Nachw.
4) Kohlhaas, in Loewe-Rosenberg, StPO, § 160 Anm. 3.
5) Geck, in Strupp-Schlochauer, WdV, Bd. 3 S. 334; Dahm, Völkerrecht, Bd. 1 S. 243; Steinert, Schiff im Küstenmeer, S. 299; Gläser-Becker, Seerecht, Bd. 1 S. 51 f.

Ob diesen Schiffen gegenüber Privatschiffen eine Sonderstellung zukommt, hängt davon ab, ob man bei der Bestimmung des Umfangs der Exterritorialität davon ausgeht, daß die Exemtion von der Staatsgewalt des Aufenthaltsstaates dem Staatsschiff und seiner Besatzung stets uneingeschränkt und absolut zugute kommt [1]. Diese Ansicht, nach der es nicht darauf ankommt, ob das Staatsschiff zur Ausübung von Hoheitsgewalt berufen ist oder nur am privaten Handelsverkehr teilnimmt, ist bereits oben [2] zugunsten einer funktionalen Bestimmung des Exterritorialitätsbegriffs abgelehnt worden. Damit bleiben die Exterritorialitätsrechte allein auf solche Staatsschiffe beschränkt, die der Wahrnehmung von Hoheitsaufgaben dienen, während staatliche Handelsschiffe völkerrechtlich wie private Handelsschiffe einzustufen sind [3]. Diese Gleichstellung entspricht auch Art. 9 des Genfer Abkommens über die Hohe See [4] sowie auch dem Inhalt des Abkommens über die einheitliche Feststellung von Regeln über die Immunität von Staatsschiffen [5]. Daher darf wegen der Verfolgung strafbarer Handlungen an Bord von staatlichen Handelsschiffen auf die entsprechenden Ausführungen über Privatschiffe verwiesen werden [6].

---

1) Vgl. oben S. 131.
2) Vgl. oben S. 131.
3) Dahm, Völkerrecht, Bd. 1 S. 244; Berber, Völkerrecht, Bd. 1 S. 325; Geck, in Strupp-Schlochauer, WdV, Bd. 3 S. 336 f.; Coenen, Küstenmeer, S. 57 f.; Steinert, Schiff im Küstenmeer, S. 304; Klein, Staatsschiffe und Staatsluftfahrzeuge, S. 89 f.; Gläser-Becker, Seerecht, Bd. 1 S. 51 f.; Schaps-Abraham, Seerecht, Bd. 1 S. 50 f.; Böger, Immunität der Staatsschiffe, S. 77; Perels, Seerecht, S. 106 f.; eine gegenteilige Auffassung wird insbesondere von der UdSSR und zahlreichen anderen Ostblockstaaten vertreten, die für ihre staatlichen Handelsschiffe in fremden Gewässern volle Immunität beanspruchen. Vgl. Akademie der Wissenschaften der UdSSR, Völkerrecht, S. 207.
4) Vgl. oben S. 95 sowie BT-Drucks. VI/2726 S. 18, wonach die UdSSR sowie zahlreiche Ostblockstaaten gegen Art. 9 des Abkommens wegen ihrer staatlichen Handelsflotten Vorbehalte erhoben haben.
5) Vgl. oben S. 146 Anm. 3.
6) Vgl. oben S. 51 ff.

DRITTES KAPITEL

DIE VERFOLGUNG STRAFBARER HANDLUNGEN AN BORD VON LUFTFAHRZEUGEN

Wenn auch die Kriminalität an Bord von Luftfahrzeugen in ihrem Ausmaß allgemein hinter der Kriminalität an Bord von Schiffen zurückbleibt, so kann doch infolge der Entwicklung des Luftverkehrs zum Massenverkehrsmittel heute nicht mehr behauptet werden, daß Straftaten an Bord angesichts eines kriminell unauffälligen Kreises von Reisenden kaum praktische Bedeutung hätten [1]. Machten in den ersten Jahren der Geschichte der Luftfahrt nur einige wenige Vorfälle auf das Problem aufmerksam [2], so sind in der Gegenwart die zahlreichen Luftfahrzeugentführungen [3] zu einer ernsten Bedrohung der Sicherheit des Luftverkehrs geworden.

A Die rechtliche Einteilung der Luftfahrzeuge in Privatluftfahrzeuge und Staatsluftfahrzeuge

Die Luftrechtswissenschaft hat in enger Anlehnung an das Seerecht zwischen Staatsluftfahrzeugen und Privatluftfahrzeugen un-

1) So noch v. Weber, Internationales Luftstrafrecht, in Rittler-Festschrift, S. 111.

2) Vgl. den seinerzeit spektakulären Fall des Todes des Bankiers Loewenstein, der auf dem Flug von Croydon nach Le Bourget in den Kanal stürzte, wobei die Frage Verbrechen oder Unglück niemals geklärt wurde; zit. bei Jescheck, Deutsche Beiträge, S. 196; ferner der wohl erste Versuch von "Luftpiraterie" in Deutschland, als ein SA-Obergruppenführer 1933 an Bord einer Passagiermaschine eine Zwischenlandung erzwingen wollte; zit. bei Westerburg, Polizeigewalt des Luftfahrzeugkommandanten, S. 13 ff., mit zahlreichen anderen Beispielen.

3) Diese haben auch den deutschen Rechtskreis betroffen: Entführung von Lufthansa-Jets nach Aden und Zagreb; Entführung einer italienischen Maschine nach München, wo die Täterin verhaftet wurde (alle Vorfälle 1972); vgl. zur Entwicklung der Luftpiraterie Hailbronner, Luftpiraterie S. 7 ff.

terschieden [1]. Diese Einteilung hat auch für den Bereich der Strafrechtspflege Bedeutung. Denn die enge Bindung eines Staatsluftfahrzeuges an seinen Heimatstaat wirft für den Zugriff der Strafverfolgungsbehörden des Landungsstaates ähnliche Probleme auf, wie sie bereits oben für Staatsschiffe dargestellt wurden.

Über die Definition des Staatsluftfahrzeugbegriffs besteht keine Einigkeit. Die völkervertraglichen Gruppenabkommen der Vorkriegszeit [2] und auch das Luftfahrtabkommen von Chicago [3] stellen auf die hoheitliche Zweckbestimmung ab [4]. Demgegenüber wird in der Literatur auch die staatliche Eigentümerstellung an dem Fahrzeug als genügend angesehen, um die Staatsluftfahrzeugeigenschaft zu begründen [5].

Der letztgenannten Ansicht soll hier im Einklang mit der für Staatsschiffe gewonnenen Begriffsbestimmung der Vorzug gegeben werden [6]. Denn der Begriff Staatsluftfahrzeug ist in einem doppelten Sinn zu verstehen [7]. Sowohl das staatliche Eigentum an dem Fahrzeug als auch seine Verwendung zu einem staatlichen Zweck sind ausreichende Kriterien, die ein Luftfahrzeug nach allgemeinem Sprachgebrauch zu einem Staatsluftfahrzeug qualifizieren. Eine solche aus sprachlichen Gründen weitgefaßte Begriffs-

---

1) Vgl. Klein, Staatsschiffe und Staatsluftfahrzeuge im Völkerrecht, S. 9; Meyer, in Strupp-Schlochauer, WdV, Bd. 3 S. 331; Schleicher-Reymann-Abraham, Recht der Luftfahrt, Bd. 1 S. 30 ff.; Ming-Min-Peng, La Définition De L'aéronef Militaire, RFDA Bd. 10 (1956) S. 121 ff.
2) Convention Portant Réglementation De La Navigation Aérienne (CINA), Paris 1919; Pan-American Convention On Commercial Aviation, 1928; beide Abkommen abgedruckt bei Meyer, Freiheit der Luft, S. 272 ff.
3) v. 7. 12. 1944 (BGBl 1956 II S. 411 ff.).
4) So Art. 30 CINA; Art. 3 Pan-Am. Abk.; Art. 3 Chic. Abk.
5) Meyer, in Luftrecht in fünf Jahrzehnten, S. 184; Klein, Staatsschiffe und Staatsluftfahrzeuge, S. 15; vgl. auch Meyer, in Strupp-Schlochauer, WdV, Bd. 3 S. 331, der eine hoheitliche Zweckbestimmung nicht voraussetzt.
6) Vgl. oben S. 50 ff.
7) Schleicher-Reymann-Abraham, a.a.O. S. 31.

bestimmung ist unbedenklich, weil an sie noch keine rechtlichen Konsequenzen geknüpft werden. Soweit die genannten Abkommen den Staatsluftfahrzeugbegriff enger umschreiben, hat dies allein für deren sachlichen Geltungsbereich Bedeutung.

Im folgenden sind daher Staatsluftfahrzeuge alle diejenigen Luftfahrzeuge, die entweder einem Staat zu Eigentum gehören oder von ihm für seine Zwecke tatsächlich verwendet werden. Dabei ist es gleichgültig, ob sie zu militärischen oder zivilen Hoheitsaufgaben betrieben werden, oder ob sie überhaupt keine Hoheitsaufgaben wahrnehmen und lediglich zu Handelszwecken (kommerzielle Personen- und Güterbeförderung) verwandt werden [1].

B Strafbare Handlungen an Bord von Privatluftfahrzeugen

Die Begehung einer strafbaren Handlung an Bord eines Luftfahrzeuges ist für die Strafverfolgung mit zahlreichen Problemen verbunden. Anders als bei Seeschiffen im internationalen Verkehr, für die sich seit langem eine feste Staatenpraxis [2] und völkerrechtliche Gewohnheitsrechtssätze [3] zur Strafverfolgung herausgebildet haben, fehlen solche Grundsätze auf dem Gebiet des Luftrechts. Ihr Entstehen war auch kaum zu erwarten, zumal bereits erhebliche Meinungsunterschiede über die Rechtsnatur des Luftraums bestanden [4]. Diese Situation und die Erkenntnis, daß der im Anwachsen begriffene Luftverkehr insbesondere als grenzüberschreitender Verkehr Bedeutung habe, führten zur Überzeugung, daß das Problem der Verfolgung strafbarer Handlungen an Bord im internationalen Bereich sinnvoll nur durch ein multilaterales Abkommen gelöst werden könne. Denn

---

1) So auch Klein, a.a.O.
2) Vgl. oben S. 54 ff.
3) Vgl. oben S. 78 ff.
4) Vgl. oben S. 9 ff.

die Ausdehnung der Zivilluftfahrt über staatliche Grenzen hinweg hat zur Folge, daß die Bemühungen eines Staates nicht ausreichen, um eine wirksame Strafverfolgung zu gewährleisten.

Das Bestreben um internationale Zusammenarbeit in diesem Bereich hat außer der Bundesrepublik 54 andere Staaten [1] bewogen, die Verfolgung strafbarer Handlungen an Bord von Luftfahrzeugen zum Gegenstand einer weltweiten Übereinkunft [2] zu erheben. Die Entwicklungen in der Folgezeit führten zu weiteren Abkommen, mit denen speziell die Verfolgung von Luftfahrzeugentführern [3] und Tätern sonstiger sicherheitsgefährdender Handlungen gegen die Luftfahrt [4] sichergestellt werden sollte.

Die Bestimmungen dieser Abkommen bilden den internationalen Rahmen, in dem die Vorschriften des deutschen Straf- und Strafprozeßrechts für die Ausgestaltung der Verfolgung von strafbaren Handlungen an Bord von Privatluftfahrzeugen maßgeblich sind.

I Das Abkommen von Tokio

1. Vorgeschichte

Die Diskussion über die rechtliche Behandlung von Straftaten an Bord von Luftfahrzeugen ist so alt wie die Luftfahrt selbst. Bereits 1902 trat Fauchille mit seinem dem Institut de droit international vorgelegten "Projet d'un régime juridique des aérostats" hervor, dessen Art. 15 Straftaten an Bord grundsätzlich

1) Stand Januar 1973.
2) Abkommen von Tokio vom 16. 9. 1963 (BGBl 1969 II S. 121).
3) Abkommen gegen die widerrechtliche Inbesitznahme von Luftfahrzeugen v. 16. 12. 1970 (Haager Abkommen) (BGBl 1972 II S. 1505).
4) Übereinkommen zur Bekämpfung widerrechtlicher Handlungen gegen die Sicherheit der Zivilluftfahrt v. 23. 9. 1971 (Abk. von Montreal), das auch die Bundesrepublik unterzeichnet hat; vgl. Röbbert ZLW 1972 S. 133 ff.

der Strafgewalt des Heimatstaates des Flugzeuges unterwarf und lediglich bei besonderen Interessenverletzungen gegen den überflogenen Staat diesem einen Strafanspruch zubilligte [1]. Daneben waren noch besondere Festnahmebefugnisse für den Landungsstaat vorgesehen. Die Verwirklichung der zukunftsweisenden Ideen Fauchilles sollte erst 60 Jahre später durch das Abkommen von Tokio erfolgen.

Indessen hatte es zwischenzeitlich keineswegs an Bemühungen gefehlt, den durch die technische Entwicklung neu hinzugewonnenen Bereich der Strafrechtspflege einer einheitlichen Regelung zu unterwerfen. Abgesehen von den Einzelarbeiten zahlreicher Juristen [2] waren es insbesondere die Bemühungen der rechtswissenschaftlichen Vereinigungen und der Luftfahrzeugorganisationen, die sich mit der Frage von strafbaren Handlungen an Bord befaßt haben. Im einzelnen können hier genannt werden: Das Institut de droit international [3], die International Law Association [4], das

---

1) Vgl. Annuaire, 1902, S. 51 f.; der genannte Art. 15 ist abgedruckt bei Meyer, Internationale Luftfahrtabkommen, Bd. 5 S. 4.

2) Insbes. Fauchille RGDIP 1901 S. 414; Meyer JW 1930 S. 3384; ders. JW 1931 S. 3304; ders. Arch. f. LuftR 1932 S. 150 ff.; ders. in Luftrecht in fünf Jahrzehnten, S. 181 ff.; ders. ZLR 1953 S. 58 ff.; ders. ZLR 1958 S. 87 ff.; ders. ZLW 1960 S. 150; Heesemann, Luftstrafrecht, 1932; Steidle, Das Luftfahrzeug als Begehungsort strafbarer Handlungen, 1934; Ali Khan-Allemann, Strafgerichtsbarkeit betr. Straftaten an Bord von Luftfahrzeugen, 1963; v. Weber, in Rittler-Festschrift, S. 111 ff.; Jescheck, Deutsche Beiträge, S. 195 ff.; Hirschberg, in Niemeyers Zeitschrift Bd. 42 (1930) S. 138 ff.; ders. Arch. f. LuftR 1932 Bd. 2 S. 159; Cooper ZLR 1953 S. 48; Morpurgo RILA 1924 S. 193 ff.; Mankiewicz GA 1961 S. 193 ff.

3) Annuaires 1902 S. 335; 1906 S. 76 ff., 293 ff.; 1911 S. 23 ff., 303 ff., 346; 1927 I S. 341 ff., 371 f., III S. 226 ff., 337; 1937 S. 258, 276.

4) Report Conference ILA 31 S. 218; 33 S. 113 ff.; 44 S. 218 ff.; 45 S. 99 ff.; 47 S. 146 ff.

Comité Juridique International De l'Aviation [1], die Internationale kriminalpolizeiliche Organisation [2], die International Air Transport Organization [3], die Association Internationale De Droit Penal [4] und die Internationale Zivilluftfahrtorganisation (ICAO) [5].

Lange Zeit hatten sich die Anstrengungen, das Problem der an Bord von Luftfahrzeugen begangenen Straftaten mittels gemeinschaftlicher Grundprinzipien zu lösen, in einer verfehlten Richtung bewegt. Es wurde versucht, ein einheitliches und überall gültiges Rechtsstatut zu finden, anhand dessen sich bestimmte ausschließliche Strafgewalten unter Wahrung einer festgelegten Rangordnung ergeben sollten. Es war vorauszusehen, daß derartige Lösungsversuche keinen Erfolg haben konnten. Denn ein einheitliches Rechtsstatut der beabsichtigten Art hätte sich nur unter Beschränkung bereits bestehender nationaler Strafgewalten erreichen lassen. Dieses Mittels bedurfte es aber nicht, weil das Problem der Konkurrenz mehrerer Strafgewalten kein spezifisch luftstrafrechtliches Problem ist, sondern dem Wesen des internationalen Strafrechts entspricht. Die Einführung einer festen Rangordnung der Strafgewalten verschiedener Staaten erschien wenig sinnvoll, da die Vermeidung derartiger Kompetenzkonflikte [6] mittels eines solchen Prioritätensystems dem Täter eine erhöhte Chance ein-

---

1) Vgl. die Art. 23 ff. des erarbeiteten "Code internationale De L'Air"; abgedruckt bei Meyer, Internationale Luftfahrtabkommen, Bd. 5 S. 135.
2) Vgl. ZLR 1957 S. 227; ferner bei Meyer, a.a.O. S. 298.
3) Vgl. bei Meyer, a.a.O. S. 263, 269.
4) Vgl. die Themen des VII. Internationalen Strafrechtskongresses; Generalbericht in ZLR 1958 S. 87 ff.; ferner Jescheck (deutscher Landesbericht), Deutsche Beiträge S. 195 ff.
5) Es ist dies die oberste Behörde gem. Art. 43 Chic. Abk., auf deren Arbeiten im folgenden gesondert einzugehen sein wird.
6) Zu den verschiedenen Lösungsmöglichkeiten vgl. Linke, in Aktuelle Probleme des Internationalen Strafrechts, S. 85 ff.

ce einräumt, durch Veränderung seines Aufenthaltes die Strafverfolgung zu erschweren [1) 2)]. Die praktische Bewährung einer derartigen Rangordnung wäre in besonderem Maße von der weltweiten Verbreitung eines lückenlosen Auslieferungssystems [3)] oder neuerer Formen zwischenstaatlicher Zusammenarbeit [4)] abhängig gewesen.

Die Entwicklung der Vorarbeiten zu einem weltweiten Abkommen wurde nach dem Krieg insbesondere von der ICAO getragen, die mit den anstehenden Fragen seit 1950 ihren Rechtsausschuß befaßte, welcher 1953 die Behandlung des Themas einem eigens dafür eingesetzten Unterausschuß zuwies. Dieser stellte 1954 ein umfassendes Arbeitsprogramm [5)] auf und erarbeitete bis 1958 einen Vorentwurf [6)], der vom Rechtsausschuß der ICAO während seiner Tagung in München [7)] erörtert wurde. Auf der Grundkonzeption des Vorentwurfs aufbauend wurde der sogenannte Münchener Entwurf [8)] angenommen und den Mitgliedsstaaten des Chicagoer Abkommens zugeleitet. Zahlreiche Änderungsvorschläge machten jedoch eine Überarbeitung des Entwurfs erforderlich. Erst 1962 auf

---

1) Zlatarić, in Aktuelle Probleme des Internationalen Strafrechts, S. 166; gegen eine Rangordnung bereits von Weber ZLR 1957 S. 162 ff.

2) Eine feste Rangordnung, die primär auf die Strafgewalt des Flaggenstaates abstellt, gerät auch in Konflikt mit dem Bestreben zur Resozialisierung des Täters, sofern nicht gleichzeitig vertraglich die Übernahme der Strafverfolgung oder Strafvollstreckung durch den Staat, in dem der Täter seinen Lebenskreis hat und dessen Sprache er beherrscht, sichergestellt wird. Vgl. Linke, a.a.O. S. 88; Vogler ZStW Bd. 81 (1969) S. 187.

3) Schmidt-Räntsch ZLW 1964 S. 87.

4) Vgl. für den europäischen Bereich das Übereinkommen über die Übernahme der Strafverfolgung vom 15. 5. 1972 (vgl. oben S. 137), sowie das Übereinkommen über die Internationale Anerkennung von Strafurteilen (vgl. oben S. 45 ff.), welches auch die Übernahme der Strafvollstreckung regelt.

5) Vgl. ZLR 1955 S. 42.

6) Abgedruckt in ZLR 1959 S. 63 ff.

7) Tagungsbericht ICAO Doc. 8111-LC/146-1 S. 1 ff.; vgl. Schmidt-Räntsch ZLW 1960 S. 59 ff.

8) Text des Entwurfes ICAO Doc. 8111-LC/146-2 S. 1 ff.; deutsche Übersetzung in ZLW 1960 S. 76 ff.

der Tagung des Rechtsausschusses der ICAO in Rom konnte ein verbesserter Entwurf angenommen werden [1]. Dieser fand ein Jahr später in Tokio als Verhandlungsgrundlage der dortigen Luftrechtskonferenz im wesentlichen die Zustimmung der Teilnehmerstaaten [2].

2. Die Ergebnisse des Abkommens von Tokio

Das Abkommen von Tokio enthält keine erschöpfende Regelung aller Einzelheiten, die mit der Begehung einer strafbaren Handlung an Bord eines Luftfahrzeuges zusammenhängen. Der Vertragsinhalt beschränkt sich auf die Behandlung bestimmter Einzelfragen und überläßt die Ausgestaltung der Rechtslage ansonsten dem nationalen Recht.

a) Der Vertragsgegenstand

Nach Art. 1 Abs. 1 lit. a Tok. Abk. bezieht sich die Übereinkunft - abgesehen von bestimmten nicht strafbaren Gefährdungshandlungen [3], die für die Arbeit keine Bedeutung haben - auf strafbare Handlungen. Das Abkommen läßt offen, welches Strafrecht für die Bestimmung der Strafbarkeit einer Handlung maßgeblich sein soll. Aus den Materialien über den Verlauf der Konferenz ergibt sich, daß nicht allein auf das Strafrecht des Flaggenstaates abzustellen ist [4]. Vielmehr genügt es, daß die betreffende Handlung auch nur nach dem Strafrecht eines Mitgliedsstaates des Abkommens als strafbare Handlung anzusehen ist [5].

---

1) ICAO Doc. 8302-LC/150-2; deutsche Übersetzung in ZLW 1963 S. 179 ff.

2) Zur Vorgeschichte und den Ergebnissen des Tok. Abk. vgl. aus der ausländischen Literatur insbesondere Richard, La Convention de Tokyo, 1971.

3) Art. 1 Abs. 1 lit. b Tok. Abk.

4) Vgl. ICAO Doc. 8565-LC/152-1 S. 33 f., wonach ein entsprechend beschränkender Antrag der USA zurückgezogen wurde.

5) Vgl. auch Westerburg, Polizeigewalt des Luftfahrzeugkommandanten, S. 150.

Nach Art. 3 Abs. 1 Tok. Abk. ist der Eintragungsstaat zur Ausübung der Strafgewalt [1] über eine an Bord eines Luftfahrzeuges begangene strafbare Handlung zuständig. Will man nicht einseitig die Ausübung der Strafgewalt unter den Vorbehalt der sachlichen Reichweite des deutschen Strafrechts stellen, droht theoretisch die Möglichkeit, daß die Bundesrepublik zur Ahndung einer an Bord eines deutschen Luftfahrzeuges begangenen Straftat zuständig wird, obwohl diese nach deutschem Strafrecht überhaupt nicht strafbar ist. Diese weitreichende Konsequenz, die sich aus der Möglichkeit ergibt, die Bewertung als strafbare Handlung auf das Strafrecht eines jeden Vertragsstaates zu beziehen, schafft Konflikte, die das eigentliche Ziel des Abkommens nicht erfordert [2].

Die praktischen Auswirkungen, die sich aus dieser wenig sinnvollen Regelung für die Bundesrepublik ergeben, hängen davon ab, ob dem Abkommen von Tokio neben der Pflicht zur Sicherstellung des Flaggenprinzips die Verpflichtung entnommen werden kann, eine gemäß dem Abkommen begründete Strafkompetenz auch auszuüben. Die angeschnittene Frage ist zwar auf der Konferenz in Tokio Gegenstand der Beratungen gewesen [3]. Einigkeit über ihre Beantwortung wurde jedoch nicht erzielt. Daher kann für den deutschen Rechtsstandpunkt nur der Wortlaut verbindlich sein, den Art. 3 Tok. Abk. in der Konferenz selbst gefunden hat. Danach ist zwar die "Kompetenz" [4] des Eintragungsstaates zur Ausübung von Strafgewalt über die an Bord von Luftfahrzeugen begangenen strafbaren Handlungen festgelegt worden (Art. 3 Abs. 1 Tok. Abk.). Ebenso ist jeder Mitgliedsstaat verpflichtet, das Flaggenprinzip in diesem Rahmen in seinem internationalen Strafrecht zu verwirklichen (Art. 3 Abs. 2 Tok. Abk.). Eine zwingende Pflicht zur Ausübung

---

1) Zur Kritik an der Terminologie des Abkommens, das sich des Begriffs "Gerichtsbarkeit" bedient, vgl. unten S. 163.
2) So zu Recht Kaminski ÖZA Bd. 10 (1970) S. 81.
3) ICAO Doc. 8565-LC/152-1 S. 92 ff.; vgl. Schmidt-Räntsch ZLW 1964 S. 88 f.
4) Der verbindliche englische Text lautet insoweit "... is competent to exercise jurisdiction ...".

von Strafgewalt für den konkreten Fall enthält das Abkommen jedoch nicht. Dieses Ergebnis wird durch die Regelung in Art. 13 Abs. 5 S. 2 Tok. Abk., die anderenfalls sinnlos wäre, bestätigt.

Im übrigen liegt es dem Abkommen fern, in die Entscheidung eines Mitgliedsstaates, inwieweit er bei der Ausübung seiner Strafgewalt ausländisches Recht zu berücksichtigen wünscht, einzugreifen. Eine so schwerwiegende Regelung hätte einer ausdrücklichen Bestimmung im Abkommen bedurft. Mithin richtet sich die Bewertung einer Tat als strafbare Handlung für ein deutsches Strafverfahren gem. den §§ 3 ff. StGB nach deutschem Strafrecht [1).]

b) Der sachliche Geltungsbereich

Nach Art. 1 Abs. 4 Tok. Abk. sind bestimmte Staatsluftfahrzeuge, nämlich Militär-, Zoll- und Polizeifahrzeuge [2)], von der Anwendbarkeit des Abkommens ausgenommen.

Der sachliche Geltungsbereich des Abkommens wird ferner dadurch beschränkt, daß nur strafbare Handlungen an Bord solcher Luftfahrzeuge erfaßt werden, die sich im Flug oder auf der Oberfläche staatenloser Gebiete befinden [3)]. Die Regelung, wann ein Luftfahrzeug als im Flug befindlich angesehen wird, ist nach dem Sinn und Zweck der einzelnen Abschnitte des Abkommens unterschiedlich [4)]. Für die Bestimmung der Befugnisse des Luftfahrzeugkommandanten gilt ein Luftfahrzeug von dem Augenblick an als im Flug befindlich, in dem nach dem Einsteigen seine äu-

---

1) Vgl. oben S. 19 f.; i. Erg. ebenso Oehler, Int. Strafrecht, S. 339.
2) Vgl. oben S. 154 ; durch die Aufzählung wird der Staatsluftfahrzeugbegriff nicht erschöpft; vgl. Schmidt-Räntsch ZLW 1960 S. 63; Westerburg, a.a.O. S. 141.
3) Art. 1 Abs. 2 Tok. Abk. (einschl. der Oberfläche der hohen See).
4) Die Flugdauerbestimmung des Anhang 6 des Chic. Abk. hat das Tok. Abk. nicht übernommen. Diese umfaßt den Zeitraum zwischen dem Beginn der Rollmanöver bis zum Stillstand nach der Landung; vgl. Meyer, Internationale Luftfahrtabkommen, Bd. 5 S. 67.

ßeren Türen geschlossen worden sind. Der danach teilweise fingierte Zeitraum des Fluges endigt erst dann, wenn eine der Türen zum Zweck des Aussteigens geöffnet wird, oder im Fall einer Notlandung die zuständigen Behörden die Verantwortung übernommen haben [1] (im folgenden als "weitere" Definition bezeichnet). Für den sonstigen Geltungsbereich des Abkommens ist der Begriff "im Flug befindlich" enger festgelegt. Hier umfaßt die Begriffsbestimmung den Zeitraum zwischen der Kraftaufwendung zum Zweck des Abflugs und der Beendigung des Landungsauslaufs [2] (im folgenden als "engere" Definition bezeichnet).

Der geographische Standort des Luftfahrzeuges ist für die strafrechtlichen Kompetenzen und das Strafverfahren nach Maßgabe des Abkommens ohne Bedeutung.

Hingegen hängt die Anwendbarkeit der Vertragsvorschriften, welche die Befugnisse des Luftfahrzeugkommandanten regeln, entscheidend vom Verlauf der Flugroute ab. Strafbare Handlungen, die im Luftraum des Eintragungsstaates oder über staatenlosem Gebiet an Bord eines Luftfahrzeuges begangen werden, das zwischen zwei Orten des Eintragungsstaates verkehrt, unterliegen nicht den besonderen Befugnissen des Luftfahrzeugkommandanten nach dem Abkommen von Tokio [3]. Diese Einschränkung ergibt sich aus dem Zweck des Abkommens. Denn einer zwischenstaatlichen Regelung der Eingriffsrechte des Luftfahrzeugkommandanten bedarf es nicht, wenn der Flug fremdes Hoheitsgebiet nicht berührt [4].

---

1) Art. 5 Abs. 2 Tok. Abk.; die Regelung bezüglich der Notlandung ist vor allem dann bedeutsam, wenn die Landung auf freiem Feld erfolgt.
2) Art. 1 Abs. 3 Tok. Abk.
3) Art. 5 Abs. 1 Tok. Abk.
4) Vgl. Zlatarić, in Aktuelle Probleme des Internationalen Strafrechts, S.168.

c) Die Anordnung des Flaggenprinzips

Die Begründung der "Gerichtsbarkeit" des Eintragungsstaates in Art. 3 Abs. 1, 2 Tok. Abk. bedeutet ungeachtet der irreführenden Terminologie keine unmittelbare Erweiterung der Strafgerichtsbarkeit der Mitgliedsstaaten. Gemeint ist vielmehr die Einführung eines besonderen Anknüpfungspunktes für die Strafgewalt im Rahmen der Regelungen des internationalen Strafrechts der einzelnen Vertragsstaaten [1].

Die verbindliche Anordnung des Flaggenprinzips erfolgt nur kumulativ und läßt jede andere Strafgewalt, die nach nationalem Recht ausgeübt wird, unberührt (Art. 3 Abs. 3 Tok. Abk.). Damit trägt die getroffene Regelung den allgemeinen Grundsätzen des internationalen Strafrechts Rechnung [2] [3].

Art. 3 Abs. 1, 2 Tok. Abk. dient dem Ziel, durch die einheitliche Gewährleistung des Flaggenprinzips einen für alle Mitgliedsstaaten verbindlichen Rechtszustand zu schaffen. Ein besonderes Verdienst des Abkommens kann jedoch hier nicht anerkannt werden. Denn das Flaggenprinzip war bereits vorher fester Bestandteil des internationalen Strafrechts zahlreicher Staaten, so daß das Abkommen insoweit den bereits vorher bestehenden Rechtszustand lediglich bestätigt und verfestigt. Für das deutsche internationale Strafrecht, in dem das Flaggenprinzip bereits seit 1940 anerkannt ist [4], hat Art. 3 Abs. 1, 2 Tok. Abk. keine praktische Bedeutung.

d) Das vorläufige Untersuchungsverfahren

aa) Art. 13 Abs. 4 Tok. Abk. verpflichtet jeden Vertragsstaat, in dem das Luftfahrzeug landet, unter bestimmten Voraus-

1) Zlatarić, a.a.O. S. 164.
2) Vgl. aber oben S. 157 f.
3) Wegen der Vorteile des Flaggenprinzips vgl. oben S. 41 f.
4) § 5 StGB; vgl. oben S. 22 ff. Bezüglich der ausländischen Rechte vgl. bei Oehler, Internationales Strafrecht, S. 341 ff.

setzungen eine an Bord begangene strafbare Handlung einer vorläufigen Untersuchung zu unterwerfen. Die Untersuchungspflicht des Landungsstaates steht in engem rechtlichen Zusammenhang mit den Vertragsbestimmungen, die das Recht des Luftfahrzeugkommandanten zur Übergabe eines Straftäters regeln.

Nach Art. 9 Tok. Abk. kann der Luftfahrzeugkommandant den zuständigen Behörden in der Bundesrepublik nach der Landung jede Person übergeben, bei der er vernünftige Gründe für die Annahme hat, daß sie an Bord des Luftfahrzeuges eine Handlung begangen hat, die nach seiner Meinung eine schwere strafbare Handlung nach dem Strafrecht des Eintragungsstaates darstellt [1]. Auf die Einzelheiten des Übergaberechts, das hier allein wegen seiner rechtlichen Verknüpfung mit der Untersuchungspflicht des Landungsstaates bedeutsam ist, wird noch gesondert einzugehen sein [2].

Macht der Luftfahrzeugkommandant wegen einer strafbaren Handlung an Bord von seinem Recht zur Übergabe Gebrauch, so ist die Bundesrepublik als Landungsstaat nach dem Abkommen verpflichtet, die betreffende Person zu übernehmen (Art. 13 Abs. 1 Tok. Abk.) und eine vorläufige Untersuchung des Vorfalls einzuleiten (Art. 13 Abs. 4 Tok. Abk.). Das Untersuchungsergebnis sowie die Entscheidung über die Ausübung der deutschen Strafgewalt sind dem Eintragungsstaat und dem Staat, dem der Täter angehört, mitzuteilen (Art. 13 Abs. 5 Tok. Abk.). Die Regelung verfolgt damit das Ziel, entweder eine Strafverfolgung des übergebenen Täters durch den Landungsstaat einzuleiten oder seine Auslieferung an einen anderen, zur Ausübung seiner Strafgewalt berufenen Staat zu ermöglichen.

Wegen der rechtlichen Verknüpfung der Untersuchungspflicht

---

1) Die Beschränkung auf das Recht des Eintragungsstaates in Art. 9 Abs. 1 Tok. Abk. steht im Gegensatz zur Regelung in Art. 1 Abs. 1 Tok. Abk.; vgl. dazu oben S. 159.

2) Vgl. unten S. 178 ff.

mit dem Übergaberecht des Luftfahrzeugkommandanten hat der eingeschränkte räumliche Geltungsbereich dieser Befugnisse [1] auch für das Bestehen der Untersuchungspflicht Bedeutung.

Ebenso kommen eine Übergabe und eine vorläufige Untersuchung nur dann in Betracht, wenn die strafbare Handlung, welche die Übergabe und Untersuchung auslösen soll, während des Fluges im Sinne der Vertragsbestimmungen begangen ist. Da die für das Übergaberecht maßgebliche Definition des Fluges [2] über die betreffende Definition für den Geltungsbereich der Untersuchungspflicht [3] hinausgeht, ergeben sich Unklarheiten, wenn die strafbare Handlung zwar innerhalb der "weiteren", jedoch außerhalb der "engeren" Flugzeitbestimmung begangen wird. Unterbricht der Luftfahrzeugkommandant wegen einer strafbaren Handlung während der Rollmanöver die Startvorbereitungen, so ist er bei Vorliegen der übrigen Voraussetzungen zur Übergabe des Täters berechtigt. Eine Pflicht des Bodenstaates zur Untersuchung besteht jedoch nach dem Wortlaut des Abkommens nicht. Aus dem Sinn und Zweck des Übergaberechts und seinem rechtlichen Verhältnis zur Untersuchungspflicht ist aber zu entnehmen, daß eine Untersuchung immer dann ausgelöst werden soll, wenn der Luftfahrzeugkommandant von seinem Recht zur Übergabe Gebrauch macht. Insoweit unterliegt der durch Art. 1 Abs. 3 Tok. Abk. eingegrenzte Anwendungsbereich des Art. 13 Abs. 4 Tok. Abk. einer speziellen Erweiterung durch Art. 9 Abs. 1 i. V. mit Art. 5 Abs. 2 Tok. Abk.

Den materiellen Voraussetzungen für das Bestehen des Übergaberechts kommt für die Auslösung der Untersuchungspflicht keine Bedeutung zu. Denn erst die Untersuchung selbst kann klären, ob der Verdacht des Luftfahrzeugkommandanten gerecht-

---

1) Art. 9 Abs. 1 Tok. Abk. gilt nicht bei Flügen innerhalb des Eintragungsstaates; vgl. oben S. 162.

2) Art. 5 Abs. 2 Tok. Abk., sog. "weitere" Definition"; vgl. oben S. 162.

3) Art. 1 Abs. 3 Tok. Abk., sog. "engere Definition; vgl. oben S. 162.

fertigt war oder nicht. Eine Pflicht zur Untersuchung scheidet jedoch dann aus, wenn dieser bei der Übergabe auf eine angeblich an Bord begangene Straftat überhaupt keinen Bezug nimmt.

bb) Besonderer Ausführungsvorschriften zur Festsetzung der vorläufigen Untersuchungspflicht im innerstaatlichen Recht bedarf es nicht. Denn Art. 13 Abs. 1, 4 Tok. Abk. will selbständig angewendet werden und verpflichtet als "self-executing-Norm" [1] die deutschen Strafverfolgungsbehörden unmittelbar zur Untersuchung.

Für die rechtliche Ausgestaltung des vorläufigen Untersuchungsverfahrens muß unterschieden werden, ob der Vorfall an Bord, welcher die Untersuchungspflicht auslöst, allein nach dem Recht des Eintragungsstaates oder auch nach deutschem Recht als strafbare Handlung zu bewerten ist.

Auf das Untersuchungsverfahren findet die StPO Anwendung, sofern die Ermittlungen gleichzeitig wegen eines deutschen Strafanspruchs geführt werden. Denn in diesem Fall ist das Untersuchungsverfahren nach Inhalt und Zweck mit einem gewöhnlichen Ermittlungsverfahren nach der StPO identisch. Wird die Durchführung eines deutschen Strafverfahrens trotz Bestehens eines deutschen Strafanspruchs ausnahmsweise nicht beabsichtigt, so dient die Untersuchung allein dem Zweck, anderen in Betracht kommenden Vertragsstaaten die Entschließung über eine Strafverfolgung zu ermöglichen. Daher erschöpft sich der Umfang der "vorläufigen" Untersuchung in diesem Fall darin, dem anderen Staat die für seine Entschließung notwendigen Unterlagen zu beschaffen.

---

1) Vgl. zur innerstaatlichen Anwendung von Völkerrechtsnormen Wengler, Völkerrecht, Bd. 1 S. 442 ff., 453.

Die Anwendung der StPO auf das vorläufige Untersuchungsverfahren unterliegt jedoch dann Bedenken, wenn die an Bord begangene Tat nur nach dem Recht des Eintragungsstaates eine strafbare Handlung darstellt, hingegen nach deutschem Recht straflos ist. Da es allein auf das Recht des Eintragungsstaates ankommt [1], ist die Bundesrepublik auch hier zur vorläufigen Untersuchung verpflichtet. Dabei besteht die Gefahr, daß die Bindung an fremdes Strafrecht im Rahmen der Untersuchungspflicht zu unvertretbaren Ergebnissen führt. Dieser Möglichkeit will Art. 2 Tok. Abk. begegnen, der bestimmt, daß keine Vorschrift des Abkommens dahin auszulegen ist, daß sie gegenüber Straftaten, die gegen Strafgesetze politischer Art verstoßen oder auf rassischer oder religiöser Diskriminierung beruhen, zu Maßnahmen ermächtigt oder solche erfordern könnte. Jedoch bleibt ein Strafanspruch, der aufgrund des innerstaatlichen Rechts besteht, durch Art. 2 Tok. Abk. unberührt [2].

Ein vorläufiges Untersuchungsverfahren, das ungeachtet der Straflosigkeit eines Vorfalls nach deutschem Strafrecht durchgeführt wird, besitzt keinerlei Identität mit einem Ermittlungsverfahren nach der StPO. Denn die Vorbereitung eines Strafverfahrens vor einem deutschen Gericht scheidet von vornherein aus. Für freiheitsbeschränkende Maßnahmen oder sonstige Eingriffe in die Rechte der übergebenen Person kann die StPO hier mangels Verstoßes gegen die deutschen Strafgesetze keine Rechtsgrundlage sein [3]. Wegen Fehlens rechtlicher Möglichkeiten muß in diesem Fall die Pflicht, im Rahmen der vorläufigen Untersuchung den Sachverhalt des Vor-

1) Art. 9 Abs. 1 Tok. Abk.
2) Zlatarić, in Aktuelle Probleme des Internationalen Strafrechts, S. 165 f.
3) Ebensowenig kommt die Anordnung von Auslieferungshaft in Betracht; vgl. § 2 Abs. 1 DAG.

falls festzustellen, ohne die Möglichkeit der Anwendung strafprozessualen Zwangs erfüllt werden. Demgegenüber besteht jedoch kein Anlaß, in gleichem Maß auch solche Bestimmungen der StPO von der Anwendbarkeit auszuschließen, welche keine Zwangsbefugnisse gegen den Betroffenen festsetzen. Denn die rechtlichen Schranken, die den Strafverfolgungsbehörden im Ermittlungsverfahren zum Schutz des Beschuldigten auferlegt werden, sind als rechtsstaatliche Erfordernisse auch im vorläufigen Untersuchungsverfahren zu beachten [1].

In Anbetracht der Straflosigkeit nach deutschem Recht hat das vorläufige Untersuchungsverfahren hier den Charakter einer besonderen Form von Rechtshilfe zur Unterstützung der zu erwartenden Strafverfolgung durch den Eintragungsstaat [2].

cc) Ihrem Sinn und Zweck nach verdienen die Regelungen des Abkommens von Tokio über das vorläufige Untersuchungsverfahren Zustimmung. Sie verbessern über den bereits vor dem Abkommen bestehenden Rechtszustand hinaus die Effektivität der Strafverfolgung. Die Untersuchungspflicht ermöglicht die Feststellung des Sachverhalts und die Sicherung des Beweismaterials nach der Landung, wobei es unerheblich ist, ob der Landungsstaat selbst eine Strafverfolgung beabsichtigt. Die Übergabe des Untersuchungsergebnisses an den Eintragungsstaat und den Staat, dem der Täter angehört, sowie die Mitteilung über die Ausübung der Gerichtsbarkeit des Landungs-

---

1) Das Verbot der Anwendung nach § 136 a StPO unzulässiger Vernehmungsmittel gilt z. B. auch im vorläufigen Untersuchungsverfahren.

2) Vgl. Westerburg, Polizeigewalt des Luftfahrzeugkommandanten, S. 200; zwar ist nach dem DAG selbst für "sonstige" Rechtshilfe in Strafsachen (§§ 41 ff. DAG) Voraussetzung, daß die Tat auch nach deutschem Recht strafbar ist. Jedoch haben zwischenstaatliche Vereinbarungen Vorrang vor dem DAG; Grützner, DAG, in Das deutsche Bundesrecht, II B 76 S. 32, 14.

staates erleichtern sowohl die Entscheidung dieser Staaten über die Einleitung eines Strafverfahrens als auch dessen Durchführung selbst.

e) Die Vornahme von Zwangsmaßnahmen gegen den übernommenen Täter

Nach der Übernahme des vom Luftfahrzeugkommandanten übergebenen Täters ist die Bundesrepublik verpflichtet, "sofern es die Umstände rechtfertigen", diesen in Haft zu nehmen oder andere geeignete Maßnahmen zu ergreifen, um dessen Anwesenheit sicherzustellen (Art. 13 Abs. 2 Tok. Abk.).

Die Pflicht zur Festnahme dient dem Zweck, die vorläufige Untersuchung nach Maßgabe des Abkommens zu ermöglichen. Eine Pflicht zur Inhaftierung des Betroffenen, welche vor Prüfung der Verdachtsgründe bereits kraft der im Tokioter Abkommen vorgesehenen Voraussetzungen angeordnet werden könnte, ist damit jedoch nicht beabsichtigt [1]. Denn nach Art. 13 Abs. 2 Tok. Abk. reicht die Festnahmepflicht nur so weit, wie sie mit den Befugnissen des innerstaatlichen Rechts übereinstimmt [2]. Die Zulässigkeit jeder Festnahme oder sonstigen Maßnahme richtet sich daher nach der StPO, wobei auch der vom Abkommen geforderten [3] Wahrung des Verhältnismäßigkeitsgrundsatzes nach Maßgabe des innerstaatlichen Rechts Rechnung zu tragen ist [4].

Freiheitsbeschränkende Maßnahmen gegen den Täter durch deutsche Behörden sind nur dann zulässig, wenn die dem Täter zur Last gelegte Handlung nach deutschem Recht strafbar ist. Ist die

---

1) Vgl. dazu die Beratungen der Konferenz, ICAO Doc. 8565-LC/152-1 S. 337.
2) Dies ergibt sich angesichts des einige Zweifel hinterlassenden Wortlauts auch aus den Konferenzmaterialien; vgl. ICAO Doc., a.a.O. S. 145, 334; ICAO Doc. 8565-LC/152-2 S. 236.
3) Vgl. die Wendungen "... glaubt, daß es die Umstände rechtfertigen ..." und "... vernünftigerweise notwendig ...".
4) Vgl. oben S. 60 Anm. 4.

Tat ausnahmsweise allein nach dem Recht des Eintragungsstaates strafbar, haben sich die deutschen Strafverfolgungsorgane aller Eingriffe in die Rechte der übergebenen Person zu enthalten [1].

Für die Durchführung und die Dauer freiheitsbeschränkender Maßnahmen setzt das Abkommen von Tokio bestimmte Rechtsgarantien zugunsten des festgenommenen Verdächtigen fest. Die in Haft befindliche Person hat das Recht, sich unverzüglich mit dem nächsten zuständigen Vertreter seines Heimatstaates in Verbindung zu setzen (Art. 13 Abs. 3 Tok. Abk.). Der Vertragsstaat, der die Festnahme durchgeführt hat, ist verpflichtet, dem Eintragungsstaat und dem Staat, dessen Staatsangehörigkeit der Täter besitzt, über die Haftgründe Mitteilung zu machen (Art. 13 Abs. 5 Tok. Abk.). Ferner ist der Festgenommene, sobald die Vorschriften des Landungsstaates seine Gegenwart zwecks Auslieferung oder Strafverfolgung nicht mehr erfordern, zur freien Fortsetzung seiner Reise berechtigt (Art. 15 Abs. 1 Tok. Abk.). Die Dauer der Haft und die Aufhebung des Haftbefehls bestimmen sich daher nach deutschem Recht.

Die Vorschriften des Abkommens von Tokio über die Festnahmepflicht sind als unzureichend kritisiert worden, da sie keinen selbständigen Haftgrund enthalten [2]. So sei es dem Täter unter Umständen möglich, die etwaige Ungewißheit der Strafverfolgungsbehörden über den tatsächlichen Hergang der Tat und die damit verbundenen Zweifel über die Festnahmebefugnis auszunutzen.

Dieser Einwand ist jedoch nicht berechtigt. Zwar trifft es zu, daß eine vorläufige Festnahme nach § 127 Abs. 2 StPO oder § 10 Abs. 2 DAG rechtlich erst zulässig ist, wenn der Betroffene der

---

1) Vgl. oben S. 167 f.
2) Vgl. Westerburg, Polizeigewalt des Luftfahrzeugkommandanten, S. 195 ff.

Tat dringend verdächtig ist. Die danach dem Täter unterhalb dieser Verdachtsstufe verbleibenden Möglichkeiten zur Flucht stellen aber keine Besonderheit von strafbaren Handlungen an Bord dar und bedürfen daher keiner auf den luftstrafrechtlichen Bereich begrenzten Regelung. Im übrigen wird es oftmals auch bereits zur Annahme eines dringenden Tatverdachts ausreichen, wenn der Luftfahrzeugkommandant die Begehung der Tat durch den Betroffenen überzeugend darlegt.

f) Die Vornahme von Zwangsmaßnahmen gegen ein Luftfahrzeug im Flug

Art. 4 Tok. Abk. verbietet Zwangsmaßnahmen der Bundesrepublik gegenüber ausländischen Luftfahrzeugen, die sich nach Maßgabe der Definition des Abkommens im Flug befinden [1]. Das Verbot ist jedoch nicht umfassend, sondern läßt Ausnahmen zu. Dies bedeutet, daß das Luftfahrzeug im Einzelfall durch die Behörden der Flugüberwachung zur Landung angewiesen werden kann.

aa) Nach dem Katalog des Abkommens ist die Vornahme von Zwangsmaßnahmen erlaubt, wenn die strafbare Handlung in dem Gebiet der Bundesrepublik Folgen hat. Eine solche Außenwirkung der Straftat an Bord liegt stets dann vor, wenn sich der Erfolg der Täterhandlung außerhalb des Luftfahrzeuges auf die Bundesrepublik erstreckt. Dabei ist jedoch vorauszusetzen, daß die Folgen der Tat in dem Gebiet der Bundesrepublik konkret feststellbar sind. In Übereinstimmung mit der Auslegung der vergleichbaren Regelung in Art. 19 des Genfer Küstenmeerabkommens dürfen Auswirkungen einer Tat auf den abstrakt verstandenen Rechtsfrieden der Bundesrepublik als bloße Störung des "moralischen Friedens" keinen strafprozessualen

1) Vgl. Art. 1 Abs. 3 Tok. Abk. ("engere" Definition); vgl. oben S. 162.

Zwang gegen das Luftfahrzeug auslösen [1].

Weiterhin sind Zwangsmaßnahmen gegen ein ausländisches Luftfahrzeug auch dann zulässig, wenn die strafbare Handlung von oder gegen einen Deutschen begangen ist. Einem Deutschen stehen solche Personen gleich, die in der Bundesrepublik ihren ständigen Aufenthalt haben. Diese sehr weitgehende Ausnahmeregelung, welche die Art der begangenen Tat unberücksichtigt läßt, bewertet bereits bei der Beteiligung eines Angehörigen des Territorialstaates dessen Interesse an einer unmittelbaren Strafverfolgung höher als den unbehinderten Flug des Luftfahrzeuges [2].

Das Recht zu Zwangsmaßnahmen besteht nach dem Abkommen ferner, wenn die strafbare Handlung gegen die Sicherheit der Bundesrepublik gerichtet ist. Diese Bestimmung hat für die Begehung von Staatsschutzstraftatbeständen an Bord Bedeutung. Dabei kann die Sicherheit der Bundesrepublik - z. B. durch die Preisgabe eines Staatsgeheimnisses (§ 94 StGB) - im Verhältnis zu anderen Staaten geschwächt werden. Der Angriff kann aber auch die innere Sicherheit der Bundesrepublik betreffen [3]. Ein Anwendungsfall des Abkommens ist hier beispielsweise denkbar, wenn von einem ausländischen Luftfahrzeug staatsfeindliche Propagandamittel (§ 86 StGB) durch Abwurf verbreitet werden.

Zwangsmaßnahmen gegen das Luftfahrzeug sind ausnahmsweise auch dann zugelassen, wenn die strafbare Handlung die deut-

---

1) Vgl. zu Art. 19 des Genfer Küstenmeerabkommens oben S. 80 ff.

2) Damit geht die Regelung des Abkommens über die für den Seebereich geltende Rechtslage hinaus; vgl. oben S. 83 f.

3) So die Bestimmungen über den Hochverrat (§§ 81 ff. StGB) und die Gefährdung des demokratischen Rechtsstaates (§§ 84 ff. StGB); vgl. zum Rechtsgüterschutz Schönke-Schröder, StGB, § 80 Vorbem. 3.

schen Luftverkehrsvorschriften verletzt. Das gleiche gilt, wenn die Ausübung der deutschen Gerichtsbarkeit erforderlich ist, um die Beachtung von Pflichten aus einer mehrseitigen internationalen Vereinbarung zu gewährleisten. Ein praktischer Anwendungsfall für die letztgenannte Regelung ist jedoch nicht ersichtlich [1].

Die aufgezeigten Ausnahmen vom Verbot des Abkommens, gegen im Flug befindliche ausländische Luftfahrzeuge strafprozessuale Zwangsmaßnahmen zu ergreifen, bedeuten jedoch nicht, daß in den genannten Fällen ein Einschreiten deutscher Behörden stets zulässig wäre. Denn der Ausnahmenkatalog des Art. 4 Tok. Abk. entbindet die deutschen Behörden nicht von der Prüfung, ob die nach dem Abkommen zulässigen Eingriffe im Einzelfall nach den Grundsätzen des innerstaatlichen Strafverfahrensrechts ausgeübt werden dürfen. Denn bereits die Schranken, die der Staatsanwaltschaft nach dem Verhältnismäßigkeitsprinzip obliegen, sind enger als die Eingriffsbefugnisse nach dem Abkommen. Insbesondere lassen Bagatelldelikte an Bord Zwangsmaßnahmen gegen das Luftfahrzeug als unangemessen erscheinen, wenn der Täter oder das Opfer der Tat Deutscher ist.

bb) Das Verbot des Art. 4 Tok. Abk., über die genannten Fälle hinaus zum Zweck der Strafverfolgung gegen ein ausländisches Luftfahrzeug einzuschreiten und die Landung zu erzwingen, berührt nicht die deutsche Strafgewalt. Es bedeutet auch nicht, daß die Bundesrepublik im Luftraum über ihrem Territorium nur eine beschränkte Gerichtsbarkeit innehat. Aus der Souveränität der Bundesrepublik in ihrem gesamten Staatsgebiet ein-

---

1) Vgl. wegen der Pflicht aus Art. 12 Chic. Abk., wonach die Bundesrepublik die Verfolgung von Verletzungen der geltenden Luftverkehrsregeln sicherzustellen hat, unten S. 205.

schließlich des Luftraums [1] läßt sich vielmehr die unbeschränkte Befugnis herleiten, dort begangene Straftaten vor deutschen Gerichten zur Aburteilung zu bringen. Die Übernahme der Verpflichtung, gegen im Flug befindliche ausländische Luftfahrzeuge grundsätzlich keine strafverfolgenden Zwangsmaßnahmen zu ergreifen, ist daher ein Akt freiwilliger Selbstbeschränkung. Er bedeutet den Verzicht, im Einzelfall deutsche Gerichtsbarkeit mittels strafverfolgenden Zwangs auszuüben. Insoweit besitzt Art. 4 Tok. Abk. eine vergleichbare Funktion wie Art. 19 der Genfer Küstenmeerkonvention, der ebenfalls von der unbeschränkten Gerichtsbarkeit des Küstenstaates ausgeht, jedoch deren Ausübung in bestimmten Fällen untersagt [2]. Dementsprechend hindert Art. 4 Tok. Abk. die Bundesrepublik keinesfalls an der Ausübung ihrer Gerichtsbarkeit, wenn das Luftfahrzeug dort landet oder wenn der Täter später freiwillig in ihren Hoheitsbereich gelangt oder eingeliefert wird [3].

cc) Die Bedeutung des Art. 4 Tok. Abk. für das Ziel des Abkommens, eine internationale Rechtsangleichung zu schaffen, ist vor allem deswegen hervorzuheben, weil anders als im Seerecht [4] kein allgemeiner Grundsatz des Völkerrechts existiert, der Zwangsmaßnahmen des Bodenstaates gegen ein ausländisches Luftfahrzeug im Flug zum Zweck der Strafverfolgung verbietet. Es war jedoch bereits vor dem Abkommen nach dem innerstaatlichen Recht vieler Staaten selbstverständlich, daß nicht jede Straftat an Bord unmittelbare Zwangsmaß-

---

1) Vgl. oben S. 9 ff.
2) Vgl. oben S. 76 ; Art. 19 des Genfer Küstenmeerabkommens beruht jedoch nicht auf dem Verzicht des Uferstaates, sondern auf einem beschränkenden Satz des Völkergewohnheitsrechts.
3) Zlatarić, in Aktuelle Probleme des Internationalen Strafrechts, S. 167 f.
4) Vgl. oben S. 78 ff.

nahmen des Bodenstaates auslösen kann [1]. Denn derartige Eingriffe sind regelmäßig mit einem Sicherheitsrisiko für das Luftfahrzeug und seine Insassen verbunden.

g) Die Rechtshilfe in Strafsachen

Das Abkommen von Tokio enthält keine selbständigen Verpflichtungen zur Auslieferung. Vielmehr wird auf bestehende und künftig zu vereinbarende Auslieferungsabkommen Bezug genommen (Art. 16 Tok. Abk.).

aa) Jedoch führt die Anwendung des Abkommens auf eine an Bord eines ausländischen Luftfahrzeuges begangene strafbare Handlung zu einer Erweiterung der Auslieferungsverpflichtungen der Bundesrepublik [2]. Art. 16 Abs. 1 Tok. Abk. bestimmt, daß strafbare Handlungen an Bord eines in einem Vertragsstaat eingetragenen Luftfahrzeuges zum Zweck der Auslieferung so zu behandeln sind, als wenn sie nicht nur an Bord, sondern auch in dem Gebiet des Eintragungsstaates des Luftfahrzeuges begangen seien. Diese Fiktion ist dann von Bedeutung, wenn die Auslieferungspflicht durch bilaterale Vereinbarungen auf solche Straftaten beschränkt ist, die im Inland eines der beteiligten Staaten begangen worden sind [3]. In diesem Fall kann ein ausländischer Eintragungsstaat die Bundesrepublik - bei Vorliegen der übrigen Voraussetzungen - auch dann mit Erfolg um Auslieferung ersuchen, wenn sich

---

1) Im Regelfall wird eine Straftat an Bord im Bodenstaat überhaupt nicht bemerkt. Vgl. auch Kaminski ÖZA Bd. 10 (1970) S. 96 und Lopez Gutierrez, Journal of Air Law and Commerce, Bd. 31 (1965) S. 13, die bemerken, daß das Abkommen im Grunde nicht mehr erreiche als die Aufrechterhaltung des Status quo.

2) So Zlatarić, a.a.O. S. 171 f.

3) Vgl. z. B. die Auslieferungsverträge Deutschlands mit Spanien (RGBl. 1878 S. 213, dort Art. 1), Großbritannien (RGBl. 1872 S. 229, dort Art. 1) und den USA (RGBl. 1931 II S. 403, dort Art. 1).

der Täter nach Begehung der Tat an Bord in der Bundesrepublik aufhält. Entsprechendes gilt auch für den entgegengesetzten Fall, daß sich der Täter nach Begehung einer Tat an Bord eines deutschen Luftfahrzeuges im Ausland in einem Staat aufhält, dessen Auslieferungspflicht nach den vorgenannten Grundsätzen beschränkt ist. Bei Anwendung des Art. 16 Abs. 1 Tok. Abk. muß ein deutsches Auslieferungsersuchen hier Erfolg haben.

bb) Den angeführten Fällen, in denen beschränkte Auslieferungsverpflichtungen erweitert werden, stehen andere Fälle gegenüber, in denen das Abkommen zu einer Einengung von bestehenden Auslieferungsverpflichtungen führt. Dies trifft einmal auf alle Staaten zu, die erst aufgrund der Ratifikation des Abkommens ihr internationales Strafrecht um das Flaggenprinzip erweitern, jedoch jede Auslieferung vom Nichtbestehen eines eigenen Strafanspruchs abhängig machen [1]. Die Erweiterung im Bereich des internationalen Strafrechts führt hier zwangsläufig zu einer Beschränkung der Auslieferungsverpflichtungen. Diese Konsequenz unterliegt jedoch keinen Bedenken, weil die Beschränkung der Auslieferung durch einen Zuwachs an Strafgewalt des ersuchten Staates ausgeglichen wird. Für die Bundesrepublik haben diese Erwägungen schon deswegen keine Bedeutung, weil ein deutscher Strafanspruch die Auslieferung eines ausländischen Täters nicht hindert, solange gegen den Verfolgten von deutschen Behörden weder ein Urteil erlassen noch die Eröffnung des Hauptverfahrens abgelehnt worden ist [2].

---

1) Zlatarić, in Aktuelle Probleme des Internationalen Strafrechts, S. 172.
2) Vgl. § 4 Nr. 3 DAG; ferner Kohlhaas, in Loewe-Rosenberg, StPO, § 154 b Anm. 1.

Eine weitere Einschränkung der Auslieferung folgt aus Art. 4 Tok. Abk., wenn ein rechtzeitig gestellter Auslieferungsantrag den Bodenstaat ersucht, ein ausländisches Luftfahrzeug zur Landung zu zwingen und den an Bord befindlichen Täter auszuliefern. Denn die Beschränkungen, denen der Bodenstaat bei der Verfolgung eines eigenen Strafanspruchs unterliegt, haben auch dann Bedeutung, wenn der Bodenstaat zum Zweck der Auslieferung tätig werden soll [1].

cc) Die Gewährung sonstiger zwischenstaatlicher Rechtshilfe in Strafsachen, die das Abkommen von Tokio nicht besonders geregelt hat, richtet sich nach den allgemeinen Grundsätzen. Von Bedeutung sind lediglich die Pflichten aus Art. 13 Abs. 5 Tok. Abk., die jedoch bereits im Zusammenhang mit dem vorläufigen Untersuchungsverfahren Gegenstand der Betrachtung waren [2].

dd) Im Ergebnis ist festzustellen, daß das Abkommen von Tokio die bestehenden Auslieferungsverpflichtungen seiner Vertragsstaaten im wesentlichen unberührt läßt. Die aufgezeigten Erweiterungen haben nur begrenzt Bedeutung. Es erscheint jedoch verständlich, daß in dem Abkommen von der Schaffung weitergehender Auslieferungsverpflichtungen abgesehen worden ist. Denn eine so weitgreifende Regelung hätte viele Staaten von einem Beitritt zum Abkommen abgehalten. Dieser Umstand ist zu bedauern, weil eine effektive Verfolgung von Personen, die im internationalen Luftverkehr an Bord strafbare Handlungen begehen, in hohem Maß auf das Rechtsinstitut der Auslieferung angewiesen ist.

---

1) Zlatarić, in Aktuelle Probleme des Internationalen Strafrechts, S. 172.
2) Vgl. oben S. 164.

h) Die Befugnisse des Luftfahrzeugkommandanten

Mit dem Abkommen von Tokio sind erstmals materielle Vorschriften über die Zwangsbefugnisse des Luftfahrzeugkommandanten geschaffen worden, die in ihrem Geltungsbereich über den einzelnen Staat hinausgehen und einheitlich für alle Mitgliedsstaaten des Abkommens bindend sind. Damit löst das Abkommen die Probleme, die sich aus der inhaltlichen Verschiedenheit der nationalen Rechte über die Befugnisse des Luftfahrzeugkommandanten ergeben. Die Angleichung des Landesrechts der einzelnen Vertragsstaaten hat den Vorteil, daß der begrenzte räumliche Anwendungsbereich der einzelnen nationalen Rechte für die Befugnisse des Luftfahrzeugkommandanten auf internationalem Flug bedeutungslos wird [1].

aa) Der Schwerpunkt der Befugnisse des Luftfahrzeugkommandanten betrifft die Abwehr von Gefahren für die Sicherheit des Luftfahrzeuges und die Ordnung an Bord (Art. 6 Abs. 1 lit. a, b Tok. Abk.). Eingriffsrechte zur Mitwirkung bei der Strafverfolgung enthält das Abkommen hingegen nur in begrenztem Maß [2]. Jedoch steht die Gewährung weitergehender Rechte und Pflichten im Belieben des jeweiligen nationalen Rechts [3].

Das Abkommen will aber sicherstellen, daß der Täter einer an Bord begangenen schweren Straftat nach Beendigung des Fluges den Strafverfolgungsbehörden eines Mitgliedsstaates übergeben werden kann. Zu diesem Zweck ermächtigt Art. 9 Abs. 1 Tok. Abk. den Luftfahrzeugkommandanten, je-

---

1) Vgl. zur Problematik beim Überfliegen von Nichtvertragsstaaten unten S. 275 ff.

2) Die Befugnisse des Luftfahrzeugkommandanten in ihrer Gesamtheit stehen unter dem Vorbehalt des sachlichen, räumlichen und zeitlichen Geltungsbereichs des Abkommens; vgl. oben S. 161 f.

3) Vgl. dazu unten S. 269 ff.

de Person den zuständigen Behörden eines Vertragsstaates nach der Landung [1] zu übergeben. Voraussetzung ist, daß der Luftfahrzeugkommandant vernünftige Gründe für die Annahme hat, daß die zu übergebende Person an Bord [2] eine schwere strafbare Handlung nach dem Recht des Eintragungsstaates begangen hat. Ergänzend gestattet das Abkommen, diejenigen Zwangsmaßnahmen gegen den Betroffenen zu ergreifen, welche notwendig sind, um seine Übergabe nach Maßgabe des Art. 9 Abs. 1 Tok. Abk. zu ermöglichen (Art. 6 Abs. 1 lit. c Tok. Abk.).

Der Luftfahrzeugkommandant kann sich hierbei der Unterstützung der anderen Besatzungsmitglieder oder der Passagiere bedienen (Art. 6 Abs. 2 Tok. Abk.).

Schon vor der Übergabe des Täters hat der Luftfahrzeugkommandant sobald als möglich die Behörden des Landungsstaates von der beabsichtigten Übergabe und deren Gründen zu unterrichten (Art. 9 Abs. 2 Tok. Abk.). Beweisstücke, die er nach dem Recht des Eintragungsstaates rechtmäßig sichergestellt hat, sind den Behörden, denen der Täter übergeben wird, gleichfalls zu übermitteln (Art. 9 Abs. 3 Tok. Abk.).

Was unter einer "schweren" Straftat nach dem Recht des Eintragungsstaates zu verstehen ist, läßt das Abkommen offen [3]. Da auch eine Definition mit internationaler Geltung nicht existiert, kann eine Auslegung dieses Begriffs nur unter Heranziehung der betreffenden Straftatbestände des Eintragungsstaates erfolgen. Dabei kommen der Strafart und dem Rahmen des

---

1) Der Begriff der Landung ist weit zu fassen; er ist auch dann erfüllt, wenn nach Begehung einer Tat an Bord eines noch am Boden befindlichen Luftfahrzeuges, das nach dem Abkommen bereits als im Flug befindlich fingiert wird, die Startvorbereitungen abgebrochen werden.

2) Die Verfolgung von Tätern, die sich nach Begehung einer zeitlich zurückliegenden Tat an Bord befinden, erfaßt das Abkommen nicht.

3) Westerburg, Polizeigewalt des Luftfahrzeugkommandanten, S. 151; vgl. zu den Vorarbeiten Schmidt-Räntsch ZLW 1960 S. 72.

Strafmaßes der verletzten Tatbestände entscheidende Bedeutung zu. Der Luftfahrzeugkommandant kann ergänzend berücksichtigen, inwieweit die Tat zu einer Störung oder Gefährdung des Friedens an Bord geführt hat [1]. Die danach zu treffende Abgrenzung mutet dem Luftfahrzeugkommandanten eine juristische Wertung zu, die ihn im Einzelfall überfordern kann [2]. Diese Schwierigkeit muß aber in Kauf genommen werden, wenn nicht jede Straftat die Möglichkeit einer Übergabe auslösen soll. Sie ist auch erträglich, weil eine Verpflichtung zur Übergabe nicht besteht, sondern das Abkommen dem Kommandanten auch nach Begehung einer schweren Straftat die Entscheidung über die Übergabe des Täters in das pflichtgemäße Ermessen stellt. Soweit sich die Ausfüllung des Begriffs "schwere" Straftat nach deutschem Recht bemißt, werden Verbrechen uneingeschränkt erfaßt, während Übertretungen stets ausscheiden. Bei Vergehen kommt in Betracht, die Unterscheidung im Einzelfall nach den Maßstäben des § 153 Abs. 2 StPO zu treffen.

Ein weiteres inhaltliches Problem des Abkommens betrifft die subjektive Fassung des Art. 9 Abs. 1 Tok. Abk., nach dessen Wortlaut die Zwangsbefugnisse bereits dann ausgelöst werden, wenn der Luftfahrzeugkommandant vernünftige Gründe für die Annahme einer schweren Straftat hat. Bedenken gegen diese Regelung bestehen deshalb, weil etwaige Zwangsmaßnahmen des Luftfahrzeugkommandanten nur dann als rechtmäßig angesehen werden können, wenn die Voraussetzungen tatsächlich vorliegen [3]. Die subjektive Einschätzung des Luftfahrzeugkommandanten kann erst für die anschließende Frage bedeutsam werden, ob dieser für sein Vorgehen zur Verantwortung gezogen werden kann [4]. Hier bestimmt Art. 10 Tok. Abk., daß weder er noch eine von ihm nach Art. 6 Abs. 2 Tok. Abk. hinzugezogene Person für Maßnahmen belangt werden können, die in Übereinstimmung mit dem Abkom-

---

1) Von Weber ZLW 1960 S. 216.
2) So Kaminski ÖZA Bd. 10 (1970) S. 83.
3) Von Weber ZLW 1960 S. 215.
4) Von Weber, a.a.O.

men getroffen worden sind [1]. Hierfür reicht es bereits aus, daß der Verdacht des Luftfahrzeugkommandanten durch "vernünftige Gründe" gerechtfertigt ist, d. h. er haftet nicht schon dann, wenn die Voraussetzungen in Wirklichkeit nicht vorlagen. Jedoch ist zu verlangen, daß die vernünftigen Gründe, auf welchen die Schlußfolgerungen des Luftfahrzeugkommandanten beruhen, konkrete Tatsachen zum Gegenstand haben, aus welchen die Begehung der Tat mit Wahrscheinlichkeit folgt.

Die den Haftungsausschluß begründende Vorschrift des Art. 10 Tok. Abk. bezieht sich sowohl auf den strafrechtlichen als auch auf den zivilrechtlichen Bereich. Sie hat aber nur deklaratorische Bedeutung, wenn der Verdacht des Luftfahrzeugkommandanten begründet ist und die Maßnahmen vom Abkommen gedeckt werden. Denn hier ist das Vorgehen ohnehin rechtmäßig, so daß eine strafrechtliche oder zivilrechtliche Verantwortung von vornherein entfällt [2].

Als Zwangsmaßnahme gegen den Täter zum Zweck seiner Übergabe an die zuständigen Behörden kommt vor allem eine vorläufige Festnahme in Betracht. Das Abkommen sieht jedoch keine Durchsuchung des Verdächtigen oder Beschlagnahme von Gegenständen vor, da der Zweck der Zwangsmaßnahme auf die Übergabe beschränkt ist und demnach keine Maßnahmen zur Beweissicherung erlaubt [3]. Die Zulässigkeit von Durchsuchungen und Beschlagnahmen zum Zweck der Gefahrenabwehr gem. Art. 6 Abs. 1 lit. a, b

1) Wird der Täter an einen Nichtvertragsstaat übergeben, so bleibt die Verantwortlichkeit des Luftfahrzeugkommandanten unberührt, vgl. Schmidt-Räntsch, ZLW 1964 S. 99.

2) Zlatarić, in Aktuelle Probleme des Internationalen Strafrechts, S. 170 Anm. 38.

3) A. A. anscheinend Zlatarić, a.a.O., S. 169, der Durchsuchung und Beschlagnahme stets zulassen will. Dem ist nur dann zuzustimmen, wenn das Recht des Flaggenstaates über das Abkommen hinaus derartige weitergehende Befugnisse gewährt (vgl. Art. 9 Abs. 3 Tok. Abk.).

Tok. Abk. bleibt von dieser Einschränkung unberührt.

Da die Festnahmebefugnisse des Luftfahrzeugkommandanten enden, sobald sich das Luftfahrzeug nach dem Abkommen nicht mehr im Flug befindet, liegt es nahe anzunehmen, daß der Täter unmittelbar nach dem Öffnen der Kabinentüren freigesetzt werden müßte. Dies wäre jedoch unzweckmäßig, weil ihm damit leicht eine Flucht ermöglicht würde, sofern die Polizeibeamten des Landungsstaates nicht unmittelbar an der Rolltreppe bereitstünden [1]. Ein solches Ergebnis wird auch dem Sinn des Abkommens nicht gerecht. Denn nach Art. 6 Abs. 1 lit. c Tok. Abk. soll eine Festnahme die tatsächliche Übergabe des Täters ermöglichen. Daraus folgt, daß die Festnahme auch noch einige Zeit nach der Landung bis zum Eintreffen der zuständigen Organe des Landungsstaates ausgedehnt werden kann [2]. Entsprechend gestattet auch Art. 7 Abs. 1 lit. b Tok. Abk. dem Luftfahrzeugkommandanten, die von ihm verhängte Zwangsmaßnahme nach einer Notlandung bis zur möglichen Übergabe des Täters aufrechtzuerhalten.

In Ausnahmefällen ermöglicht das Abkommen, eine Zwangsmaßnahme über diesen Zeitpunkt hinaus zu erstrecken. Dies gilt, wenn der Täter darin einwilligt, den Flug unter Weiterbestehen der Zwangsmaßnahme fortzusetzen [3]. Landet das Luftfahrzeug mit dem zwecks Übergabe an einen Vertragsstaat festgenomenen Täter an Bord in einem Nichtvertragsstaat, so ist der Luftfahrzeugkommandant sogar ohne solche Einwilligung berechtigt, die Freiheitsbeschränkung bis zur späteren Landung in einem Vertragsstaat fortzusetzen [4]. Die letzgenannte Möglichkeit kann jedoch kaum praktische Bedeutung erlangen, weil die erzwungene

---

1) Vgl. Westerburg, Polizeigewalt des Luftfahrzeugkommandanten, S. 173 ff., 185 ff.
2) So auch Westerburg a.a.O.
3) Art. 7 Abs. 1 lit. c Tok. Abk.
4) Art. 7 Abs. 1 lit. a Tok. Abk.

Mitnahme der Einwilligung des betreffenden Nichtvertragsstaates bedarf [1]. Dieser besitzt aufgrund seiner unbeschränkten Souveränität das Recht, die Haft anhand der Vorschriften seines Strafprozeßrechts auf ihre Rechtmäßigkeit zu überprüfen [2] und die beabsichtigte Maßnahme wegen Verstoßes gegen Prinzipien seines Auslieferungsrechts zu untersagen.

bb) Die mit dem Abkommen von Tokio für den Luftfahrzeugkommandanten geschaffenen Befugnisse werfen die Frage nach ihrer rechtlichen Natur auf. Die Meinungen darüber sind geteilt.

Teilweise wird die Ansicht vertreten, daß die Bordgewalt des Luftfahrzeugkommandanten und damit auch die aus dem Abkommen von Tokio abgeleiteten Befugnisse privatrechtlicher Natur seien [3]. Nach entgegengesetzter Ansicht [4] handelt es sich dabei um dem Luftfahrzeugkommandanten übertragene Hoheitsgewalt des Flaggenstaates.

Im Ergebnis kann für den Luftfahrzeugkommandanten nichts anderes gelten als im seerechtlichen Bereich für den Kapitän [5]. So wird auch den im innerstaatlichen Recht nach § 29 LuftVG bestehenden Befugnissen überwiegend öffentlichrechtliche Natur zuerkannt [6]. Die dort gewährten Zwangsrechte lassen sich nicht aus dem Selbsthilferecht straf- und privatrechtlicher Bestimmungen herleiten. Wäre dies richtig,

---

1) Dies gilt insbesondere deshalb, weil das Festnahmerecht des Luftfahrzeugkommandanten - wie im Anschluß aufgezeigt werden wird - die Ausübung staatlicher Hoheitsgewalt des Flaggenstaates bedeutet.
2) Westerburg, a.a.O. S. 180.
3) So insbes. Rudolf ZLW 1972 S. 159.
4) Zlatarić, a.a.O. S. 169 f.; Westerburg, a.a.O. S. 82 ff., 103, 137 ff.; vgl. bereits von Weber ZLR 1959 S. 141.
5) Vgl. oben S. 126.
6) Ruhwedel, Rechtsstellung des Flugzeugkommandanten, S. 146; Hofmann, LuftVG § 29 Anm. 36; vgl. ferner BT-Drucks. III 478 S. 4.

hätte es der Vorschrift des § 29 LuftVG gar nicht bedurft. Die Ausübung der repressiven Polizeibefugnisse nach dem Tokioter Abkommen verfolgt den Zweck, die Strafverfolgung und den Strafanspruch des Flaggenstaates zu sichern. Festnahme und Übergabe sind mithin strafprozessuale Maßnahmen, die dem Luftfahrzeugkommandanten als staatliche Aufgaben übertragen sind. Das Abkommen hat ihn zwar nicht zur Strafverfolgung verpflichtet; daraus folgt jedoch keinesfalls, daß die Befugnisse, wenn sie ausgeübt werden, nicht inhaltlich denjenigen eines Strafverfolgungsorgans entsprechen [1].

cc) Aus der öffentlich-rechtlichen Natur der Strafverfolgungsbefugnisse nach dem Abkommen folgt für das deutsche Recht zugleich ihre Bindung an die besonderen rechtsstaatlichen Grundsätze für hoheitliches Handeln. Ihre Ausübung muß insbesondere den Erfordernissen des Gleichheits- und Verhältnismäßigkeitsprinzips genügen [2].

Der Untersuchung bedarf noch die Frage, ob die Bestimmungen des deutschen Auslieferungsrechts die Befugnis des Kommandanten eines deutschen Luftfahrzeuges einschränken, einen Straftäter nach Maßgabe des Abkommens an einen ausländischen Staat nach der Landung zu übergeben. Man könnte geneigt sein, in der Übergabe des Täters deswegen eine Auslieferung zu sehen, weil dieser von dem Gewahrsam des Flaggenstaates durch einen staatlichen Akt dem Landestaat zur Strafverfolgung [3] übergeben wird. Indessen fehlt es hier an dem die Auslieferung charakterisierenden Wechsel zweier Hoheitsgewalten. Denn das Luftfahrzeug mit dem Täter an Bord befindet sich nach dem Einflug in den Luftraum des Lande -

1) Zlatarić, in Aktuelle Probleme des Internationalen Strafrechts, S. 169 f.
2) Bei Mißbrauch seiner Befugnisse gelten für ihn die Tatbestände der Amtsdelikte; so zu Recht Zlatarić, a.a.O. S. 170.
3) Festnahme und vorläufige Untersuchung gem. Art. 13 Tok. Abk.

staatesim fremden Hoheitsbereich, so daß bereits die hoheitliche Tätigkeit des Luftfahrzeugkommandanten bei der Übergabe des Täters von der Gestattung des Landestaates abhängt [1] und die Übergabe selbst die Unterworfenheit des Täters unter die ausländische Gerichtsbarkeit nicht verändert [2]. Der Wechsel der Hoheitsgewalten erfolgt vielmehr bereits beim Überfliegen der Grenzen des Landestaates. Der planmäßige Einflug selbst kann jedoch nicht schon als Auslieferung angesehen werden, da er nicht dem Zweck der Strafverfolgung des Täters, sondern der Erfüllung der Verkehrsaufgabe des Luftfahrzeuges dient.

dd) Die Bestimmungen des Abkommens von Tokio über die strafprozessualen Befugnisse des Luftfahrzeugkommandanten besitzen für den Wert des Abkommens entscheidende Bedeutung. Sie schaffen über die bereits vor dem Abkommen bestehende Rechtslage hinaus einen einheitlichen Rechtszustand, der für alle Vertragsstaaten unmittelbar verbindlich ist. Das Recht zur Festnahme und Übergabe sowie die Pflicht zur Benachrichtigung des Landungsstaates gewährleisten weitgehend, daß sich der Täter einer Straftat an Bord der Strafverfolgung nicht entziehen kann.

Bei kritischer Würdigung des Umfangs der Befugnisse nach dem Abkommen erscheint es jedoch unzureichend, daß sich diese allein auf das Recht zur Festnahme und Übergabe beziehen. Es hätte nahegelegen, den Luftfahrzeugkommandanten auch zur vorläufigen Sicherung von Beweisen zu ermächtigen [3]. Denn oftmals verlieren Beweismittel an Bedeutung,

1) Vgl. oben S. 178 und unten S. 275 ff.
2) So zu Recht Westerburg, a.a.O. S. 186 f.
3) Zwar umfaßt auch die Festnahme notwendig gleichzeitig die Sicherstellung bestimmter Sachen, die der Täter bei sich führt. Eine weitergehende Sicherung von Beweismitteln sieht das Abkommen jedoch nicht vor.

wenn nicht ihre Sicherung unmittelbar im Anschluß an die Tat erfolgt. Nach der Landung werden insbesondere etwaige Zeugen des Tatgeschehens nicht selten unerreichbar. Es wäre auch sinnvoll gewesen, den Luftfahrzeugkommandanten zu verpflichten, die Strafverfolgungsbehörden des Flaggenstaates über die Straftat an Bord unverzüglich zu benachrichtigen, damit ein etwaiges Auslieferungsersuchen alsbald gestellt werden kann.

Das Abkommen überläßt es jedoch dem einzelnen Eintragungsstaat, die Rechte und Pflichten des Luftfahrzeugkommandanten zu erweitern. Denn nach Art. 9 Abs. 3 Tok. Abk. richten sich etwaige Befugnisse zur Beweissicherung allein nach dem Recht des Eintragungsstaates. Diesem obliegt danach die Entscheidung, ob er zusätzlich zum Abkommen von Tokio weitergehende Befugnisse in seinem innerstaatlichen Recht festlegen will [1].

II Luftfahrzeuge auf dem Territorium der Bundesrepublik

Wie bereits erwähnt, betreffen Inhalt und Bedeutung des Abkommens von Tokio lediglich bestimmte Teilaspekte der Verfolgung von Luftstraftätern. Die übrige Ausgestaltung der Strafverfolgung nach deutschem Recht soll Gegenstand der folgenden Ausführungen sein. Dabei muß die Untersuchung die Besonderheiten berücksichtigen, die sich aus den verschiedenen denkbaren Standorten eines Luftfahrzeuges für das Strafverfahren ergeben können.

Wird eine Straftat an Bord eines Luftfahrzeuges begangen, das sich auf dem Boden der Bundesrepublik befindet, so gilt das deutsche Strafrecht für die Tat bereits gem. § 4 Abs. 1 StGB [2],

---

1) Vgl. dazu unten S. 269 ff.

2) Bei deutschen Luftfahrzeugen tritt das Flaggenprinzip hinzu; zum Verhältnis beider Prinzipien vgl. oben S. 40 f.

ohne daß es auf die Staatsangehörigkeit des Täters ankommt. Ebenso sind die deutschen Gerichte zur Aburteilung des Täters befugt.

1. Deutsche Luftfahrzeuge

a) Das Ermittlungsverfahren

Die Verfolgung einer strafbaren Handlung, die in einem am Boden des Inlands befindlichen deutschen Luftfahrzeug begangen worden ist, richtet sich nach dem Legalitätsprinzip. Dies gilt auch dann, wenn der Täter Ausländer ist. Die Einstellung des Verfahrens ist nur unter den allgemeinen Voraussetzungen der §§ 153 ff. StPO möglich. Die Tat ist grundsätzlich wie jede andere im Inland begangene Straftat zu behandeln.

Ist die Tat begangen worden, nachdem das Luftfahrzeug bereits begonnen hat, zum Zweck des Abflugs Kraft aufzuwenden, finden die Regeln des Abkommens von Tokio Anwendung, da das Luftfahrzeug von diesem Zeitpunkt an bereits als im Flug befindlich gilt [1]. Die Bundesrepublik ist in diesem Fall nach Maßgabe des Abkommens verpflichtet, eine vorläufige Untersuchung durchzuführen [2], sofern der Täter vom Luftfahrzeugkommandanten übergeben wird [3]. Die Pflicht zur vorläufigen Untersuchung besteht jedoch nur dann, wenn es sich bei dem übergebenen Verdächtigen um einen Angehörigen eines ausländischen Vertragsstaates handelt. Dies folgt daraus, daß die Untersuchungspflicht nur im Interesse der zu benachrichtigenden Mit-

1) Wegen der sich aus der unterschiedlichen Reichweite der Flugzeitdefinitionen ergebenden Unklarheiten vgl. oben S. 165.
2) Das Abkommen ist auch dann anwendbar, wenn sich das Luftfahrzeug nach Maßgabe der Definitionen über die Flugdauer auf dem Territorium des Eintragungsstaates selbst befindet; zu eng Schmidt-Räntsch ZLW 1964 S. 84, der auf den Luftraum abstellt.
3) Vgl. oben S. 178 ff.

gliedsstaaten besteht [1]. Ist der Täter Deutscher oder besitzt er die Staatsangehörigkeit eines Nichtvertragsstaates, so hat die Untersuchungs- und Mitteilungspflicht nach dem Abkommen keinen Sinn, da die Bundesrepublik als Mitteilungsadressat ausscheidet. Das Bestehen der Untersuchungspflicht nach dem Abkommen von Tokio bedeutet jedoch im Vergleich zur allgemeinen Rechtslage nach der StPO keine Besonderheit. Da die Tat ihren Begehungsort im Inland hat, ist die Staatsanwaltschaft nach der Übergabe des Täters ohnehin aufgrund des Legalitätsprinzips zur Aufklärung des Vorfalls verpflichtet.

b) Strafprozessuale Zwangsmaßnahmen an Bord

Befindet sich ein deutsches Luftfahrzeug am Boden des Inlands, so sind die zuständigen Behörden befugt, an Bord alle zur Strafverfolgung erforderlichen Maßnahmen durchzuführen [2]. Gewisse Einschränkungen für die Zulässigkeit von Zwangsmaßnahmen ergeben sich jedoch, ohne auf dem Tokioter Abkommen zu beruhen [3], allgemein aus den Besonderheiten des Luftverkehrs. Diese brauchen zwar regelmäßig nicht beachtet zu werden, wenn sich das Luftfahrzeug außerhalb des Flugbetriebes am Boden befindet. Sie sind aber zu berücksichtigen, sobald die Vorbereitungen für den Abflug des Luftfahrzeuges getroffen werden. Denn in diesem Stadium fordern die Sicherheits- und Verkehrsinteressen der Luftfahrt besonderen Schutz. Die StPO trifft hier keine Regelung. Die Lösung ergibt sich aber aus den allgemeinen Schranken für die Zulässigkeit von Zwangsmaßnahmen, insbesondere aus dem Verhältnismäßigkeitsprinzip [4], wonach eine Bewertung der widerstreitenden Interessen vorzunehmen ist.

---

1) Das Abkommen von Tokio schafft keine Pflichten zugunsten von Nichtvertragsstaaten.
2) Für eine etwaige Durchsuchung ist das Luftfahrzeug als "anderer Raum" im Sinne der §§ 102, 103 StPO anzusehen.
3) Dem Tokioter Abkommen ist lediglich eine Beschränkung von Zwangsmaßnahmen gegenüber ausländischen Luftfahrzeugen zu entnehmen.
4) Vgl. oben S. 60, 71.

Die Verkehrsinteressen der Luftfahrt verbieten eine erhebliche Verzögerung des Abfluges des Luftfahrzeuges, wenn diese durch die Bedeutung der begangenen Straftat nicht gerechtfertigt wird. Danach ist es zwar nicht unzulässig, daß die Polizei anläßlich eines Taschendiebstahls, der während des Belegens der Plätze begangen ist, vor dem Start noch zur Ermittlung des Täters einschreitet. Jedoch darf der Versuch einer Aufklärung der Tat den Abflug nur unerheblich hinausschieben, sofern der durch die Tat entstandene Schaden geringfügig ist.

Wenn Zwangsmaßnahmen über die Beeinträchtigung von Verkehrsinteressen hinaus noch die Gefahr eines Sicherheitsrisikos begründen, können diese nur bei besonderen Interessen an der Strafverfolgung zugelassen werden, sofern nicht die Schwere des Sicherheitsrisikos die angestrebte Maßnahme überhaupt verbietet. Ein Sicherheitsrisiko ist, solange sich das Luftfahrzeug noch am Boden befindet, dann anzuerkennen, wenn das Luftfahrzeug im Begriff ist, die für das Abheben erforderliche Geschwindigkeit zu erlangen [1], wobei von jedem Eingriff Gefahren ausgehen können. Die Strafverfolgungsorgane sind daher grundsätzlich gehindert, z. B. aufgrund einer Durchsuchungsanordnung den Abbruch des Starts [2] des betroffenen Luftfahrzeugs zu erzwingen.

3. Ausländische Luftfahrzeuge

a) Das Ermittlungsverfahren

Während eine strafbare Handlung eines Deutschen im Inland, auch wenn sie an Bord eines ausländischen Luftfahrzeuges began-

1) Vgl. Art. 1 Abs. 3, Art. 4 Tok. Abk.

2) Das Recht zur Durchsuchung ist so aufzufassen, daß aus ihm gleichzeitig das Recht folgt, die Fortbewegung des Durchsuchungsgegenstandes zu verbieten.

gen ist, grundsätzlich dem Verfolgungszwang unterliegt, kann die Staatsanwaltschaft von der Verfolgung absehen, wenn die Tat von einem Ausländer an Bord eines ausländischen Luftfahrzeuges begangen worden ist (§ 153 b Abs. 1 Nr. 2 StPO). Entsprechend ihrem weiten Wortlaut muß die Vorschrift auch dann Anwendung finden, wenn sich das betreffende Luftfahrzeug am Boden befindet. Die Entscheidung über die Strafverfolgung hat die Staatsanwaltschaft nach ihrem pflichtgemäßen Ermessen zu treffen, wobei sie den bereits erörterten allgemeinen Schranken unterworfen ist [1]. Die Ermessensausübung richtet sich, abgesehen von der Berücksichtigung schwerer Nachteile für die Bundesrepublik oder entgegenstehender öffentlicher Interessen [2], nach Gesichtspunkten des öffentlichen Interesses an der Strafverfolgung und der Vermeidung unbilliger Härten für den Täter [3].

Damit trifft das deutsche Recht für strafbare Handlungen an Bord von ausländischen Luftfahrzeugen die gleiche Regelung wie für ausländische Seeschiffe. Die Zurückhaltung, die die Bundesrepublik hier übt, ist um so bemerkenswerter, als sich für das Luftrecht anders als im Bereich des Seerechts [4] noch keine feste Staatenpraxis über die Frage herausgebildet hat, in welchem Maße ein Staat zweckmäßigerweise von seinem Recht zur Verfolgung an Bord von ausländischen Luftfahrzeugen begangenen Straftaten Gebrauch machen soll [5].

Die Lockerung des Verfolgungszwanges für strafbare Handlungen an Bord von Luftfahrzeugen wird von den gleichen Gründen ge-

---

1) Vgl. oben S. 60.
2) Vgl. Nr. 84 b RiStBV; vgl. oben S. 60 ff.
3) Vgl. Nr. 84 b RiStBV; ferner E. Schmidt, StPO, § 153 b Anm. 4.
4) So das "englische" und "französische" System, vgl. oben S. 54 ff.
5) Die Einschränkungen des Art. 4 Tok. Abk. betreffen lediglich die Vornahme von Zwangsmaßnahmen. Vgl. auch Zlatarić in Aktuelle Probleme des Internationalen Strafrechts, S. 167 f.

tragen wie die entsprechende Regelung für Schiffe. Das Gesetz geht in § 153 b Abs. 1 Nr. 2 StPO von der Kompetenz des Flaggenstaates für die Regelung rechtlicher Vorgänge an Bord aus und will Konflikte zwischen der deutschen und der ausländischen Rechtsordnung vermeiden [1]. Danach kommt eine Lockerung des Verfolgungszwanges nur dann in Betracht, wenn an Bord des Luftfahrzeuges im Augenblick der Tatbegehung das Recht des Flaggenstaates Geltung beansprucht hat [2], da andernfalls eine Konfliktsituation von vornherein ausscheidet. Diese Einschränkung hat deshalb erhebliche Bedeutung, weil die Geltung des Flaggenprinzips für Luftfahrzeuge nach der Landung von der Staatenpraxis unterschiedlich gehandhabt wird und zahlreiche Staaten das Flaggenprinzip nur für Luftfahrzeuge im Fluge anerkennen [3].

Im übrigen bemißt sich die Ermessensausübung nach dem öffentlichen Interesse an der Strafverfolgung. Die inhaltliche Ausfüllung des Begriffs "öffentliches Interesse" konnte sich für die Verfolgung von strafbaren Handlungen an Bord von Schiffen maßgeblich an den Regelungen der für die Bundesrepublik verbindlichen Konsular- und Schiffahrtsverträge orientieren [4]. Dieses Hilfsmittel versagt hier, da entsprechende Verträge für den luftrechtlichen Bereich nicht vorhanden sind.

---

1) Vgl. oben S. 163.
2) Diese Einschränkung, die ebenso für den seerechtlichen Bereich gilt (vgl. oben S. 64, 69, 68 Anm. 1), hat dort nur theoretische Bedeutung, da fast alle seefahrenden Nationen die Schiffe ihrer Flagge unabhängig von deren Standort an das Heimatrecht binden.
3) Auch das Abkommen von Tokio beschränkt die Geltung des Flaggenprinzips auf Luftfahrzeuge im Flug, vgl. oben S. 161. § 5 StGB reicht weiter und erfaßt auch Luftfahrzeuge nach der Landung, vgl. oben S. 27 . Dem entsprechen die Regelungen von Griechenland (Art. 5 Abs. 2 StGB), der Schweiz (Art. 97 des Bundesgesetzes über die Luftfahrt) und Japan (Art. 1 Abs. 2 StGB); vgl. die Nachweise bei Meyer, Internationales Luftrecht, Bd. 5 S. 149 ff. und Shigemi ZLR 1958 S. 56.
4) Vgl. oben S. 65 ff.

Indessen ist aber zu prüfen, ob nicht die für den Seebereich gefundene Inhaltsbestimmung des Begriffs "öffentliche Interessen an der Strafverfolgung" auf strafbare Handlungen an Bord von Luftfahrzeugen übertragen werden kann. Dabei ist zu berücksichtigen, daß die Stellung eines Luftfahrzeuges in fremdem Hoheitsgebiet in tatsächlicher Hinsicht nicht völlig mit der Stellung eines Schiffs in ausländischen Eigen- oder Küstengewässern gleichgesetzt werden darf [1]. Bei Luftfahrzeugen im Flug ergeben sich insbesondere größere Einwirkungsmöglichkeiten gegen den Bodenstaat als bei einem Schiff im Küstenmeer. Ebenso bestehen auch Abweichungen in der Rechtsnatur von Küstenmeer und Luftraum. Diese Unterschiede haben jedoch für den straf- und strafverfahrensrechtlichen Bereich keine Bedeutung. Denn die Rechtsordnung selbst behandelt Schiffe und Luftfahrzeuge in den §§ 5 StGB und 153 b Abs. 1 Nr. 2 StPO gleich und läßt die bestehenden tatsächlichen Unterschiede unberücksichtigt. Die beabsichtigte Analogie ist somit möglich.

Entsprechend der Rechtslage für ausländische Schiffe muß daher auch hier danach differenziert werden, ob die strafbare Handlung unter Besatzungsmitgliedern oder mit Beteiligung einer außenstehenden Person begangen ist.

Bei einer Tat unter Besatzungsmitgliedern ist von der Strafverfolgung abzusehen, wenn die Tat in ihrer Bedeutung auf den bordinternen Bereich beschränkt bleibt. Hier ist primär der Eintragungsstaat zur Strafverfolgung berufen. Das gilt selbst dann, wenn der Konsul um die Tätigkeit deutscher Strafverfolgungsbehörden bittet [2]. Soweit jedoch wegen der Schwere der

---

1) Steidle, Das Luftfahrzeug als Begehungsort strafbarer Handlungen, S. 31 f.; Hirschberg in Niemeyers Zeitschrift für Internationales Recht, Bd. 42 (1930) S. 181 f.; Meyer, in Luftrecht in fünf Jahrzehnten, S. 182 f.; ders. JW 1930 S. 3384 f.

2) Vgl. oben S. 68.

Tat ein öffentliches Interesse an der Strafverfolgung besteht, muß die Staatsanwaltschaft tätig werden. Das gleiche gilt, wenn die Tat zum Nachteil eines Deutschen begangen ist oder deutsche Ordnungs- und Sicherheitsinteressen verletzt hat. Die letztgenannte Möglichkeit ist insbesondere dann von Bedeutung, wenn die Flug- oder Luftverkehrsvorschriften des Inlands in strafbarer Weise verletzt werden [1].

Ist an der Tat ein Nichtbesatzungsmitglied als Täter oder Opfer beteiligt, sind die soeben genannten Ermessenskriterien ebenfalls von Bedeutung [2]. Jedoch ist hier nur eine geringere Zurückhaltung geboten, da das Vertrauen in die Geltung der deutschen Rechtsordnung nicht erschüttert werden darf. Die Staatsanwaltschaft kann bei ihrer Entscheidung auch berücksichtigen, ob eine Verfolgung des Täters durch den Flaggenstaat zu erwarten ist [3].

Auch wenn die Staatsanwaltschaft nach den dargelegten Grundsätzen gem. § 153 b Abs. 1 Nr. 2 StPO zur Strafverfolgung verpflichtet ist, bleibt es ihr unbenommen, das Verfahren vor Anklageerhebung aufgrund der allgemeinen Vorschriften einzustellen [4].

Besonderheiten ergeben sich aufgrund der Regelungen des Abkommens von Tokio, wenn die Übergabe des Täters gem. Art. 9 Abs. 1 Tok. Abk. die Untersuchungspflicht der Behörden des Landestaates auslöst [5]. In diesem Fall geht die Pflicht zur vorläufigen Untersuchung dem Opportunitätsprinzip gem. § 153 b Abs.

---

1) Vgl. in diesem Zusammenhang die vertragliche Verpflichtung, aus Art. 12 Chic. Abk., wonach die Bundesrepublik die Verfolgung von Verletzungen der geltenden Luftverkehrsregeln sicherzustellen hat; vgl. Schnorr von Carolsfeld, Straftaten in Flugzeugen, S. 53 Anm. 108 und unten S. 205.
2) Vgl. oben S. 69.
3) Vgl. oben S. 69.
4) Vgl. aber oben S. 70 Anm. 1.
5) Art. 13 Abs. 4 Tok. Abk.; vgl. oben S. 163 ff.

1 Nr. 2 StPO vor. Die deutschen Behörden haben sich, unbeschadet der Möglichkeit, von der Durchführung eines deutschen Strafverfahrens nach den §§ 153 ff. StPO abzusehen, der Untersuchung des Vorfalls zu widmen und den Flaggenstaat über das Ergebnis zu informieren.

b) Strafprozessuale Zwangsmaßnahmen an Bord

Die Staatsanwaltschaft hat ein in der Bundesrepublik gelandetes ausländisches Luftfahrzeug bei der Vornahme von strafprozessualen Zwangsmaßnahmen ebenso zu behandeln wie ein deutsches Luftfahrzeug.

Jedoch ergeben sich die Beschränkungen für Zwangsmaßnahmen wegen schutzwürdiger Verkehrs- und Sicherheitsinteressen der Luftfahrt bei ausländischen Luftfahrzeugen, die bereits als im Flug befindlich fingiert werden, unmittelbar aus dem Abkommen von Tokio [1]. Wegen der im Abkommen vorgesehenen Ausnahmen und ihrem Verhältnis zum deutschen Recht kann auf die früheren Ausführungen verwiesen werden [2].

Internationale Gepflogenheiten über die Benachrichtigung der konsularischen Vertretung haben sich anders als im Seerecht für den Luftbereich nicht herausgebildet. Die deutschen Behörden unterliegen hier keinen besonderen Verpflichtungen [3]. Auch das Abkommen von Tokio sieht keine Benachrichtigungspflicht vor.

III Luftfahrzeuge über dem Territorium der Bundesrepublik

Für das Bestehen eines deutschen Strafanspruchs ist es unerheblich, ob sich das Luftfahrzeug im Inland am Boden oder in der

1) Art. 4 Tok. Abk.; vgl. oben S. 171.
2) Vgl. oben S. 171 ff.
3) Nr. 27 RiStBV und die dort genannte Rundverfügung beziehen sich nur auf Schiffe.

Luft befindet. In jedem Fall ist eine an Bord begangene strafbare Handlung der deutschen Strafgewalt gem. § 4 Abs. 1 StGB unterworfen.

1. Deutsche Luftfahrzeuge

a) Das Ermittlungsverfahren

Eine an Bord eines deutschen Luftfahrzeuges im deutschen Luftraum begangene strafbare Handlung unterliegt gem. §§ 152 ff. StPO dem Verfolgungszwang der Staatsanwaltschaft.

Eine Strafverfolgung kann naturgemäß erst nach der Landung des Luftfahrzeuges beginnen. Landet das Luftfahrzeug nach einer Inlandstat in der Bundesrepublik, so stellt sich die Frage nach der örtlichen Zuständigkeit der Strafverfolgungsorgane.

§ 10 Abs. 2 StPO i. V. mit § 143 GVG sieht, sofern die Tat im Ausland begangen ist, in Erweiterung der allgemeinen Zuständigkeiten die Behörden am Orte des Heimat- und Landeflughafens als zur Strafverfolgung zuständig an. Eine entsprechende Regelung für eine im Inland an Bord begangene strafbare Handlung fehlt. Dies ist bedauerlich, weil die Regelung der allgemeinen Zuständigkeiten den Besonderheiten des Luftverkehrs nicht Rechnung trägt [1] und infolgedessen unzureichend ist. Eine Zuständigkeit des Begehungsortes (§ 7 StPO) wird angesichts der regelmäßigen Ungewißheit, welchen Gerichtsort das Luftfahrzeug bei der Begehung der Tat überflogen hat, nur selten feststellbar sein. Hat der Täter keinen ständigen Aufenthalt in der Bundesrepublik und kann er nach der Landung auch nicht ergriffen werden (§§ 8, 9 StPO), so bleibt allein die Möglichkeit einer Zuständigkeitsbestimmung gem. § 13 a GVG [2].

---

1) Kritisch zur Vorschrift auch Dünnebier, in Loewe-Rosenberg, StPO, § 10 Anm. 5.
2) Vgl. dazu Kleinknecht, StPO, § 13 a Anm. 4; Loewe-Rosenberg, a.a.O., § 13 a Anm. 3.

Landet das deutsche Luftfahrzeug nach einer an Bord begangenen Straftat im Ausland, so kommt nur in Betracht, den fremden Landestaat um Rechtshilfe, insbesondere um Auslieferung des Täters zu ersuchen [1]. Eine solche Maßnahme verspricht vor allem Aussicht auf Erfolg, wenn der Auslandsstaat an das Abkommen von Tokio gebunden ist und der Täter vom Luftfahrzeugkommandanten den dortigen Behörden übergeben worden ist.

b) Strafprozessuale Zwangsmaßnahmen an Bord

Die Schranken des Verhältnismäßigkeitsgebotes schließen Zwangsmaßnahmen gegen ein Luftfahrzeug im Flug aus Sicherheitsgründen grundsätzlich aus. Lediglich bei überwiegenden Interessen der Bundesrepublik an der Strafverfolgung und an einer sofortigen Vollziehung der Zwangsmaßnahme erscheint eine Anordnung zur Landung an das betreffende Luftfahrzeug vertretbar. Als weitere Voraussetzung ist aber regelmäßig erforderlich, daß das Luftfahrzeug seinen regulären Landeort im Ausland hätte.

Beabsichtigte Zwangsmaßnahmen können jedoch - abgesehen von praktischen Gründen [2] - auch wegen rechtlicher Hindernisse nicht unmittelbar durchgesetzt werden. Eine Anwendung von Gewalt ist in jedem Fall als unzulässig anzusehen. Im übrigen verfügen allein die Luftstreitkräfte der Bundeswehr über die erforderlichen Zwangsmittel. Jedoch besitzen diese Stellen auch dann keine strafprozessuale Kompetenz, wenn sie um Amtshilfe ersucht werden [3].

---

1) Dies führt dann zu Schwierigkeiten, wenn die örtliche Zuständigkeit einer deutschen Strafverfolgungsbehörde nicht begründet ist und eine Entscheidung nach § 13 a StPO noch nicht ergangen ist; vgl. aber § 143 Abs. 2 GVG.

2) Faller, Flugzeugentführungen, S. 73 f., weist darauf hin, daß letztlich nur der Abschuß der Maschine zum sicheren Erfolg führen könnte.

3) Vgl. oben S. 92 f.

2. Ausländische Luftfahrzeuge

Aus der Souveränität der Bundesrepublik in ihrem Luftraum [1] folgt, daß eine an Bord eines ausländischen Luftfahrzeuges begangene strafbare Handlung uneingeschränkt der deutschen Gerichtsbarkeit unterliegt.

Die Staatsanwaltschaft ist zur Strafverfolgung verpflichtet, wenn der Täter Deutscher ist. Hingegen findet bei einem ausländischen Täter das Opportunitätsprinzip gem. § 153 b Abs. 1 Nr. 2 StPO Anwendung [2] [3].

Völkergewohnheitsrechtliche Schranken für die Vornahme von Zwangsmaßnahmen, wie sie gegenüber ausländischen Schiffen im Küstenmeer aufgrund des Rechts auf freie Durchfahrt von Bedeutung sind, bestehen gegenüber ausländischen Luftfahrzeugen nicht [4]. Einem ausländischen Luftfahrzeug im deutschen Luftraum kann nicht die völkerrechtliche Stellung eines ausländischen Schiffs im deutschen Küstenmeer beigemessen werden [5]. Ein Recht auf freie Durchquerung fremden Luftraums besteht nicht und kann lediglich vertraglich vereinbart werden [6].

Auch soweit ein ausländisches Luftfahrzeug die deutschen Küstengewässer überquert, kann das Recht auf freie Durchfahrt zugunsten ausländischer Schiffe nicht auf das Luftrecht übertragen werden, da diese besondere Regel des Völkerrechts auf den Bereich des Seerechts begrenzt ist [7].

---

1) Vgl. oben S. 9 ff.

2) Vgl. zu den Ermessenskriterien oben S. 191 ff.

3) Wegen der örtlichen Zuständigkeit der Staatsanwaltschaft vgl. oben S. 195.

4) Dahm, Völkerrecht, Bd. 1 S. 722.

5) Schleicher-Reymann-Abraham, Luftrecht, Bd. 1 S. 45; Faller, Flugzeugentführungen, S. 76; Hirschberg, in Niemeyers Zeitschrift, Bd. 42 (1930) S. 181 ff.; Steidle, Das Luftfahrzeug als Begehungsort strafbarer Handlungen, S. 6; Heesemann, Strafbare Handlungen, S. 35; Dahm, a.a.O.; Guggenheim, Völkerrecht, Bd. 1 S. 387 f.; Wengler, Völkerrecht, Bd. 2 S. 1089.

6) Vgl. Art. 5, 6 Chic. Abk.

7) So insbes. Meyer, Freiheit der Luft, S. 111 f.; Steidle, a.a.O.

Wegen der besonderen Schranken strafprozessualer Zwangsmaßnahmen nach dem Abkommen von Tokio kann auf die vorangegangenen Ausführungen über das Abkommen verwiesen werden [1]. Jedoch ist klarzustellen, daß das Abkommen von Tokio, soweit danach die Voraussetzungen für die Vornahme von Zwangsmaßnahmen vorliegen, den Verhältnismäßigkeitsgrundsatz des innerstaatlichen Rechts nicht auszuschließen vermag [2].

IV Luftfahrzeuge über staatenlosen Gebieten

1. Deutsche Luftfahrzeuge

Das Flaggenprinzip des § 5 StGB unterwirft deutsche Luftfahrzeuge auch außerhalb des Hoheitsgebiets der Bundesrepublik der deutschen Strafgewalt [3]. Für eine an Bord begangene strafbare Handlung gilt daher unabhängig von der Nationalität der beteiligten Personen das deutsche Strafrecht.

Der Umfang der Strafverfolgungspflicht richtet sich wegen § 153 b Abs. 1 Nr. 1 StPO danach, ob die Tat außerhalb des räumlichen Geltungsbereichs der StPO begangen worden ist, wobei auch hier die Anwendung der Vorschrift von der Staatsangehörigkeit des Täters unabhängig ist.

Die Frage nach dem räumlichen Geltungsbereich der StPO kann hier an die entsprechende Rechtslage für den Seebereich anknüpfen. Die Geltung des deutschen Strafprozeßrechts an Bord eines deutschen Schiffes auf hoher See ergibt sich aus dem völkerrechtlichen Gewohnheitsrechtssatz, daß ein Schiff in hoheits-

---

1) Vgl. oben S. 171.

2) Vgl. bereits oben S. 173; mithin bestehen keine weitergehenden Rechte als auch gegenüber deutschen Luftfahrzeugen; vgl. dazu oben S. 196.

3) Das ist besonders bedeutsam für den Flug über Meeresgebiete. "To fly over the high seas" ist nach Art. 2 Nr. 4 des Genfer Abkommens über das hohe Meer ausdrücklich Bestandteil der Meeresfreiheit.

freien Gebieten mit dem Recht seiner Flagge verbunden bleibt [1]. Diese Regel kann auf Luftfahrzeuge, die das hohe Meer überfliegen, übertragen werden [2], da das Interesse an der Weitergeltung des Rechts des Flaggenstaates als ordnungsbegleitendes Element für den Luftbereich nicht geringer ist als an Bord eines Schiffes auf hoher See [3].

Eine Tat an Bord eines deutschen Luftfahrzeuges ist daher innerhalb des Geltungsbereichs der StPO begangen, so daß § 153 b Abs. 1 Nr. 1 StPO keine Anwendung findet.

Für die Zuständigkeit der Staatsanwaltschaft greift hier § 10 StPO ein, da das Luftfahrzeug, obgleich an Bord die StPO gilt, selbst seinen Standort außerhalb des räumlichen Geltungsbereichs der StPO hat [4]. Die Vorschrift ordnet neben den allgemeinen Gerichtsständen die Zuständigkeit der Behörden am Ort des Landungsflughafens und des sog. Heimatflughafens an. Der Gerichtsstand des Landungsflughafens kann jedoch nicht eingreifen, wenn das Luftfahrzeug eine Notlandung außerhalb eines Flughafens vornimmt. Ungeachtet des Wortlauts des § 10 StPO ist hier dennoch die Zuständigkeit des Landeortes anzunehmen, wenn das Luftfahrzeug nicht wieder aufsteigt [5]. Die Regelung des § 10 StPO ist auch in Ansehung des Begriffs "Heimatflughafen" sehr zweifelhaft, weil dem Luftrecht der Begriff des Heimatflughafens nicht geläufig ist und demnach nur der Ort in Betracht kommt, an dem

---

1) Vgl. oben S. 91 f.
2) So Meyer, in Luftrecht in fünf Jahrzehnten, S. 189; Steidle, Das Luftfahrzeug als Begehungsort strafbarer Handlungen, S. 31; vgl. Wengler, Völkerrecht, Bd. 2 S. 939, 996; Dahm, Völkerrecht, Bd. 1 S. 721; Faller, Flugzeugentführungen, S. 77; Kleinknecht, StPO, § 10 Anm. 3.
3) Vgl. Schleicher-Reymann-Abraham, Luftrecht, Bd. 1 S. 43; Heesemann, Strafbare Handlungen, S. 49; Hereus, Strafbare Handlungen, S. 38.
4) Vgl. zu der entsprechenden Rechtslage bei Schiffen oben S. 91f., 108.
5) So Dünnebier, in Loewe-Rosenberg, StPO, § 10 Anm. 5; diesem Ergebnis entspricht die Fassung des Art. 70 Nr. 4 des Entwurfs eines EGStGB von 1930.

das Luftfahrzeug ständig stationiert ist [1]. Dies kann aber auch ein Ort im Ausland sein [2].

Die deutschen Strafverfolgungsbehörden sind aus völkerrechtlicher Sicht nicht gehindert, gegen ein deutsches Luftfahrzeug über staatenlosem Gebiet im Wege des strafprozessualen Zwanges vorzugehen. Indessen ist nach innerstaatlichem Recht die Möglichkeit eines solchen Eingriffs wegen des Verhältnismäßigkeitsgebots regelmäßig ausgeschlossen [3].

2. Ausländische Luftfahrzeuge

Wird an Bord eines ausländischen Luftfahrzeuges eine strafbare Handlung über staatenlosem Gebiet begangen, so unterliegt die Tat nur in Ausnahmefällen der deutschen Strafgewalt. Ein Strafanspruch wird ausgelöst, wenn der Täter Deutscher ist (§ 3 Abs. 1 StGB) oder die Voraussetzungen des § 4 Abs. 2, 3 StGB gegeben sind [4].

Der Begehungsort außerhalb des räumlichen Geltungsbereichs der StPO hat zur Folge, daß die Tat nur einem gelockerten Verfolgungszwang [5] gem. § 153 b Abs. 1 Nr. 1 StPO unterliegt [6]. Das pflichtgemäß auszuübende Ermessen, welches über die Einleitung eines Verfahrens entscheidet, bestimmt sich auch hier vorrangig nach dem "öffentlichen Interesse an der Strafverfolgung" [7]. Bei der Inhaltsbestimmung dieses Begriffs sind beson-

---

1) Vgl. Dünnebier, a.a.O. unter Hinweis auf § 480 Abs. 1 HGB.
2) Die weltweiten Verkehrsverbindungen, die eine Luftfahrtgesellschaft zu bedienen hat, können es gebieten, auch Luftfahrzeuge im Ausland zu stationieren.
3) Vgl. oben S. 196.
4) Vgl. dazu auch S. 94 Anm. 4.
5) Die Pflicht zur vorläufigen Untersuchung gem. Art. 13 Abs. 4 i. V. m. Art. 9 Abs. 1 Tok. Abk. geht auch hier der Lockerung des Verfolgungszwanges vor, vgl. oben S. 193 f.
6) Eine Zuständigkeit der Staatsanwaltschaft des Landeortes besteht angesichts der Beschränkung des § 10 StPO auf deutsche Luftfahrzeuge hier nicht.
7) Vgl. Nr. 84 b RiStBV.

dere luftrechtliche Gesichtspunkte jedoch nicht maßgeblich.

Da ein ausländisches Luftfahrzeug über staatenlosem Gebiet allein der Herrschaft des Eintragungsstaates unterliegt, dürfen die Strafverfolgungsorgane der Bundesrepublik das Luftfahrzeug grundsätzlich nicht mit Zwangsmaßnahmen belegen [1].

Zu prüfen bleibt, ob die Ausnahmen, in denen das allgemeine Völkerrecht die Ausübung strafprozessualen Zwanges gegenüber ausländischen Schiffen auf dem hohen Meer erlaubt [2], auf Luftfahrzeuge über dem hohen Meer übertragen werden können.

a) Das Recht der Nacheile

Eine Befugnis deutscher Behörden, auch außerhalb der Grenzen des Inlands Maßnahmen der Strafverfolgung zu treffen, ergibt sich für den Seebereich unter den Voraussetzungen des völkerrechtlichen Nacheilerechts. Jedoch ist das Recht der Nacheile keineswegs ein ausschließliches Rechtsinstitut des Seerechts [3]. Denn die Nacheile kann unter besonderen Voraussetzungen auch zu Lande stattfinden [4]. Dem Recht der Nacheile kann der allgemeine Rechtsgedanke entnommen werden, daß die verfolgenden Staatsorgane an den Grenzen ihres Hoheitsgebietes nicht zum Abbruch der Verfolgung gezwungen sein sollen, wenn eine Verletzung fremder Souveränität nicht zu besorgen ist. Mithin kann die erteilte Einwilligung des Nachbarstaates eine Weiterverfolgung

---

1) Faller, Flugzeugentführungen, S. 80.
2) Vgl. oben S. 95 ff.
3) Faller, a.a.O. S. 81; vgl. Münch, in Strupp-Schlochauer, WdV, Bd. 2 S. 560.
4) Vgl. § 167 GVG sowie die Abkommen über die Zulässigkeit von Nacheile im Verhältnis zweier Staaten; vgl. Art. 27 des Benelux-Auslieferungsvertrages (abgedr. bei Grützner, Internationale Rechtshilfe in Strafsachen, Bd. 5), Art. 4 des Vertrages zwischen Preussen und Luxemburg (Preuß.G.S. 1849 S. 131, abgedr. bei Grützner, a.a.O. Bd. 2), Art. 7 des deutsch-österreichischen Abkommens über die Durchbef. v. Häftlingen v. 14. 9. 1955 (BGBl 1957 II S. 594).

erlauben oder die Nacheile allgemein dann zulässig sein, wenn in dem angrenzenden Gebiet mangels irgendeiner Staatlichkeit eine Konfrontation zweier Hoheitsgewalten von vornherein ausgeschlossen ist [1].

Diese Voraussetzungen liegen auch vor, wenn ein ausländisches Luftfahrzeug nach Verletzung der Gesetzes des Inlands in den staatenlosen Luftraum über dem hohen Meer verfolgt werden soll. Daher begegnet die Anwendung des Rechtsinstituts der Nacheile im Luftrecht keinen Bedenken [2]. Wegen der weiteren Voraussetzungen, die zu beachten sind, um den Eingriff gegenüber dem Flaggenstaat zu legitimieren, können die gewohnheitsrechtlich anerkannten Regeln des Seerechts entsprechend angewendet werden [3].

Im Gegensatz zum Seebereich, wo eine Nacheile nur dann in Betracht kommt, wenn der Gesetzesverstoß in den Hoheitsgewässern begangen worden ist [4], darf das Recht zur Nacheile im Luftbereich bereits dann ausgeübt werden, wenn die Gesetzesverletzung an Bord über dem inländischen Festland begangen wird und dort den Beginn der Verfolgung auslöst [5]. Denn die Beschränkungen, die sich für das Nacheilerecht bei Schiffen aus der Natur der Sache ergeben, haben für Luftfahrzeuge, deren Bewegungsraum nicht an den Bereich des Meeres gebunden ist, keine Bedeutung.

b) Piraterie

Die Anwendung der völkerrechtlichen Piraterieregeln auf strafbare Handlungen an Bord von Luftfahrzeugen soll wegen des engen Zusammenhangs mit gewaltsamen Flugzeugentführungen

1) Vgl. Münch, a.a.O.
2) Faller, a.a.O.
3) Vgl. oben S. 95 ff.
4) Vgl. oben S. 95 f.
5) A. A. Faller, a.a.O. S. 84 ff., der die Entstehung des Nacheilerechts anscheinend auf den Luftraum über den Hoheitsgewässern begrenzen will.

("Luftpiraterie") den Ausführungen des folgenden Abschnitts vorbehalten bleiben [1].

Die nach völkerrechtlichen Grundsätzen mögliche Ausübung von strafprozessualen Eingriffsrechten gegenüber ausländischen Luftfahrzeugen besitzt jedoch nur theoretische Bedeutung. Denn wie oben erwähnt [2] schließen zumeist bereits die tatsächlichen Gegebenheiten des Luftverkehrs derartige Zwangsmaßnahmen aus. Darüber hinaus ist nach Verhältnismäßigkeitsgrundsätzen die Sicherheit der Luftfahrt regelmäßig höher zu bewerten als das konkrete Interesse an der Strafverfolgung.

V Luftfahrzeuge in ausländischem Hoheitsgebiet

1. Deutsche Luftfahrzeuge

Ein deutsches Luftfahrzeug bleibt auch in fremdem Luftraum aufgrund § 5 StGB mit dem deutschen Strafrecht verbunden. Unabhängig von der Nationalität des Täters unterliegt daher eine an Bord begangene Tat selbst dann dem deutschen materiellen Strafrecht, wenn sich das Luftfahrzeug am Boden befindet [3].

Die Verfolgung einer an Bord begangenen strafbaren Handlung steht jedoch im pflichtgemäß auszuübenden Ermessen der Staatsanwaltschaft, denn die Tat ist außerhalb des räumlichen Geltungsbereichs der StPO begangen (§ 153 b Abs. 1 Nr. 1 StPO) [4]. Eine Einbeziehung von Luftfahrzeugen in den Geltungsbereich der StPO ohne Rücksicht auf deren Standort nimmt das deutsche Recht nicht vor [5]. Die allgemeine rechtliche Bindung von deutschen Luftfahrzeugen an das deutsche Recht gilt nur für deren Aufenthalt in staa-

1) Vgl. unten S. 213 ff.
2) Vgl. oben S. 196.
3) Vgl. oben S. 27.
4) So auch Jescheck, Deutsche Beiträge S. 204.
5) A. A. Kleinknecht, StPO, § 10 Anm. 3; vgl. dazu oben S. 108 f.

tenlosem Gebiet und endet, sobald ausländisches Hoheitsgebiet erreicht wird [1]. Insoweit unterliegen deutsche Luftfahrzeuge der gleichen Regelung wie deutsche Schiffe [2].

Die bereits im seerechtlichen Teil der Arbeit geübte Kritik [3] an der Lockerung des Verfolgungszwanges bildet auch hier den Ausgangspunkt für die Bestimmung des Ermessensinhalts. Bei der Ausübung des Ermessens ist eine Zurückhaltung der deutschen Strafverfolgungsbehörden nur dann angezeigt, wenn der ausländische Territorialstaat gegen den Täter strafverfolgend tätig wird. Sieht dieser hingegen von einer Strafverfolgung ab, weil weder der Täter noch das Luftfahrzeug seine Staatszugehörigkeit besitzen [4], bedeutet ein deutsches Strafverfahren gegen den Täter keine unbillige Härte [5]. Der Verzicht auf die Durchsetzung des deutschen Strafanspruchs würde hier zu einer ungerechtfertigten Begünstigung des Täters führen.

Die Geltung des Opportunitätsprinzips ist aber fraglich, wenn die an Bord des deutschen Luftfahrzeuges begangene Tat eine nach deutschem Recht strafbare Verletzung der Flug- und Luftverkehrsregeln über fremdem Hoheitsgebiet zum Gegenstand hat. In einem solchen Fall verpflichtet Art. 12 Chic. Abk. [6] die Bundesrepublik, die Strafverfolgung des Täters im Inland sicherzu-

---

1) Vgl. Steidle, Das Luftfahrzeug als Begehungsort strafbarer Handlungen, S. 31; Meyer, in Luftrecht in fünf Jahrzehnten, S. 189; vgl. ferner RGSt 23 S. 267.
2) Vgl. oben S. 108 f.
3) Vgl. oben S. 109.
4) So die deutsche Regelung in § 153 b Abs. 1 Nr. 2 StPO.
5) Vgl. Nr. 84 b RiStBV.
6) BGBl. 1956 II S. 411.

stellen [1]. Eine unmittelbare rechtliche Einschränkung des Opportunitätsprinzips ergibt sich aus der Vorschrift jedoch nicht. Denn Art. 12 Chic. Abk. will eine völkerrechtliche Verpflichtung für die Bundesrepublik begründen, in ihrem Straf- und Strafprozeßrecht die Verfolgung der genannten Taten sicherzustellen. Er will aber nicht als "self-executing"-Bestimmung [2] unmittelbar im innerstaatlichen Recht angewendet werden [3]. Die Qualifizierung der Vorschrift als "non-self-executing" schließt jedoch nicht aus, daß der Inhalt des Art. 12 Chic. Abk. als Gesichtspunkt bei der Ermessensausübung zu berücksichtigen ist [4]. Denn die Staatsanwaltschaft ist gehalten, völkerrechtliche Verpflichtungen der Bundesrepublik bei ihren Entscheidungen zu beachten [5].

Die zuständigen [6] deutschen Strafverfolgungsbehörden haben die Möglichkeit, sich bei ihren Ermittlungen und bei der Ergreifung des Täters der Rechtshilfe ausländischer Behörden nach Maßgabe der bestehenden zwischenstaatlichen Vereinbarungen und

---

1) Damit ist auch die Frage angesprochen, ob die Verletzung von Luftverkehrsvorschriften durch deutsche Luftfahrer im Ausland überhaupt strafbar ist. Bei deutschen Tatbeständen gegen Fehlverhalten im Luftverkehr ist zu prüfen, ob dieses Verfahren schlechthin oder als Übertretung deutscher Luftverkehrsvorschriften gemeint ist. Im ersten Fall erstreckt sich die Strafdrohung auch auf Auslandstaten. Verkehrsrechtliche Vorfragen sind aber nach dem am Tatort geltenden Recht zu entscheiden, da der Geltungsbereich des deutschen Luftverkehrsrechts nicht durch das internationale Strafrecht erweitert werden kann. Im zweiten Fall erfaßt der Tatbestand nur Verstöße innerhalb des Anwendungsbereichs der deutschen Luftverkehrsvorschriften; vgl. dazu Nowakowski JZ 71 S. 636; Dreher, StGB. § 3 Anm. 1 A, § 4 Anm. 2 B a. E.; vgl. ferner BGHSt 21 S. 279, dazu Isenbeck NJW 68 S. 309; Lackner JR 68 S. 268; Vogler, in Aktuelle Probleme des Internationalen Strafrechts, S. 151 m. w. Nachw.

2) Vgl. über die Wirkung von "self-executing"-Bestimmungen Wengler, Völkerrecht, Bd. 1 S. 453, 460.

3) So auch Faller, Flugzeugentführungen, S. 160.

4) Schnorr v. Carolsfeld, Straftaten in Flugzeugen, S. 53 Anm. 108.

5) Vgl. Nr. 84 b Abs. 2 RiStBV.

6) § 10 StPO; vgl. hierzu oben S. 199.

der allgemeinen Vorschriften über den Rechtshilfeverkehr mit dem Ausland in Strafsachen zu bedienen. Im Wege der innerstaatlichen Amtshilfe kann auch der zuständige deutsche Konsul zur Mitwirkung herangezogen werden [1]. Die diesem in Strafsachen obliegenden Anzeigepflichten [2] sind auch für strafbare Handlungen an Bord von Luftfahrzeugen von Bedeutung. Der Konsul besitzt jedoch im Bereich des Luftverkehrs keine besonderen Befugnisse, wie sie für ihn im Seerecht festgelegt sind [3].

2. Ausländische Luftfahrzeuge

Eine an Bord eines ausländischen Luftfahrzeuges im ausländischen Luftraum begangene strafbare Handlung unterliegt nur unter den Voraussetzungen der §§ 3 Abs. 1; 4 Abs. 2, 3 StGB der deutschen Strafgewalt. Die Staatsanwaltschaft kann jedoch gem. § 153 b Abs. 1 Nr. 1 StPO von der Verfolgung absehen. Die Ermessensausübung und die Ausgestaltung des Verfahrens richten sich nach allgemeinen Grundsätzen.

Luftrechtliche Besonderheiten sind im Rahmen des Abkommens von Tokio denkbar, wenn der Täter Deutscher ist und im ausländischen Landestaat zum Zwecke einer vorläufigen Untersuchung übergeben worden ist [4].

VI Besonderheiten der Strafverfolgung bei Entführung von Luftfahrzeugen

Innerhalb der möglichen strafbaren Handlungen an Bord von Luftfahrzeugen stellen die Fälle von Entführung eines Luftfahr-

1) Vgl. oben S. 110.

2) Vgl. dazu im einzelnen oben S.114 f.; die Pflichten werden jedoch dann gegenstandslos, wenn der Austausch von Nachrichten in Strafsachen vertraglich geregelt ist; vgl. z. B. Art. 13 Abs. 5 Tok. Abk.

3) Z. B. gem. § 20 Konsulargesetz; § 132 SeemG; §§ 3, 32 SUG; vgl. oben S. 112 f.

4) Vgl. Art. 13 Abs. 5 Tok. Abk.

zeuges eine Sondergruppe dar [1]. Dies hat seine Ursache in der besonderen Gefährlichkeit solcher Handlungen für die Sicherheit der Menschen an Bord. Denn Eingriffe unbefugter Personen in die Führung eines Luftfahrzeuges können wegen der technischen Kompliziertheit von Luftfahrzeugen und Luftverkehr zu schwerwiegenden Folgen führen. Die Strafverfolgung von Flugzeugentführern muß daher ein besonderes Anliegen der Strafrechtspflege sein.

Die Strafverfolgung von Luftfahrzeugentführern kann nur dann erfolgreich sein, wenn sie als Aufgabe internationaler Zusammenarbeit verstanden wird. Die Basis hierfür stellt das auch von der Bundesrepublik ratifizierte Haager Abkommen vom 16. 12. 1970 zur Bekämpfung der widerrechtlichen Inbesitznahme von Luftfahrzeugen dar [2]. Das Abkommen von Tokio, das allgemein strafbare Handlungen an Bord von Luftfahrzeugen betrifft, bleibt daneben anwendbar. Denn eine Luftfahrzeugentführung stellt stets eine strafbare Handlung im Sinne des Art. 1 Tok. Abk. dar.

1. Das Abkommen von Den Haag

a) Vorgeschichte

Das Problem der Luftfahrzeugentführungen war bereits auf der Konferenz von Tokio 1963 Gegenstand der Beratungen. Die beteiligten Staaten hielten den Inhalt der Übereinkunft, insbeson-

---

1) Gleichwohl treten Luftfahrzeugentführungen in einer Vielzahl unterschiedlicher Fallgestaltungen auf; Überblick bei Faller, Flugzeugentführungen, S. 45 ff.

2) BGBl 1972 II S. 1505; das Abkommen ist am 14. 10. 71 in Kraft getreten. Das Abkommen ist ursprünglich von 49 Staaten unterzeichnet worden. Eine Bekanntmachung über seinen räumlichen Geltungsbereich steht noch aus.

dere die in Art. 11 getroffene Regelung [1], für ausreichend, um der unbefugten Inbesitznahme eines Luftfahrzeuges begegnen zu können.

Angesichts des immer bedrohlicher werdenden Ausmaßes von Flugzeugentführungen [2] erwies sich jedoch, daß die inhaltliche Ausgestaltung des Abkommens von Tokio das Problem keineswegs befriedigend löst. Denn die Schaffung der Jurisdiktionszuständigkeit des Flaggenstaates gewährleistet noch nicht, daß diese oder eine andere Gerichtsbarkeit im konkreten Fall auch ausgeübt wird [3]. Ebenso ist es keineswegs sicher, daß die Tatbestände des jeweiligen nationalen Rechts ausreichende Strafdrohungen gegen Luftfahrzeugentführer enthalten [4]. Weitere Schwierigkeiten stehen einer wirksamen Strafverfolgung deshalb entgegen, weil derartige Taten oftmals politischen Einschlag [5] aufweisen [6].

Die Unzulänglichkeit der bestehenden Strafverfolgungsmöglichkeiten bewirkte, daß die ICAO 1968 mit den Arbeiten für ein neues Abkommen begann [7] [8]. Auf seiner Sitzung in Montreal

---

1) Verpflichtung aller Vertragsstaaten, die rechtmäßige Verfügungsgewalt nach begangener Flugzeugentführung wiederherzustellen und die Fortsetzung der Reise zu gewährleisten.
2) Einen Überblick über die aufgetretenen Fälle gibt Faller, Flugzeugentführungen, S. 28 ff.
3) Vgl. bereits Jescheck, Deutsche Beiträge, S. 216.
4) Vgl. die Übersicht bei Blei JA 1969 S. 725 ff.; die Mindeststrafdrohungen der §§ 239, 240, 249 ff., 253, 311, 311 a, 315 StGB wurden bei den Beratungen des 11. StÄG (BGBl 1971 I S. 1977) als zu eng empfunden; vgl. die Begr. des BR zum Entwurf BT-Drucks. VI/1478 S. 3.
5) Vgl. Faller, a.a.O. S. 45 ff.
6) Politische Motive eines Täters schließen die Anwendung des Tok. Abk. entgegen der Ansicht von Schmidt-Räntsch ZLW 1964 S. 104 jedoch nicht aus; Art. 2 Tok. Abk. bezieht sich auf Strafgesetze politischer Art.
7) ICAO-Doc. 8838-LC/157 S. 13 ff. über die Arbeit des 1968 eingesetzten Unterausschusses; vgl. zu den Vorarbeiten ferner: Mankiewicz Annuaire Francais De Droit International 1969 S. 462 ff.
8) Vgl. auch die Resolution der Vereinten Nationen vom 25. 11. 1970 (abgedr. bei Schmidt-Räntsch ZLW 1971 S. 67).

1970 erarbeitete der Rechtsausschuß der ICAO einen Entwurf [1], der die Arbeitsgrundlage der Konferenz von Den Haag im Dezember 1970 bildete [2].

b) Die Ergebnisse des Abkommens von Den Haag

Bevor die Regelungen des Abkommens von Den Haag im Zusammenhang mit dem deutschen Recht einer näheren Betrachtung unterworfen werden [3], soll zunächst über den wesentlichen Inhalt des Abkommens ein Überblick gegeben werden [4].

aa) Die Übereinkunft befaßt sich mit der widerrechtlichen Inbesitznahme von Luftfahrzeugen. Die international verbindliche Umschreibung des Begriffs der Luftfahrzeugentführung trifft das Abkommen in Art. 1 [5]. Jeder Mitgliedsstaat ist verpflichtet, diese Handlung in seinem Strafrecht tatbestandsmäßig zu erfassen und mit schweren Strafen zu bedrohen [6].

bb) Der sachliche Geltungsbereich der getroffenen Übereinkunft bezieht sich entsprechend dem Abkommen von Tokio nur auf Handlungen, die an Bord eines im Flug befindlichen Luft-

---

1) ICAO Doc. 8865-LC/159; vgl. bei Faller, a.a.O. S. 192 ff.
2) Einen Überblick über den Verlauf der Konferenz gibt Schmidt-Räntsch, a.a.O.; vgl. ferner Linke, Zeitschrift für Verkehrsrecht, S. 57 ff.
3) Vgl. unten S. 216 ff.
4) Zu den Ergebnissen des Abkommens seien aus der ausländischen Literatur folgende Beiträge hervorgehoben: Agrawala, Aircraft Hijacking, 1973; McWhinney (Ed.), Aerial Piracy, 1971.
5) Art. 1 Haager Abkommen: "Jede Person, die an Bord eines im Fluge befindlichen Luftfahrzeuges
   a. widerrechtlich durch Gewalt oder Drohung mit Gewalt oder durch eine andere Form der Einschüchterung dieses Luftfahrzeug in Besitz nimmt, oder die Herrschaft darüber ausübt oder eine dieser Handlungen zu begehen versucht
   b. oder sich an der Begehung oder der versuchten Begehung einer dieser Handlungen beteiligt

   begeht eine strafbare Handlung."
6) Art. 2 Haager Abk.

fahrzeuges [1] begangen werden [2]. Aus den Konferenzmaterialien ergibt sich, daß die widerrechtliche Inbesitznahme eines Luftfahrzeuges nur dann unter das Abkommen fallen soll, wenn die Tathandlung selbst an Bord begangen wird [3]. Mithin werden Einwirkungen auf das Luftfahrzeug von außen vom Abkommen nicht erfaßt [4] [5].

Die Definition, wann sich ein Luftfahrzeug im Flug befindet, ist mit der Bestimmung des Art. 5 Abs. 2 Tok. Abk. identisch. Jedoch umfaßt der fingierte Flugzustand auch die Zeit nach der erzwungenen Landung eines Luftfahrzeuges [6].

Im Gegensatz zum Abkommen von Tokio schützt das Haager Abkommen auch Luftfahrzeuge, die in einem Nichtvertragsstaat eingetragen sind.

Das Haager Abkommen findet keine Anwendung auf Flüge, deren Abflugsort und Landungsort im Gebiet des Eintragungsstaates liegen [7]. Gleichwohl legt das Abkommen auch in einem solchen Fall den Vertragsstaaten bestimmte Pflichten auf, wenn der Täter der strafbaren Handlung im Gebiet

---

1) Art. 3 Abs. 2 Haager Abk. nimmt Militär-, Polizei- und Zollfahrzeuge von der Geltung aus.
2) Art. 1 Haager Abk.
3) Ein weitergehender Abänderungsvorschlag der ILA (vgl. dazu ZLW 1971 S. 16 ff.) wurde von der Konferenz ausdrücklich abgelehnt (vgl. dazu Schmidt-Räntsch ZLW 1971 S. 71).
4) Z. B. Attentate und Sabotagehandlungen; vgl. dazu unten S. 256 ff.
5) Vgl. hingegen §§ 5, 3 Abs. 3 StGB und oben S. 26.
6) Dies bezieht sich nicht nur auf Notlandungen, sondern auch auf von Luftpiraten erzwungene Landungen. Zwar sind die maßgeblichen Begriffe "forced landing" und " l'atterisage forcé" korrekt mit Notlandung zu übersetzen; aus den Materialien ergibt sich jedoch eindeutig, daß auch die erzwungene Landung erfaßt werden sollte; vgl. bei Schmidt-Räntsch ZLW 1971 S. 73 Anm. 30; ferner Protokolle StrABTag VI/32. Sitzung S. 1168.
7) Art. 3 Abs. 3 Haager Abk.

eines Vertragsstaates angetroffen wird [1].

cc) Das Haager Abkommen will sicherstellen, daß die Begehung des vom jeweiligen nationalen Recht einzuführenden Tatbestands der Luftfahrzeugentführung im konkreten Fall stets einen Strafanspruch nach den Regeln des internationalen Strafrechts auslöst. Das Abkommen verpflichtet daher seine Mitgliedsstaaten zu einer Erweiterung ihrer nationalen Strafgewalt [2]. Neben der Strafzuständigkeit als Flaggenstaat, zu der bereits das Abkommen von Tokio verpflichtet [3], hat jeder Vertragsstaat seine Strafgewalt an folgende weitere Prinzipien anzuknüpfen [4]:

1.) Landung des Luftfahrzeuges mit dem Täter an Bord in seinem Hoheitsgebiet;

2.) Auffinden des Täters in seinem Hoheitsgebiet, sofern dieser nicht ausgeliefert wird;

3.) Der Sitz der Hauptbetriebsleitung oder ständige Aufenthalt des Mieters im Inland, wenn das Luftfahrzeug, an Bord dessen die strafbare Handlung begangen wurde, ohne Besatzung vermietet worden ist.

Diese Häufung von Zuständigkeiten und die Anerkennung von

---

1) Art. 3 Abs. 5 Haager Abk.

2) Der Wortlaut des Abkommens spricht zwar von einer Erweiterung der nationalen Strafgerichtsbarkeit, jedoch ist eine Erweiterung der Strafgewalt gemeint. Wegen des Zusammenhangs beider Begriffe vgl. oben S. 163, 17 f.

3) Art. 3 Tok. Abk.; vgl. oben S. 163; Art. 4 Abs. 1 lit. a Haager Abk.

4) Art. 4 Haager Abk.; bei den folgenden Anknüpfungspunkten für die Strafgewalt handelt es sich keineswegs um allgemein anerkannte Prinzipien. Ihre Einführung im Wege eines völkerrechtlichen Vertrages begegnet jedoch keinen Bedenken. Vgl. zum Landestaatsprinzip Oehler, Internationales Strafrecht, S. 344, 346.

Luftfahrzeugentführungen als auslieferungsfähiges Delikt [1] sollen bewirken, daß gegen den Täter einer Luftfahrzeugentführung ausnahmslos eine Strafverfolgung eingeleitet werden kann oder seine Auslieferung ermöglicht wird.

Die Erweiterung der Strafzuständigkeiten bezieht sich jedoch nicht nur auf Luftfahrzeugentführungen, sondern auch auf solche gewalttätigen Handlungen gegen Fluggäste und Besatzungsmitglieder, die im Zusammenhang mit der Luftfahrzeugentführung begangen werden [2]. Diese Regelung soll gewährleisten, daß für die Aburteilung der gesamten Tat in ihrem historischen Ablauf eine einheitliche Zuständigkeit besteht.

dd) Jeder Vertragsstaat, in dem der Täter einer Luftfahrzeugentführung angetroffen wird, hat die Pflicht, diesen festzunehmen oder andere Maßnahmen zu seiner Sicherstellung zu ergreifen [3]. Diese Regelung entspricht dem Inhalt des Abkommens von Tokio [4]. Das gleiche gilt für die Untersuchungspflicht und die Benachrichtigung des Eintragungsstaates und des Staates, dessen Staatsangehörigkeit der Täter besitzt [5].

Das Abkommen von Den Haag geht aber noch einen wichtigen Schritt weiter, indem es den betreffenden Vertragsstaat verpflichtet, den Fall ausnahmslos [6] und unabhängig davon, ob die strafbare Handlung in seinem Hoheitsgebiet begangen worden ist, seinen zuständigen Behörden zur Strafverfolgung zu übergeben. Die Strafverfolgungsbehörden sind verpflichtet, ihre Entscheidung in der gleichen Weise wie im Fall einer gemeinrechtlichen strafbaren Handlung schwerer Art nach dem Recht dieses Staates zu treffen [7].

---

1) Art. 8 Haager Abk.
2) Art. 4 Abs. 1 Haager Abk.
3) Art. 6 Abs. 1 Haager Abk.
4) Art. 13 Abs. 2 Tok. Abk.; vgl. dazu oben S. 169.
5) Vgl. Art. 6 Abs. 2, 4 Haager Abk., Art. 13 Abs. 4, 5 Tok. Abk.; vgl. oben S. 163 ff.
6) Dies gilt insbesondere für Täter, die aus politischen Motiven gehandelt haben.
7) Art. 7 Haager Abk.

ee) Eine Luftfahrzeugentführung gilt nach dem Haager Abkommen als eine in jeden zwischen Vertragsstaaten bestehenden Auslieferungsvertrag einbezogene, der Auslieferung unterliegende strafbare Handlung [1]. Soweit kein Auslieferungsvertrag besteht, kann das Haager Abkommen erforderlichenfalls als Rechtsgrundlage für die Auslieferung angesehen werden [2]. Für Vertragsstaaten, welche eine Auslieferung von keiner vertraglichen Regelung abhängig machen, gilt eine Luftfahrzeugentführung ebenfalls als eine der Auslieferung unterliegende strafbare Handlung, vorbehaltlich der Bedingungen des ersuchten Staates [3]. Die Luftfahrzeugentführung gilt zum Zwecke der Auslieferung auch als im Gebiet des Flaggenstaates begangen [4].

Über die Regelungen zur Auslieferung hinaus obliegt den Vertragsstaaten auch die Leistung von sonstiger Rechtshilfe. Diese Pflicht, die auch bei anderen Gewalttaten im Zusammenhang mit einer Luftfahrzeugentführung ausgelöst wird, besteht jedoch nur nach Maßgabe des Rechts des ersuchten Staates [5].

2. Luftfahrzeugentführungen und völkerrechtliche Piraterieregeln

Der häufige Sprachgebrauch, anstelle der Bezeichnungen "Luftfahrzeugentführung" bzw. "widerrechtliche Inbesitznahme eines Luftfahrzeuges" den Begriff "Luftpiraterie" zu verwenden, wirft die Frage auf, ob die völkerrechtlichen Pirateriereregeln des Seerechts möglicherweise für die Entführung von Luftfahrzeugen

1) Art. 8 Abs. 1 Haager Abk.
2) Art. 8 Abs. 2 Haager Abk.
3) Art. 8 Abs. 3 Haager Abk.
4) Art. 8 Abs. 4 Haager Abk.
5) Art. 10 Haager Abk.

neben dem Haager Abkommen ergänzende Bedeutung haben [1].

Voraussetzung hierfür wäre zunächst, daß eine Erweiterung des Geltungsbereichs der historisch auf den maritimen Bereich ausgerichteten Pirateriereregeln überhaupt möglich ist.

a) Die Übertragung von Pirateriereregeln auf Luftfahrzeuge

Die Begrenzung der völkerrechtlichen Normen über die Piraterie auf das hohe Meer und staatenlose Gebiete läßt als wesentliches Merkmal der Pirateriereregeln erkennen, daß nur außerhalb eines staatlichen Herrschaftsgebiets begangene Gewaltakte als Piraterie erfaßt werden sollen. Die engeren technischen Möglichkeiten bis zum Beginn des 20. Jahrhunderts beschränkten die Anwendung der Pirateriereregeln im wesentlichen auf den Seeraub auf hohem Meer. Es liegt nahe, daß die aufgrund des technischen Fortschritts mögliche Beherrschung des hoheitsfreien Luftraums über der hohen See zu einer entsprechenden Erweiterung des räumlichen Geltungsbereichs der völkerrechtlichen Pirateriereregeln führen mußte.

Dieser Erwägung hat sich das Genfer Abkommen über das hohe Meer nicht verschlossen. Nach Art. 15 dieses Abkommens [2] kann Piraterie auch von den Passagieren oder der Besatzung eines privaten Luftfahrzeuges gegen ein anderes Luftfahrzeug begangen werden, sofern der Tatort keiner staatlichen Hoheitsgewalt untersteht.

b) Die Erfassung von Luftfahrzeugentführungen durch die einzelnen Pirateriemerkmale

Die anläßlich der Entführung eines Luftfahrzeuges begangene

1) Die Frage hat insbesondere die ausländische Literatur beschäftigt; vgl. Shubber, The British Yearbook of International Law, 1968/69 S. 199 ff.; Poulantzas, Nederlands Juristenblad 1970 S. 566 ff.; Pontavice, Revue Génerale de l' Air 1969 S. 290 ff.; Valladao, Revue Génerale de l'Air 1969 S. 261 ff.

2) Vgl. oben S. 95 Anm. 4.

Anwendung von Gewalt und der Angriff auf die persönliche Freiheit von Passagieren und Besatzung erfüllen für sich genommen die Voraussetzungen einer als Piraterie zu bewertenden Tathandlung. Jedoch verlangt die Begriffsbestimmung des Art. 15 des Genfer Abkommens über das hohe Meer, daß die Tat gegen das Luftfahrzeug von einem anderen Luftfahrzeug oder Schiff ausgehen muß. Da der Luftfahrzeugentführer regelmäßig dem Kreis der Passagiere angehört, ist der Piraterietatbestand i. S. des Genfer Abkommens nicht erfüllt [1].

In der völkerrechtlichen Literatur geht die Begriffsbestimmung der Piraterie teilweise über Art. 15 des Genfer Meeresabkommens hinaus und erfaßt auch solche Gewalttaten, die von den Insassen des betreffenden Schiffes oder Luftfahrzeuges ausgehen [2]. In Anbetracht der unterschiedlichen Auffassungen über den Umfang des Piraterietatbestandes kann Art. 15 des Genfer Meeresabkommens kaum als eindeutig erschöpfende Positivierung eines gewohnheitsrechtlich anerkannten Piraterriebegriffs angesehen werden [3]. Ebensowenig kann der Definition in Art. 15 des Genfer Meeresabkommens selbst bereits gewohnheitsrechtsbildende Wirkung zuerkannt werden [4]. Jedoch geben die kontroversen Meinungen und die Tatsache, daß die engere Pirateriedefinition mit der Ratifizierung der Genfer Meereskonvention durch über 40 Staaten eine weitreichende Verbreitung gefunden hat, zu Zweifeln Anlaß, ob für die gewohnheitsrechtliche Anerkennung eines weiteren Pira-

---

1) So auch Shubber, The British Yearbook of International Law, 1968/69 S. 199 ff.; Pontavice, Revue Génerale de l'Air 1969 S. 290 ff.; Poulantzas, Nederlands Juristenblad 1970 S. 566 ff.; Valladao, Revue Génerale de l'Air 1969 S. 261 ff.

2) Oppenheim-Lauterpacht, International Law, Bd. 1 S. 609; Liszt-Fleischmann, Völkerrecht, S. 300; Faller, Flugzeugentführungen, S. 129 f. m. w. Nachw.; vgl. auch Colombos, Seerecht, S. 355 f.

3) So auch Faller, a.a.O. S. 111 f.

4) Vgl. Faller, a.a.O. S. 113 ff., der darauf hinweist, daß ein Abkommen nur dann Gewohnheitsrecht schaffen kann, wenn es auch in die Praxis von Nichtmitgliedsstaaten eingeht.

terietatbestandes die notwendige Rechtsüberzeugung besteht [1].

Im übrigen wäre auch die Anerkennung von Luftfahrzeugentführungen als Akte der Piraterie von keiner besonderen rechtlichen Bedeutung. Die Anwendung der Pirateriereregeln ist auf Luftfahrzeugentführungen in hoheitsfreien Räumen beschränkt. Die völkerrechtliche Befugnis, ein unter der Gewalt von Piraten stehendes Luftfahrzeug in hoheitsfreiem Gebiet aufzubringen, kann aus tatsächlichen Gründen praktisch nicht ausgeübt werden. Im übrigen handelt es sich bei der Piraterie auch nicht um eine völkerrechtliche Strafnorm, sondern um eine vom Völkerrecht eingeräumte besondere staatliche Strafermächtigung, so daß allein das innerstaatliche Strafrecht eines Staates Grundlage für eine Strafverfolgung sein kann [2].

3. Die Entführung eines Luftfahrzeuges nach deutschem Strafrecht - § 316 c Abs. 1 Nr. 1 StGB

Die Bundesrepublik hat der von ihr übernommenen völkerrechtlichen Verpflichtung, einen einheitlichen Tatbestand der Luftfahrzeugentführung zu schaffen [3], dadurch Genüge getan, daß mit dem 11. StÄG [4] die Vorschrift des § 316 c in das deutsche Strafgesetzbuch aufgenommen wurde. Im Zusammenhang mit der Begehung von Luftfahrzeugentführungen und dem Haager Abkommen hat allein der Tatbestand des § 316 c Abs. 1 Nr. 1 StGB Bedeutung, da dort Handlungen pönalisiert sind, die auf eine widerrechtliche Inbesitznahme des Luftfahrzeuges hinzielen. Der

1) Bejahend hingegen Faller, a.a.O. S. 133; vgl. zur Rechtsüberzeugung als Voraussetzung des Bestehens von Völkergewohnheitsrecht Wengler, Völkerrecht, Bd. 1 S. 174 f.
2) Vgl. oben S. 99 f.
3) Das Haager Abk. verlangt die Schaffung eines einheitlichen Tatbestandes; die Pönalisierung der einzelnen Akte (z. B. Nötigung und Freiheitsberaubung) reicht nicht aus; vgl. Schmidt-Räntsch ZLW 1971 S. 77.
4) v. 16. 12. 1971 (BGBl 1971 I S. 1977).

Tatbestand des § 316 c Abs. 1 Nr. 2 StGB, der bestimmte Attentats- und Sabotagehandlungen zur Zerstörung des Luftfahrzeuges unter Strafe stellt, bleibt hingegen für die Begehung von Luftfahrzeugentführungen bedeutungslos und kann insoweit vernachlässigt werden.

Nach § 316 c Abs. 1 Nr. 1 StGB wird mit Freiheitsstrafe nicht unter fünf Jahren [1)] bestraft, wer Gewalt anwendet oder die Entschlußfreiheit einer Person angreift oder sonstige Machenschaften vornimmt, um dadurch die Herrschaft über ein im zivilen Luftverkehr eingesetztes und im Flug befindliches Luftfahrzeug zu erlangen oder auf dessen Führung einzuwirken. Einem im Flug befindlichen Luftfahrzeug steht ein Luftfahrzeug gleich, das von Mitgliedern der Besatzung oder von Fluggästen bereits betreten ist, oder dessen Beladung bereits begonnen hat, oder das von Mitgliedern der Besatzung oder von Fluggästen noch nicht planmäßig verlassen ist, oder dessen planmäßige Entladung noch nicht abgeschlossen ist.

a) Das Rechtsgut des § 316 c StGB

Die eingeführte Vorschrift wirft die Frage auf, welches Rechtsgut durch sie geschützt ist.

Aus dem Inhalt der Tathandlung und der Absicht des Täters, die Herrschaft über ein im zivilen Luftverkehr eingesetztes Luftfahrzeug zu erlangen oder auf dessen Führung einzuwirken, folgt, daß als Rechtsgut der Vorschrift die Sicherheit des zivilen Luftverkehrs geschützt ist [2)]. Dabei umfaßt die Sicherheit des zivilen Luftverkehrs namentlich den Schutz der Luftfahrzeugbesatzung, der Luftreisenden und der Luftfrachtgüter. Diese Aus-

---

1) In minder schweren Fällen nicht unter einem Jahr.
2) Vgl. Dreher StGB, § 316 c Anm. 2 A; Rüth, LK, § 316 c Anm. 2.

legung folgt insbesondere aus Abs. 1 Satz 2 des Tatbestandes, da nur solche Luftfahrzeuge erfaßt werden, an Bord derer sich Menschen oder Ladungsgüter befinden [1]. Das Rechtsgut der Sicherheit des zivilen Luftverkehrs besteht vorrangig unter dem Gesichtspunkt des Schutzes der an Bord befindlichen Personen, da nur so verständlich ist, daß ein besonderer Tatbestand gegen Luftfahrzeugentführungen mit einer so erheblichen Strafdrohung geschaffen worden ist [2].

Das Rechtsgut der Vorschrift entspricht weitgehend dem Inhalt der Präambel des Haager Abkommens, worin der Erwägung Ausdruck verliehen wird, daß Luftfahrzeugentführungen die Sicherheit von Personen und Gütern gefährden, den Betrieb von Luftverkehrslinien ernstlich hindern und das Vertrauen der Völker der Welt in die Zivilluftfahrt untergraben [3].

b) <u>Die einzelnen Voraussetzungen des § 316 c Abs. 1 Nr. 1 StGB</u>

Die Flugzeugentführung verlangt eine bestimmte Handlung des Täters, die bezweckt, ein Luftfahrzeug in seine Gewalt zu bringen oder auf dessen Führung einzuwirken. § 316 c Abs. 1 Nr. 1 StGB ist als abstraktes Gefährdungsdelikt [4] mit überschießender Innentendenz [5] konstruiert.

aa) Der Tatbestand setzt ein Luftfahrzeug [6] voraus, das im zivilen Luftverkehr eingesetzt ist und sich im Flug befindet.

---

1) Vgl. Protokolle StrABTag VI (32. Sitzung) S. 1169; ebenso Schönke-Schröder, StGB, § 316 c Anm. 2; Dreher, StGB, § 316 c Anm. 2 A; Kunath JZ 1972 S. 200.
2) Vgl. Protokolle, a.a.O.; Kunath, a.a.O. S. 200.
3) So auch Protokolle, a.a.O. S. 1168 f.
4) Rüth, a.a.O. Anm. 3; Schönke-Schröder, StGB, § 316 c Anm. 1; Dreher, a.a.O. Anm. 1; Kunath, a.a.O. S. 200; vgl. auch die Gesetzesmaterialien: Protokolle, a.a.O. S. 1178.
5) So Dreher, a.a.O.
6) Zum Begriff des Luftfahrzeuges vgl. oben S. 25 f.

Der Bereich der zivilen Luftfahrt umfaßt alle Privatluftfahrzeuge, gleichgültig, ob es sich um einen Linienflug oder eine andere Verwendungsart handelt [1]. Das betreffende Luftfahrzeug ist jedoch nur dann im zivilen Luftverkehr "eingesetzt", wenn dies aus seiner zweckbestimmten Verwendungsart im konkreten Fall folgt [2], so daß die Eigentumsverhältnisse an dem Luftfahrzeug insoweit belanglos sind [3]. Der gesamte Luftverkehr des staatlichen Dienstes hat für die Anwendung des § 316 c StGB außer Betracht zu bleiben.

§ 316 c StGB läßt offen, wann sich ein Luftfahrzeug im Flug befindet. Dem Gesetzgeber schien eine Aussage darüber wohl deshalb entbehrlich zu sein, weil durch § 316 c Abs. 1 S. 2 StGB auch die noch oder schon am Boden befindlichen Luftfahrzeuge unter den dort genannten Voraussetzungen dem Strafschutz der Vorschrift unterstellt sind [4]. Im Flug befindet sich ein Luftfahrzeug jedenfalls vom Abheben bis zum Aufsetzen auf die Landebahn [5]. Für eine weitergehende fiktive Auslegung des Begriffs "im Flug befindlich" in Anlehnung an Art. 3 des Haager Abkommens dürfte wegen der Erweiterung des Strafschutzes in § 316 c Abs. 1 S. 2 StGB kein Raum sein [6].

Den im Flug befindlichen Luftfahrzeugen sind nach Abs. 1 S. 2 diejenigen gleichgestellt, die von Besatzungsmitgliedern oder Fluggästen vor dem Start schon betreten sind oder mit deren Beladung schon begonnen worden ist, oder die nach der Landung noch nicht planmäßig verlassen wurden oder deren Entladung noch nicht planmäßig abgeschlossen ist. Die durch

---

1) Protokolle StrABTag VI (32., 51. Sitzung) S. 1176, 1586 ("Schau-, Werbe- und Arbeitsflüge"); vgl. Kunath, a.a.O.; Dreher, a.a.O. Anm. 2 B.
2) Protokolle, a.a.O. S. 1176; Dreher, a.a.O.; Kunath, a.a.O.
3) Auch ein Militärluftfahrzeug kann im Einzelfall zivilen Zwekken dienen.
4) Rüth, a.a.O. Anm. 6.
5) Schönke-Schröder, a.a.O. Anm. 8.
6) Rüth, a.a.O.

ihre Gegenwart an Bord die Schutzwirkung der Vorschrift auslösende Person muß entweder unmittelbar zur Besatzung gehören oder Fluggast sein, so daß der rechtmäßige oder unrechtmäßige Aufenthalt anderer Personen wie z. B. Bodenwarte, Putzfrauen oder blinde Passagiere nicht ausreicht. Das Betreten des Luftfahrzeuges erfüllt aber nur dann den Tatbestand, wenn es im konkreten Fall im zivilen Luftverkehr eingesetzt ist. Die Voraussetzung liegt nicht vor, wenn ein Besatzungsmitglied ein Luftfahrzeug betritt, das zur Überholung in den Hangar gebracht werden soll. Wenn teilweise weiter einschränkend die Ansicht vertreten wird, daß bei Besatzungsmitgliedern nur ein Betreten zum Zweck der Startvorbereitungen tatbestandsmäßig sei [1], so findet eine solche Auslegung in Wortlaut und Sinn der Vorschrift keine Stütze.

Die Beladung hat begonnen, wenn sich das erste Frachtstück im Laderaum befindet [2]. Der Begriff der Ladung ist hier als Nutzladung zu verstehen und umfaßt sämtliche Transportgüter einschließlich des Reisegepäcks. Ausrüstungsgegenstände der Besatzung oder für die Durchführung des Fluges (Bordverpflegung und Treibstoff) werden nicht erfaßt [3]. Der Schutzzeitraum dauert bis zum "planmäßigen" Verlassen bzw. Entladen des Luftfahrzeuges an. Das Abstellen auf den normalen Betriebsvorgang bewirkt, daß das Verlassen bzw. Entladen nach einer erzwungenen Landung den Anwendungsbereich der Vorschrift nicht beendet [4]. Das Entladen bzw. Verlassen ist jedoch nicht schon dann unplanmäßig, wenn es aufgrund von Streik, technischer Pannen oder anderer unvorhersehbarer Ereignisse zu einer zeitlichen Verzögerung bei der Abfertigung kommt [5].

1) Vgl. Rüth, a.a.O. Anm. 8.
2) Schönke-Schröder, a.a.O. Anm. 10.
3) Protokolle, a.a.O. S. 1169; Kunath, a.a.O.; Dreher, a.a.O.
4) Protokolle, a.a.O. S. 1169; Kunath, a.a.O.; Dreher, a.a.O.
5) Rüth, a.a.O. Anm. 10.

bb) Tathandlungen des Entführungstatbestandes sind die Anwendung von Gewalt, der Angriff gegen die Entschlußfreiheit einer Person oder die Vornahme sonstiger Machenschaften. Alle Begehungsformen setzen den Eintritt eines Erfolges nicht voraus, so daß § 316 c Abs. 1 Nr. 1 StGB den Charakter eines reinen Tätigkeitsdelikts besitzt [1].

Der Gewaltbegriff des Entführungstatbestandes erfaßt zunächst jede Gewaltanwendung in der Form der "vis absoluta". Sie kann sich gegen jede Person richten, die unmittelbar oder mittelbar auf die Führung des Luftfahrzeuges Einfluß nehmen kann, also insbesondere gegen Besatzungsmitglieder, aber auch gegen Personen außerhalb des Luftfahrzeuges - z. B. Fluglotsen der Bodensicherung - richten [2]. Der Verzicht auf eine nähere Eingrenzung des Personenkreises trägt den vielfältigen Möglichkeiten Rechnung, mit denen der Täter die Führung des Luftfahrzeuges beeinflussen kann. Jedoch wird hier bereits deutlich, daß der Anwendungsbereich der Vorschrift auch solche Fallgestaltungen erfaßt, die sich sprachlich nicht mehr mit den zu engen Begriffen "Luftpiraterie" und "Luftfahrzeugentführung" erfassen lassen.

Die Gewalt kann sich auch gegen Sachen richten. Dies hat praktische Bedeutung, wenn die Reifen der startbereiten Maschine beschädigt oder die Landebahnbefeuerung oder andere Navigationshilfen zerstört werden [3] oder beispielsweise das Rollfeld durch massive Hindernisse blockiert wird [4].

Fraglich ist, ob der Gewaltbegriff des Entführungstatbestandes auch die Gewaltanwendung mittels "vis compulsiva" erfaßt. Insbesondere für den Bereich der Delikte gegen die

---

1) Maurach, in Festschrift für Heinitz, S. 409.
2) Rüth, a.a.O. Anm. 13.
3) Schönke-Schröder, a.a.O. Anm. 14; Dreher, a.a.O. Anm. 3 A; anders Protokolle, a.a.O. S. 1176.
4) BT-Drucks. VI 2721 S. 3; Dreher, a.a.O.

persönliche Freiheit ist allgemein anerkannt, daß auch die Gewalt, welche den Willen des Genötigten in eine bestimmte Richtung treibt, der "vis absoluta" gleichsteht [1]. Für eine so weitgehende Auslegung des Gewaltbegriffs ist jedoch innerhalb des § 316 c Abs. 1 Nr. 1 StGB kein Raum. Denn der Gesetzgeber hat im Tatbestand neben der Gewaltanwendung als selbständige Begehungsform den Angriff auf die Entschlußfreiheit ausdrücklich vorgesehen. Diese Fassung der Vorschrift läßt erkennen, daß die Fälle der "vis compulsiva" als Angriffe auf die Entschlußfreiheit erfaßt und nicht dem Gewaltbegriff zugeordnet werden sollen [2].

Als Angriff auf die Entschlußfreiheit sind alle Maßnahmen gegen den Betroffenen anzusehen, durch die dieser gezwungen werden soll, seinen Willen demjenigen des Täters unterzuordnen. Es genügt jedes Mittel der Willensbeeinflussung [3]. Angriff ist jede in feindseliger Willensrichtung gegen die Entschlußfreiheit gerichtete Handlung ohne Rücksicht darauf, ob ein verletzender Erfolg eintritt [4]. Eine bestimmte inhaltliche Intensität des zur Willensbeeinflussung eingesetzten Mittels setzt der Tatbestand im Gegensatz zu den §§ 240, 249, 255 StGB nicht voraus. Jedoch erscheint es bereits sprachlich und wegen der Höhe des Strafrahmens der Vorschrift bedenklich, objektiv völlig unerhebliche Akte als "Angriff" auf die Entschlußfreiheit anzusehen [5].

Als Mittel der Willensbeeinflussung kommen insbesondere Drohungen mit Gewalt oder einem sonstigen Übel in Betracht [6]. Dabei werden Drohungen unabhängig davon erfaßt,

---

1) Allgemein dazu: Schönke-Schröder, StGB, § 234 Vorbem. 10 ff.; ferner BGHSt 23 S. 126 f.
2) Rüth, a.a.O. Anm. 13, 15; Schönke-Schröder, StGB, § 316 c Anm. 14 f.; a. A. Maurach, a.a.O. S. 409 f.
3) Rüth, a.a.O. Anm. 15; Schönke-Schröder, a.a.O. Anm. 15.
4) Rüth, LK, § 316 a Anm. 5.
5) Eine gewisse objektive Erheblichkeit des Angriffs verlangt Schönke-Schröder, a.a.O.; vgl. auch Maurach, a.a.O.
6) Dreher, a.a.O. Anm. 3 A b; Schönke-Schröder, a.a.O.; Rüth, LK, § 316 c Anm. 15.

ob die angedrohte Gewaltanwendung erst für die Zukunft zu befürchten ist oder ob die Drohung bereits selbst eine gegenwärtige Gewaltanwendung in der Form der "vis compulsiva" beinhaltet [1]. Darüber hinaus kann die Freiheit der Willensentschließung auch durch Anwendung einer List oder durch Täuschungshandlungen angegriffen werden. Während die Anwendung von List als Angriffsmittel auf die Entschlußfreiheit unbestritten ist [2], wollen demgegenüber einige Autoren Täuschungshandlungen mit der Begehungsform der "Vornahme sonstiger Machenschaften" erfassen [3]. Es erscheint jedoch sachgerecht, eine auf Täuschung beruhende Willensbeeinflussung - ebenso wie die Anwendung von List - bereits als Angriff auf die Entschlußfreiheit anzusehen. Denn auch die Anwendung von List erfolgt regelmäßig durch Täuschung [4]. Für den ähnlich gestalteten Tatbestand des § 316 a StGB wird ebenfalls die Ansicht vertreten, daß ein Angriff auf die Entschlußfreiheit vorliege, wenn der Betroffene Opfer einer Täuschungshandlung werde [5]. Für § 316 c StGB gingen die Beratungen zum 11. StÄG zwar davon aus, daß ein Angriff auf die freie Willensentschließung des Piloten voraussetze, daß sich der Angegriffene des Angriffs bewußt werde [6]. Diese Auffassung kann jedoch nicht überzeugen. Denn der Entschluß, den z. B. ein Pilot aufgrund einer Täuschung faßt, erscheint nur

---

1) Zur Abgrenzung zwischen Gewalt und Drohung vgl. BGHSt 23 S. 127 f.

2) Vgl. z. B. Schönke-Schröder, a.a.O.; Rüth, a.a.O.

3) Maurach, a.a.O. S. 411; Schönke-Schröder, a.a.O. Anm. 16; Rüth, a.a.O. Anm. 17.

4) Unter List ist ein Verhalten zu verstehen, das unter geschickter und geflissentlicher Verbergung der wahren Absichten oder Umstände die Ziele des Täters durchsetzen soll (BGHSt 1 S. 201; 16 S.62). Eine einfache, leicht durchschaubare Lüge ist nicht bereits als List anzusehen (Schönke-Schröder, StGB, § 234 Vorbem. 27).

5) Schäfer, LK, § 316 a Anm. 8; Kohlrausch-Lange, StGB § 316a Anm. II.

6) Protokolle, a.a.O. S. 1177.

aus der subjektiven Sicht des Betroffenen frei. Bei objektiver Betrachtungsweise beeinträchtigt der Täter unmittelbar die Freiheit der Willensentschließung, indem er durch das Vorspiegeln falscher Tatsachen den Inhalt der zu treffenden Entscheidung in seinem Sinn beeinflußt. Die Entschlußfreiheit wird daher nur dann umfassend geschützt, wenn man Täuschungshandlungen als Mittel der Willensbeeinflussung genügen läßt. Einschränkungen sind nur insoweit geboten, als es einer einfachen und leicht durchschaubaren Lüge im Einzelfall an der für einen Angriff erforderlichen Erheblichkeit [1] fehlen kann.

Kein Angriff auf die Entschlußfreiheit kann in der Bestechung des Luftfahrzeugkommandanten gesehen werden [2]. Da hier eine freiwillige Entscheidung des Betroffenen angestrebt wird, bleibt die Willensbeeinflussung hinter der für einen Angriff erforderlichen Intensität zurück. Der Tatbestand ist jedoch - bei Vorliegen der Voraussetzungen der Mittäterschaft - erfüllt, wenn der Bordfunker bestochen wird, durch eine erfundene Schadensmeldung eine Zwischenlandung oder Kursänderung zu veranlassen [3]. Ebensowenig wie die Bestechung des Pilotengenügt es für die Tathandlung, wenn der Pilot durch überzeugende Argumente zu einer Kursänderung überredet wird [4].

Die Handlung kann sich gegen Besatzungsmitglieder (z. B. Bedrohung des Piloten), Passagiere (z. B. Geiselnahme) oder Außenstehende (z. B. Fluglotsen) richten. Der Tatbestand ist auch dann vollendet, wenn die Willensbeeinflussung fehlschlägt und die Entschlußfreiheit des Angegriffenen unverletzt bleibt [5].

---

1) Vgl. Schönke-Schröder, StGB, § 316 c Anm. 15; Maurach, a.a.O. S. 409.
2) Kunath, a.a.O. S. 201.
3) Vgl. das Beispiel bei Dreher, a.a.O. Anm. 3 A c.
4) So die Protokolle, a.a.O. S. 1174.
5) Vgl. oben S. 221.

Als weitere Begehungsform nennt der Tatbestand die "Vornahme sonstiger Machenschaften". Damit sollen diejenigen Fälle erfaßt werden, in denen der Täter seine Pläne mittels eines methodisch berechneten Gesamtverhaltens zu erreichen sucht [1], ohne daß es zur Anwendung von Gewalt oder einem Angriff auf die Entscheidungsfreiheit kommt. Insoweit ist die sprachliche Bezeichnung als "sonstige" Machenschaften irreführend, da der Gesetzgeber die zuvor genannten Tatbestandshandlungen gerade nicht als "Machenschaften" verstanden hat [2].

Gegenüber den beiden anderen Begehungsformen, die wesentlich präziser sind, hat die Vornahme von sonstigen Machenschaften den Charakter eines Auffangtatbestandes [3]. Aus seiner Gleichstellung mit den übrigen Tathandlungen folgt die Notwendigkeit, den unbestimmten Begriff der Machenschaften inhaltlich näher einzugrenzen, damit nur solche Fallgestaltungen erfaßt werden, die in ihrer Schwere den übrigen Begehungsformen entsprechen. Teilweise wird hierzu die Ansicht vertreten, daß nur eine unlautere Machenschaft tatbestandsmäßig sei [4]. Die Rechtsprechung zum insoweit gleichlautenden Tatbestand des § 109 a StGB hat teilweise auf die besondere Verwerflichkeit des Gesamtverhaltens des Täters abgestellt [5]. Diese Eingrenzungsversuche führen jedoch nicht weiter, da sich die Unlauterkeit oder Verwerflichkeit der Machenschaften regelmäßig aus dem angestrebten Zweck - der rechtswidrigen Luftfahrzeugentführung - ergibt [6]. Für die Eingrenzung des Tatbestandes kommt vielmehr in Betracht, solche Täterhandlungen auszunehmen, die wegen ihrer Unerheblichkeit eine

---

1) BT-Drucks. VI 2721 S. 3; Dreher, StGB, § 109 a Anm. 2 A.
2) Kunath, a.a.O. S. 201; vgl. Dreher, StGB, § 316 c Anm. 3 A c.
3) Maurach, a.a.O. S. 410.
4) Vgl. Schönke-Schröder, a.a.O. Anm. 16.
5) Vgl. BayObLGSt 1961 S. 224.
6) So Maurach, a.a.O.; vgl. auch die Mittel-Zweck-Relation in den §§ 240 Abs. 2, 253 Abs. 2 StGB.

Gleichstellung mit den übrigen Angriffsformen nicht zulassen. Die damit vorausgesetzte Erheblichkeit der Tathandlung wird jedoch auch bei einem methodisch berechneten Gesamtverhalten nur ausnahmsweise fehlen.

Eine tatbestandsmäßige Vornahme von Machenschaften liegt beispielsweise dann vor, wenn der Täter durch technische Manipulationen den Verlauf des Fluges beeinflußt, wobei es unerheblich ist, ob sich der Pilot des angewandten Mittels bewußt wird oder nicht [1]. Zu denken ist an eine Störung des Funkverkehrs oder die Beeinflussung von Navigations- oder Steuerungsgeräten [2]. Täuschungsmanöver haben jedoch für die Tathandlung der Vornahme von Machenschaften keine Bedeutung, da sie bereits als Angriff auf die Entschlußfreiheit erfaßt werden und für die Anwendung des Auffangtatbestandes insoweit kein Raum ist [3]. Entgegen der in den Ausschußberatungen vertretenen Ansicht [4] sind Überredung oder Bestechung des Piloten nicht schon als Machenschaften anzusehen [5]. Denn dem Piloten verbleibt im Rahmen der bestehenden Situation die freie Wahl seines Verhaltens, so daß hier keine Machenschaft vorliegt, die den übrigen Angriffsformen gleichwertig ist. Ebensowenig ist der Tatbestand erfüllt, wenn sich der Täter unbemerkt an Bord eines unbewachten und menschenleeren Luftfahrzeuges begibt, um das Luftfahrzeug samt der an Bord befindlichen Ladung in Diebstahlsabsicht zu entführen. Denn das schlichte Betreten genügt für sich genommen noch nicht den Anforderungen, die an ein methodisch berechnetes Gesamtverhalten zu stellen sind. Jedoch kann der

---

1) Vgl. Kunath, a.a.O. S. 201.
2) So Protokolle, a.a.O. S. 1179; BT-Drucks. VI 2721 S. 3; Schönke-Schröder, a.a.O. Anm. 16; Rüth, a.a.O. Anm. 17; Maurach, a.a.O. S. 411 ; Dreher, a.a.O. Anm. 3 A c.
3) Vgl. oben S. 223 f.
4) Protokolle, a.a.O. S. 1180.
5) Schönke-Schröder, a.a.O.; Dreher, a.a.O.; a. A. Kunath, a.a.O.; Maurach, a.a.O. S. 411.

Tatbestand in den ersten beiden Alternativen erfüllt werden, wenn der Täter den geplanten Diebstahl mit den Mitteln des Raubes [1] oder durch List ermöglichen will.

Zweifelhaft ist, ob der Tatbestand auch dann eingreift, wenn der Täter bewirkt, daß ein unbeladenes Luftfahrzeug eigens zum Zweck der Entführung mit einer Besatzung versehen wird und mit dem Täter an Bord startet. Ein Teil der Literatur ist der Ansicht [2], daß dieser Fall, der bereits Gegenstand der Ausschußberatungen war [3], durch den Entführungstatbestand erfaßt werde. Die Bedenken gegen die Tatbestandsmäßigkeit dieser Fallgestaltung rühren aus dem Umstand her, daß der Täter die Herrschaftsgewalt über das Luftfahrzeug bereits zu einem Zeitpunkt erlangt, wo sich dieses nicht in der Luft befindet und weder von einer Person betreten noch mit Ladung versehen ist. Das im Hangar abgestellte Luftfahrzeug wird erst einige Zeit nach der Nötigungshandlung für den Einsatz im zivilen Luftverkehr bereitgestellt. Demgegenüber darf aber nicht verkannt werden, daß die Nötigungshandlung nach der Absicht des Täters regelmäßig bis nach dem Start fortwirken soll, um die Beherrschung des gesamten Fluges zu erreichen. Danach reicht es aus, daß die Gewaltanwendung oder der Angriff auf die Entschlußfreiheit bis zum Betreten des Luftfahrzeuges durch ein Besatzungsmitglied weitergewirkt haben [4]. Diese Auslegung bedeutet keine erweiternde Analogie. Denn die Wirkung von Drohung und Gewalt besteht nicht nur im Moment ihres Beginns, sondern beeinträchtigt die Entschlußfreiheit der genötigten Person bis zur Beendigung des psychischen Zwangszustandes.

---

1) Vgl. Dreher, a.a.O. Anm. 3 A d.
2) Dreher, a.a.O. Anm. 2 B.
3) Protokolle, StrABTag VI (32., 51. Sitzung) S. 1174, 1177, 1586, 1587 f.; im Ergebnis unentschieden.
4) So Dreher, a.a.O.; Protokolle, a.a.O. S. 1587 f.

Der Täterkreis, der für die Begehung des Entführungstatbestandes in Betracht kommt, umfaßt jede beliebige Person. Der Flugkapitän selbst scheidet jedoch als Täter aus [1]. Dies folgt aus dem Inhalt der erforderlichen Täterabsicht. Denn der Luftfahrzeugkommandant hat die Führung und Herrschaft über das Luftfahrzeug von vornherein inne.

cc) Der subjektive Tatbestand setzt Vorsatz in Bezug auf die einzelnen Tatbestandsmerkmale sowie die Absicht [2] voraus, die Herrschaft über ein im zivilen Luftverkehr eingesetztes Luftfahrzeug zu erlangen oder auf dessen Führung einzuwirken. Absicht ist gegeben, wenn der Täter die Erlangung der Herrschaft über das Luftfahrzeug oder die Einwirkung auf die Führung als über den objektiven Tatbestand hinausgehenden Erfolg anstrebt [3]. Das sichere Wissen um den Erfolgseintritt allein reicht nicht aus. Der Täter braucht den erstrebten Erfolg jedoch nicht zu erreichen.

Die Herrschaft über das Luftfahrzeug bedeutet die Verwirklichung eigener Führung oder Befehlsgewalt über die Besatzung und die Fluggäste. Eine Einwirkung auf die Führung des Luftfahrzeuges liegt dann vor, wenn der Verlauf des Fluges in Bezug auf Kurs, Flughöhe, Zeit oder Zielort beeinflußt wird [4].

---

1) Schönke-Schröder, a.a.O. Anm. 22.
2) Vgl. BGHSt 4 S. 108 ("um zu" hat die gleiche Bedeutung wie "Absicht").
3) Vgl. Dreher, a.a.O. Anm. 3 A d; Schönke-Schröder, a.a.O. Anm. 18; Rüth, a.a.O. Anm. 19; allgemein zum Begriff der Absicht: BGHSt 4 S. 107 ff.; 16 S. 4 ff.; 18 S. 248 ff.; ferner Jescheck, Strafrecht, AT § 29 III 1; Dreher, StGB, § 59 Anm. II B 1.
4) Dreher, StGB, § 316 c Anm. 3 A d; vgl. Schönke-Schröder, StGB, § 316 c Anm. 19 f.

c) Das Verhältnis von § 316 c Abs. 1 Nr. 1 StGB zu Art. 1 Haager Abkommen

Mit der Vorschrift des § 316 c Abs. 1 Nr. 1 StGB hat der Gesetzgeber die Grenzen der Strafbarkeit von Luftfahrzeugentführungen weiter vorverlegt als er dazu nach Art. 1 Haager Abk. verpflichtet war. Hierin kann aber kein Widerspruch gesehen werden, da das Haager Abkommen nur die Mindestanforderung für die zu pönalisierenden Verhaltensweisen darstellt und es dem Gesetzgeber unbenommen bleibt, darüber hinauszugehen.

Während die in Art. 1 Haager Abk. beschriebene Handlung erst dann vollendet ist, wenn der Täter das Luftfahrzeug in Besitz genommen hat oder die Herrschaft darüber ausübt, tritt die Vollendung nach § 316 c StGB bereits im Vorfeld des beabsichtigten Enderfolges ein. Es genügt, daß der Täter Gewalt anwendet, die Entschlußfreiheit von Personen angreift oder Machenschaften vornimmt, ohne daß es auf die Verwirklichung der eigentlichen Ziele des Täters ankommt.

Neben der Vorverlagerung der Tathandlung ist auch die Reihe der Mittel, deren sich der Täter bedienen kann, weiter gefaßt worden. Die Beschränkung in Art. 1 Haager Abk. auf Gewalt, Drohung mit Gewalt oder andere Formen der Einschüchterung hat der Gesetzgeber nicht übernommen. Mit der Einbeziehung von "sonstigen Machenschaften" erfaßt der Anwendungsbereich des § 316 c StGB auch solche Fälle, die sich nicht als Angriff auf die Entschlußfreiheit darstellen.

§ 316 c StGB geht auch in Ansehung des Ortes der Tathandlung über das Gebot des Abkommens hinaus. Während der Tatbestand in Art. 1 Haager Abk. nur an Bord eines Luftfahrzeuges begehbar ist, erfaßt § 316 c StGB räumlich auch den Täter, der außerhalb des Luftfahrzeuges mit dem Ziel tätig wird, den Flugverlauf zu beeinflussen [1].

Eine letzte Erweiterung gegenüber dem Haager Abkommen folgt daraus, daß nach § 316 c Abs. 1 S. 2 StGB der Zeitraum zwischen dem ersten Beladen bzw. dem ersten Betreten und dem planmäßigen Entladen bzw. Verlassen des Luftfahrzeuges in den Schutzbereich der Vorschrift einbezogen ist. Demgegenüber stellt das Haager Abkommen, abgesehen vom Fall der Notlandung, einschränkend auf das Öffnen und Schließen der Außentüren ab [2].

Obwohl bei den Beratungen zum 11. StÄG besondere Aufmerksamkeit darauf verwandt worden ist, in § 316 c StGB keinesfalls hinter den Anforderungen des Art. 1 Haager Abk. zurückzubleiben [3], unterschreitet der deutsche Tatbestand in einem - wenn auch wenig bedeutsamen - Punkt die vertraglich gesetzte Mindestgrenze. Das Haager Abkommen nimmt lediglich solche Luftfahrzeuge von seiner sachlichen Geltung aus, die im Militär-, Zoll- oder Polizeidienst verwendet werden [4]. Wenn damit zwar auch die wichtigsten Kategorien der Staatsluftfahrzeuge von der Geltung des Abkommens ausgenommen sind, so findet es auf alle anderen Luftfahrzeuge uneingeschränkt Anwendung. § 316 c Abs. 1 Nr. 1 StGB beschränkt den sachlichen Geltungsbereich der Strafdrohung jedoch auf solche Luftfahrzeuge, die im zivilen Luftverkehr eingesetzt sind. Damit ist der Anwendungsbereich beider Regelungen zwar nahezu deckungsgleich; indessen besteht aber keine völlige Kongruenz. Denn es ist denkbar, daß ein Staat Luftfahrzeuge zu hoheitlichen Zwecken betreibt, ohne daß es sich um Polizei-, Zoll- oder Militärluftfahrzeuge handelt [5]. So können z. B. staatliche Post-

---

1) Rüth, LK, § 316 c Anm. 13; Schönke-Schröder, a.a.O. Anm. 15; Dreher, a.a.O. Anm. 3 A a; Kunath JZ 1972 S. 201 Anm. 16; Protokolle, a.a.O. S. 1175.
2) Art. 3 Abs. 1 Haager Abk.
3) Vgl. Protokolle StrABTag VI (51. Sitzung) S. 1586.
4) Art. 3 Abs. 2 Haager Abk.
5) Das gilt z. B. für "Ministerflugzeuge" der Bundesluftwaffe.

flugzeuge, Wetterbeobachtungsflugzeuge oder Luftfahrzeuge des Seenotrettungsdienstes durchaus hoheitlichen Zwecken dienen [1], ohne vom Haager Abkommen ausgenommen zu sein [2]. § 316 c StGB findet hingegen auf solche nicht privaten Zwecken dienenden Luftfahrzeuge keine Anwendung [3].

d) Der qualifizierte Fall

§ 316 c Abs. 2 StGB fügt den Tatbeständen des Abs. 1 ein erfolgsqualifiziertes Delikt hinzu. Es ist mindestens auf zehnjährige Freiheitsstrafe zu erkennen, wenn durch die Tat leichtfertig der Tod eines Menschen verursacht worden ist.

Problematisch ist in diesem Zusammenhang, ob die Qualifikation auch dann zur Anwendung gelangen kann, wenn lediglich ein anderer Tatbeteiligter das Opfer der Tat ist. Zwar ist es für die strafrechtliche Beurteilung einer Handlung grundsätzlich unerheblich, ob sich diese an Stelle eines Außenstehenden bei einem Tatbeteiligten ausgewirkt hat, sofern der Erfolg und der Kausalverlauf im Rahmen des Vorsatzes bzw. der Vorhersehbarkeit bleiben [4]. Jedoch können sich im Einzelfall aus dem Gesetz Abweichungen ergeben. So wird beispielsweise in den §§ 315 ff. StGB eine Gefahr "für andere" vorausgesetzt, woraus sich ergibt, daß eine Gefährdung des Täters oder eines Teilnehmers den Tatbestand nicht erfüllt [5]. Teilweise wird auch für § 316 c StGB die Ansicht vertreten, daß der der Vorschrift zugrunde liegende Gefährdungsgedanke

---

1) Jedem Staat steht die Bestimmung frei, ob er die Durchführung dieser Dienste hoheitlich oder privatrechtlich organisieren will.
2) Vgl. Schmidt-Räntsch ZLW 1964 S. 86.
3) Ebenso Schönke-Schröder, StGB, § 316 c Anm. 6.
4) BGHSt 11 S. 268; einen Überblick über die teilweise kritische Literatur zu dieser Entscheidung gibt Jescheck, Strafrecht, AT § 63 I Anm. 7.
5) Vgl. dazu BGHSt 6 S. 100; OLG Braunschweig GA 1957 S. 150; Maurach, Strafrecht, BT S. 537; Schönke-Schröder, StGB, § 306 Vorbem. 9 a, § 307 Anm. 6; Dreher, StGB, § 315 c Anm. 4 B.

nur auf solche Personen bezogen werden könne, die nicht zu den Tatbeteiligten gehören. Der Tod einer solchen Person erfülle daher nicht die Voraussetzungen des erfolgsqualifizierten Delikts [1].

Gegen diese Ansicht könnte zunächst sprechen, daß § 316 c Abs. 2 StGB nach seinem Wortlaut den "Tod eines Menschen" voraussetzt, während die §§ 315 ff. StGB bereits sprachlich die Gefährdung "eines anderen" zum Gegenstand haben. Indessen kann aus dieser unterschiedlichen Fassung nichts hergeleitet werden, denn der Sprachgebrauch des Gesetzgebers ist insoweit uneinheitlich und ungenau [2]. Angesichts dieser Unklarheiten ist es jedoch angezeigt, bei der Auslegung des § 316 c Abs. 2 StGB dem Willen des Gesetzgebers, der in den Gesetzesmaterialien seinen Ausdruck gefunden hat, besondere Bedeutung beizumessen. Aus den Protokollen des mit der Frage befaßten Strafrechtsausschusses ergibt sich, daß die Erfolgsqualifikation auch dann erfüllt sein soll, wenn durch die Entführung allein der Tod eines Tatbeteiligten verursacht worden ist [3]. Im Rahmen der Auslegung des § 316 c Abs. 2 StGB besteht kein Anlaß, von dem in den Gesetzesmaterialien erklärten Willen des Gesetzgebers abzugehen.

Während es für ein erfolgsqualifiziertes Delikt nach § 56 StGB ausreicht, wenn der Täter den Erfolg wenigstens fahrlässig herbeiführt, erfaßt § 316 c Abs. 2 StGB nur solche Kausalverläufe, in denen der Erfolg auf Leichtfertigkeit beruht. Leichtfertigkeit ist teilweise als eine an Vorsatz grenzende grobe Fahrlässigkeit verstanden worden [4]. Durch eine Nähe zum Vorsatz wird der Begriff der Leichtfertigkeit jedoch nicht gekennzeichnet. Denn die

---

1) Schönke-Schröder, StGB, § 316 c Anm. 34; Rüth, a.a.O. Anm. 31; vgl. Protokolle, a.a.O. S. 1589.

2) Vgl. z. B. § 212: "Wer einen Menschen vorsätzlich tötet ..." Mit der Tötung ist gleichwohl die Tötung eines anderen gemeint.

3) Im Ergebnis ebenso: Dreher, a.a.O. Anm. 6; Kunath, a.a.O. S. 201; Protokolle, a.a.O. S. 1171.

4) BGH DStZ (B) 1959 S. 500.

Leichtfertigkeit kommt nicht nur bei bewußter, sondern auch bei unbewußter Fahrlässigkeit in Betracht [1]. Die überwiegende Meinung [2] versteht Leichtfertigkeit als einen erhöhten Grad von Fahrlässigkeit, der mit der groben Fahrlässigkeit des bürgerlichen Rechts vergleichbar , aber wegen des subjektiven Fahrlässigkeitsmaßstabs im Strafrecht nicht gleichzusetzen ist. Es ist eingewandt worden, daß der inhaltliche Vergleich mit der groben Fahrlässigkeit für § 316 c Abs. 2 StGB ungeeignet sei, weil damit einseitig auf die Verletzung von Sorgfaltspflichten abgestellt werde.[3] Diese Kritik läßt jedoch unberücksichtigt, daß der strafrechtliche Fahrlässigkeitsbegriff nicht durch die Verletzung von Sorgfaltspflichten bei der Vornahme der Tathandlung oder ihrer Planung erschöpft wird. Vielmehr läßt sich die Steigerung, welche die Leichtfertigkeit gegenüber der normalen Fahrlässigkeit beinhaltet, auch auf die Vorhersehbarkeitskomponente der Fahrlässigkeit beziehen, so daß im Rahmen des § 316 c Abs. 2 StGB solche Fälle erfaßt werden, in denen der Erfolgseintritt wegen des konkreten Täterverhaltens besonders nahe lag. Dies bedeutet keine qualitative Nähe zum Vorsatz, denn gerade bei der unbewußten Fahrlässigkeit beinhaltet der Schuldvorwurf gegen den Täter, daß er den vorhersehbaren Erfolg nicht vorgesehen hat [4].

Der qualifizierte Fall kann bereits durch die Begehung des nicht zur Vollendung gelangten Grunddelikts herbeigeführt werden [5]. Denn die Qualifikation knüpft an keinen Erfolg des Grund-

---

1) Maurach, in Festschrift für Heinitz, S. 416 f.
2) Vgl. § 18 Abs. 3 des amtlichen Entwurfs eines Strafgesetzbuches von 1962; RGSt 71 S. 176; BayObLG NJW 1959 S. 734; Schönke-Schröder, StGB, § 59 Anm. 150; Dreher, StGB, § 59 Anm. III C; Rüth, a.a.O. Anm. 31; Protokolle, aaO. S. 1170.
3) So Maurach, a.a.O. S. 415 ff., nach dessen Ansicht Leichtfertigkeit im wesentlichen dem Begriff der Rücksichtslosigkeit in § 315 c StGB entspricht.
4) Vgl. z. B. RGSt 56 S. 349.
5) Dreher, StGB, § 316 c Anm. 6.

tatbestandes an [1]. Praktisch erscheint die Möglichkeit eines Versuchs des erfolgsqualifizierten Delikts jedoch gering. Da sich die Grundhandlung erfolgsunabhängig in den genannten Tätigkeitsformen erschöpft, ist der Tatbestand mit dem Beginn der Grundhandlung bereits vollendet [2] [3].

e) Rechtfertigungsgründe

Die Rechtswidrigkeit einer Tat nach § 316 c Abs. 1 Nr. 1 StGB kann nach allgemeinen Grundsätzen ausgeschlossen sein. In diesem Zusammenhang ist die Frage von besonderer Bedeutung, ob die Tat unter dem Gesichtspunkt des (bisherigen) übergesetzlichen Notstandes [4] dadurch gerechtfertigt werden kann, daß der in einem totalitären Staat politisch verfolgte Täter tatbestandsmäßig handelt, um sich einer unmittelbaren Gefahr für sein Leben durch Flucht ins Ausland zu entziehen.

Nach überwiegender Meinung [5] wird ein Notstand nicht dadurch ausgeschlossen, daß der Täter die Notstandslage verschuldet hat. Die Entscheidung über die Rechtfertigung hängt davon ab, ob unter Wertungsgesichtspunkten das Interesse an der Zulassung der Notstandshandlung das Interesse an der Respektierung des verletzten Gutes überwiegt [6]. Dreher [7] erwägt, der Zulassung der Not-

---

1) Maurach, a.a.O. S. 403 ff., 414; vgl. Schönke-Schröder, StGB, § 56 Anm. 8.
2) Das bedeutet jedoch nicht, daß § 316 c Abs. 1 Nr. 1 StGB den Charakter eines Unternehmenstatbestands hätte (so auch Maurach, a.a.O. S. 409; a. A. Schönke-Schröder, StGB, § 316 c Anm. 17), denn nicht jede Ausführungshandlung i. S. des § 43 StGB muß notwendig bereits den Grundtatbestand des § 316 c Abs. 1 Nr. 1 StGB vollenden.
3) Wegen der Fälle des untauglichen Versuchs vgl. Maurach, a.a.O. S. 414.
4) Vgl. § 12 OWiG; § 34 2. StrRG.
5) RGSt 61 S. 255; Dreher, StGB, § 54 Anm. 7; Kohlrausch-Lange, StGB, § 51 Vorbem. II 2; Schönke-Schröder, StGB, § 51 Vorbem. 57; Maurach, Strafrecht, AT S. 333.
6) Vgl. § 12 S. 1 OWiG.
7) Dreher, StGB, § 316 c Anm. 9.

standshandlung dann den Vorzug zu geben, wenn dem von unmittelbaren und schwerwiegenden Willkürmaßnahmen bedrohten Täter keine Fluchtmöglichkeit bleibt und er bei der Luftfahrzeugentführung schonend - d. h. Verwendung von Schußwaffenattrappen, keine Verletzung von Leib und Leben anderer - vorgeht.

Dieses Ergebnis vermag jedoch für den Regelfall bei Entführung eines besetzten Passagierflugzeuges nicht zu überzeugen. Bereits die schwere Strafdrohung in § 316 c Abs. 1 Nr. 1 StGB indiziert die Bedeutung des dort geschützten Rechtsgutes. Abstrakt gesehen überwiegt die Gefahr für Leib und Leben des Täters nicht die wertentsprechende Gefahr für die Luftfahrzeuginsassen. Stellt man unter Berücksichtigung des Grades der drohenden Gefahren auf die Schutzwürdigkeit der Güter in der konkreten Situation ab, so gelangt man im Normalfall zum gleichen Ergebnis. Denn eine erzwungene Änderung des Flugverlaufs bedeutet regelmäßig eine erhebliche Beeinträchtigung der Flugsicherheit und somit eine konkrete Gefahr für Passagiere und Besatzung [1]. Die Benutzung einer Waffenattrappe in diesem Zusammenhang ist nicht entscheidend. Ungeachtet der menschlichen Tragik, welche aus politischen Gründen zum Zweck der Flucht begangene Luftfahrzeugentführungen oftmals kennzeichnet, muß daher festgestellt werden, daß eine Rechtfertigung der Tat unter dem Gesichtspunkt des Notstandes fast ausnahmslos ausscheiden wird. Soweit solche Fälle bisher von deutschen Gerichten abgeurteilt worden sind, wurde in keinem Fall eine Rechtfertigung der Tat aufgrund der politischen Begleitumstände anerkannt [2].

---

1) Denkbar ist hingegen, daß die Voraussetzungen des schuldausschließenden Notstands (§ 54 StGB) vorliegen. Voraussetzung ist hier jedoch, daß die Gefahrenlage unverschuldet, gegenwärtig und auf andere Weise nicht zu beseitigen ist.
2) Vgl. bei Meyer, Internationale Luftfahrtabkommen, Bd. 6 S. 19 ff.

f) Der minder schwere Fall

Die Strafdrohung beträgt in minder schweren Fällen Freiheitsstrafe nicht unter einem Jahr [1]. Nach teilweise in der Literatur [2] vertretener Meinung soll es für die Annahme eines minder schweren Falles von Bedeutung sein, ob von der Tat im Einzelfall eine konkrete Gefahr ausgegangen ist. Gegen diese Ansicht bestehen jedoch Bedenken. Denn der Normalfall einer Luftfahrzeugentführung ist nach § 316 c Abs. 1 StGB als abstraktes Gefährdungsdelikt ausgestaltet, ohne daß ein konkreter Gefährdungserfolg erforderlich wäre. Wollte man die Annahme eines minder schweren Falles vom Ausbleiben einer konkreten Gefahr abhängig machen, so würde die Strafmilderung dafür gewährt werden, daß nicht über den gesetzlichen Tatbestand hinaus noch zusätzlich ein Erfolg eingetreten ist.

Ein minder schwerer Fall kann vielmehr nur dann angenommen werden, wenn das Tatbild unter Berücksichtigung aller Umstände, die der Tat selbst innewohnen oder mit ihr im Zusammenhang stehen, vom Durchschnitt der erfahrungsgemäß vorkommenden Fälle in einem Maß abweicht, daß die Anwendung des normalen Strafrahmens als zu hart erscheint [3]. Der Anlaß für die Anwendung des Ausnahmestrafrahmens kann sich danach beispielsweise aus dem objektiven Tatgeschehen ergeben, wenn das vom Täter eingesetzte Mittel an der Untergrenze dessen liegt, was noch als tatbestandsmäßig anerkannt werden kann. Anlaß für die Strafmilderung können

---

1) Ferner eröffnet § 316 c Abs. 4 StGB dem Gericht die Möglichkeit, nach seinem Ermessen unter den dort genannten Voraussetzungen bei tätiger Reue die Strafe zu mildern oder ganz von Strafe abzusehen. Für den Entführungstatbestand ist jedoch mit Rücksicht auf die Verpflichtungen der Bundesrepublik aus dem Haager Abkommen nur die Möglichkeit einer Strafmilderung verwirklicht worden (vgl. Protokolle, a.a.O. S. 1171).

2) Schönke-Schröder, StGB, § 316 c Anm. 33; Rüth, LK, § 316 c Anm. 31; Kunath JZ 1972 S. 200; vgl. auch Protokolle, a.a.O. S. 1178.

3) Vgl. allgemein dazu OLG Köln NJW 1960 S. 1481; Dreher, StGB, § 13 Anm. 9.

aber auch subjektive Momente sein. Dies kommt insbesondere dann in Betracht, wenn die Tat von einem achtenswerten Motiv getragen wird, wobei auch politische Beweggründe die Anwendung des milderen Strafrahmens rechtfertigen können [1]. Zu denken ist hier vor allem an die Fälle, in denen der Täter ein Luftfahrzeug entführt, um vor politischer Verfolgung dem Machtbereich eines totalitären Staates zu entfliehen. Diese Auslegung steht nicht in Widerspruch zu Art. 7 des Haager Abkommens. Danach darf zwar eine politische Motivation des Täters nicht bewirken, daß der Fall von vornherein dem Zugriff der Strafverfolgungsbehörden entzogen wird. In dem Verfahren selbst ist jedoch die Berücksichtigung politischer Motive nicht ausgeschlossen.

g) Strafbarkeit von Vorbereitungshandlungen

§ 316 c Abs. 3 StGB erfaßt bestimmte Handlungen, die der Vorbereitung einer geplanten Begehung des § 316 c Abs. 1 StGB dienen sollen, als selbständiges Delikt.

Tathandlung ist das Herstellen, Verschaffen, Verwahren oder Überlassen von Schußwaffen, Sprengstoffen oder anderen Stoffen und Vorrichtungen, die zur Herbeiführung einer Explosion oder eines Brandes bestimmt sind. Zur Frage, wann ein Gegenstand zur Herbeiführung einer Explosion oder eines Brandes "bestimmt" ist, wird teilweise die Ansicht vertreten, daß nur solche Gegenstände in Betracht kommen, die ihrer Art nach die spezifische Eignung für diesen Zweck haben [2]. Ob eine derartige Eingrenzung, die auf die objektive Eignung des betreffenden Gegenstandes abstellt, dem Wortlaut und Sinn des Gesetzes entspricht, erscheint jedoch nicht eindeutig. Auf die Gesetzesmaterialien läßt sich eine

1) Protokolle, a.a.O. S. 1175; Schönke-Schröder, a.a.O.; Kunath, a.a.O.
2) Lackner-Maassen, StGB, § 316 c Anm. 7; vgl. Dreher, StGB, § 316 c Anm. 8; Rüth, a.a.O. Anm. 26.

solche Auslegung nicht stützen. Gegen sie spricht auch, daß der Gesetzgeber die inhaltliche Beschränkung eines Tatbestandes auf Gegenstände, die zur Erreichung eines Zwecks objektiv geeignet sind, sonst regelmäßig sprachlich genau zum Ausdruck bringt [1].

4. Die Luftfahrzeugentführung im internationalen Strafrecht der Bundesrepublik

Die Bundesrepublik ist ihrer Pflicht, den Tatbestand der Luftfahrzeugentführung nach Maßgabe des Abkommens von Den Haag ihrer Strafgewalt zu unterwerfen, dadurch nachgekommen, daß § 316 c StGB in § 4 Abs. 3 Nr. 3 a StGB zum Weltrechtsdelikt erklärt wurde. Eine so weitgehende Ausdehnung der Strafgewalt erfordert Art. 4 des Haager Abkommens streng genommen zwar nicht, jedoch ist die Einführung des Weltrechtsprinzips für Luftfahrzeugentführungen sachlich zweckmäßig [2]. Eine den Bestimmungen des Haager Abkommens genau entsprechende Umgestaltung des internationalen Strafrechts des StGB wäre bereits deshalb nachteilig, weil dem deutschen internationalen Strafrecht die Prinzipien des Landungsortes und des Ergreifungsortes fremd sind.

Zur Erfüllung der vertraglichen Verpflichtung, auch die im Zusammenhang mit einer Luftfahrzeugentführung begangenen Delikte der deutschen Strafgewalt zu unterwerfen, erstreckt § 4 Abs. 3 Nr. 10 StGB das Weltrechtsprinzip gleichfalls auf solche Taten, die aufgrund eines für die Bundesrepublik verbindlichen zwischenstaatlichen Abkommens auch dann zu verfolgen sind, wenn sie im Ausland begangen werden [3]. Mit dieser zusätzlichen

---

1) Vgl. z. B. § 5 Überwachungsgesetz (BGBl 1961 I S. 607), § 308 StGB.

2) In diese Richtung gingen bereits die Entschließungen des VII. Internationalen Strafrechtskongresses in Athen (1957); vgl. Meyer, Internationale Luftrechtsabkommen, Bd. 5 S. 173.

3) Vgl. Protokolle StrABTag VI (32. Sitzung) S. 1167 f.

Regelung erfaßt das Weltrechtsprinzip Luftfahrzeugentführungen doppelt. Die danach überflüssig erscheinende Bestimmung des § 4 Abs. 3 Nr. 3 a StGB bleibt aber deshalb sinnvoll, weil sie den inländischen Richter von der Verpflichtung entbindet, den festgestellten Sachverhalt neben § 316 c StGB noch unter den Tatbestand der Luftfahrzeugentführung nach dem Haager Abkommen zu subsumieren [1].

Bei einer strafbaren Handlung, die der Täter im Zusammenhang mit der Luftfahrzeugentführung gegen Besatzungsmitglieder oder Passagiere begangen hat, muß der Richter jedoch nach § 4 Abs. 3 Nr. 10 StGB die völkerrechtliche Pflicht der Bundesrepublik zur Strafverfolgung nach Maßgabe des Haager Abkommens feststellen. Diese Pflicht entfällt aber, wenn die Begleittat mit einem solchen Eingriff in den Luftverkehr in Zusammenhang steht, der zwar den Tatbestand des § 316 c StGB erfüllt, jedoch der engeren Definition der Luftfahrzeugentführung im Haager Abkommen nicht genügt.

Fraglich ist, wann ein ausreichender Zusammenhang zwischen der Luftfahrzeugentführung und der Begleittat gegeben ist. Der Begriff des Zusammenhanges erschöpft sich keineswegs darin, lediglich solche Begleittaten zu erfassen, die mit der Luftfahrzeugentführung tateinheitlich zusammenfallen [2]. Es reicht vielmehr aus, wenn die betreffende Handlung mit der Luftfahrzeugentführung in einem räumlichen und zeitlichen Zusammenhang steht und wenn sich beide Handlungen - in Anlehnung an den strafprozessualen Tatbegriff - nach natürlicher Auffassung als einheitlicher Lebensvorgang darstellen [3]. Ein solcher wird durch die Annahme einer materiell rechtlichen Tat-

---

1) Protokolle, a.a.O. S. 1168.
2) Vgl. Protokolle, a.a.O.
3) Vgl. allgemein: BGHSt 23 S. 141; Kleinknecht, StPO, § 264 Anm. 1.

mehrheit nach § 74 StGB nicht ausgeschlossen [1]. Dieser Auffassung entspricht es, daß der Sinn dieser vertraglichen Regelung dahin geht, ein einheitliches Tatgeschehen nicht willkürlich im Strafverfahren aufzuspalten [2].

5. Das Strafverfahren

Das Ziel des Haager Abkommens ist es, entweder die Strafverfolgung oder die Auslieferung des Täters durch den Vertragsstaat, in dem er ergriffen wird, sicherzustellen. Falls der Tatverdächtige nicht ausgeliefert wird, verpflichtet Art. 7 Haager Abkommen den betreffenden Staat, den Fall ausnahmslos [3] den zuständigen Behörden zum Zweck der Strafverfolgung zu unterbreiten.

Dieser Bestimmung kommt nach deutschem Strafverfahrensrecht keine Bedeutung zu, denn die Tätigkeit deutscher Strafverfolgungsbehörden wird nicht erst durch eine besondere Unterbreitung des Falles ausgelöst. Die Staatsanwaltschaft wird vielmehr ohne Rücksicht auf den politischen Charakter [4] eines Delikts tätig und trifft, sofern sie nicht schon nach dem Legalitätsprinzip zur Strafverfolgung verpflichtet ist, die Entscheidung über die Verfolgung der Tat von Amts wegen.

Für die Strafverfolgung gelten die §§ 152 ff. StPO. Es ist jedoch zu beachten, daß die Entscheidung der Staatsanwaltschaft, soweit das Opportunitätsprinzip gilt, durch die völkervertraglichen Pflichten der Bundesrepublik unmittelbar beeinflußt wird.

---

1) Vgl. Kleinknecht, a.a.O. Anm. 2 m.w.Nachw.
2) Vgl. Schmidt-Räntsch ZLW 1971 S. 85; Linke, Zeitschrift für Verkehrsrecht, S. 60.
3) Dies gilt auch dann, wenn dem Täter politisches Asyl gewährt wird.
4) Dies schließt nicht aus, daß der politische Einschlag einer Tat im Verlauf des Verfahrens berücksichtigt werden kann.

Art. 6 Abs. 2 Haager Abkommen verlangt eine vorläufige Untersuchung zur Feststellung des Sachverhalts, wenn der Täter nach der Landung in der Bundesrepublik ergriffen wird. Diese Vorschrift bedarf keiner innerstaatlichen Ausführungsvorschriften mehr und muß als unmittelbare Schranke des Opportunitätsprinzips beachtet werden [1]. Die Staatsanwaltschaft ist danach zur Aufklärung des Sachverhalts auch dann verpflichtet, wenn die Voraussetzungen des § 153 b Abs. 1 Nr. 1, 2 StPO theoretisch die Einleitung von Ermittlungen nicht zwingend erfordern.

Im übrigen überläßt das Abkommen von Den Haag den Verfahrensablauf allein dem innerstaatlichen Recht. Insbesondere kann aus Art. 7 Haager Abk. nicht die Verpflichtung hergeleitet werden, daß in jedem Fall Anklage erhoben werden muß. Insoweit bleibt § 153 b Abs. 1 Nr. 1, 2 StPO unberührt [2]. Das gilt auch bei politischen Tatmotiven [3]. Jedoch hat die Staatsanwaltschaft ihre Entscheidung in der gleichen Weise wie im Falle einer gemeinrechtlichen strafbaren Handlung schwerer Art nach dem StGB zu treffen [4].

Unrichtig ist die in den Gesetzesmaterialien vertretene Ansicht [5], daß sich ein strikter Verfolgungszwang aufgrund der Einführung des Weltrechtsprinzips für Luftfahrzeugentführungen ergebe. Denn die Ausdehnung der materiellen Strafgewalt besagt nichts über die prozessuale Verfolgungspflicht.

Die äußerliche Schrankenlosigkeit des Opportunitätsprinzips täuscht aber nur einen in Wirklichkeit nicht bestehenden Ermessensspielraum der Staatsanwaltschaft vor. Soweit das Opportunitätsprinzip wegen der Auslandsbeziehung der Tat gem. § 153 b

---

1) Vgl. oben S. 212, 166.
2) BR-Drucks. 17/72 S. 12; Linke, Zeitschrift für Verkehrsrecht, S. 61; Hailbronner, Luftpiraterie, S. 39; ders. NJW 73 S. 1638.
3) Schmidt-Räntsch ZLW 1971 S. 93.
4) Vgl. Art. 7 S. 2 Haager Abk.
5) Vgl. Protokolle, aaO. S. 1167; BT-Drucks. VI/2721 S. 1.

Abs. 1 Nr. 1, 2 StPO gilt, richtet sich die Bestimmung des Ermessensinhalts nach den bereits oben angeführten Grundsätzen [1]. Die Schwere des Rechtsverstoßes bei einer Luftfahrzeugentführung, die sich bereits aus der Strafdrohung des § 316 c Abs. 1 StGB ergibt, begründet regelmäßig ein öffentliches Interesse an der Strafverfolgung, so daß die Staatsanwaltschaft bei pflichtgemäßer Ermessensausübung den Täter zu verfolgen und anzuklagen hat [2]. Dies entspricht auch der völkerrechtlichen Verpflichtung der Bundesrepublik aus Art. 12 Chic. Abk. [3], wonach diese die Strafverfolgung sicherzustellen hat, wenn in ihrem Hoheitsgebiet verkehrende Luftfahrzeuge oder deutsche Luftfahrzeuge, wo auch immer sie sich befinden, die jeweils geltenden Flug- und Luftverkehrsvorschriften verletzen. Denn eine Beeinträchtigung der ordnungsgemäßen Führung eines Luftfahrzeuges macht regelmäßig die Befolgung der Flug- und Luftverkehrsregeln des Bodenstaates unmöglich [4].

Praktische Bedeutung hat die Möglichkeit, daß ein deutsches Strafverfahren wegen der Auslieferung des Täters eingestellt wird (vgl. § 154 b Abs. 1 StPO). Denn ein deutscher Strafanspruch hindert die Auslieferung eines ausländischen Täters nicht, solange gegen den Verfolgten von deutschen Behörden weder ein Urteil erlassen noch die Eröffnung des Hauptverfahrens abgelehnt worden ist [5].

---

1) Vgl. oben S. 190 ff.
2) Etwas anderes gilt nur dann, wenn der Täter wegen der Tat bereits im Ausland verfolgt worden ist und die Voraussetzungen des § 153 b Abs. 1 Nr. 3 StPO vorliegen.
3) Wegen der Berücksichtigung des Art. 12 Chic. Abk. bei der Ermessensentscheidung nach § 153 b StPO vgl. oben S. 204 f.
4) So Faller, Flugzeugentführungen, S. 164; vgl. kritisch Rudolf, JZ 1973 S. 38.
5) § 4 Nr. 3 DAG; vgl. Kohlhaas, in Loewe-Rosenberg, StPO, § 154 b Anm. 1.

6. Die Vornahme von Zwangsmaßnahmen

Die Festnahme des Täters und jede andere strafprozessuale Maßnahme gegen den Luftfahrzeugentführer ist nur dann zulässig, wenn die einschlägigen Voraussetzungen der StPO erfüllt sind. Die Festnahmeverpflichtung in Art. 6 Haager Abk. geht über das innerstaatliche Recht nicht hinaus, sondern nimmt auf dieses ausdrücklich Bezug. Einen selbständigen Haftgrund enthält Art. 6 Abs. 1 Haager Abk. daher nicht [1].

7. Die Rechtshilfe in Strafsachen bei Luftfahrzeugentführungen

Es hat sich gezeigt, daß das Haager Abkommen keine Verpflichtung für die Mitgliedsstaaten enthält, in jedem Fall ein Strafverfahren gegen den Luftfahrzeugentführer tatsächlich durchzuführen. Da das Abkommen aber darauf hinzielt, in einem solchen Fall die Bestrafung des Täters in einem anderen Mitgliedsstaat zu ermöglichen, kommt den Vertragsbestimmungen über die Rechtshilfe in Strafsachen besondere Bedeutung zu.

a) Der Umfang der Auslieferungsverpflichtungen nach dem Haager Abkommen

Art. 8 Abs. 1 Haager Abkommen bestimmt, daß eine Luftfahrzeugentführung als eine in jeden zwischen Vertragsstaaten bestehenden Auslieferungsvertrag einbezogene, der Auslieferung unterliegende strafbare Handlung anzusehen ist [2]. In den Gesetzgebungsmaterialien zum 11. StÄG ist die Ansicht vertreten worden,

1) BT-Drucks. VI/3272 S. 12.

2) Dies hat insbesondere für solche Auslieferungsverträge Bedeutung, die nicht von der Eliminationsmethode, sondern von der Enumerationsmethode ausgehen. Vgl. dazu Vogler ZStW Bd. 80 (1968) S. 484 mit Nachweisen. Der Katalog der auslieferungsfähigen Delikte wird hier um die Luftfahrzeugentführung erweitert, vgl. auch Linke, Zeitschrift für Verkehrsrecht, S. 62.

daß das Haager Abkommen hier Auslieferungsverpflichtungen begründe, die über das geltende deutsche Auslieferungsrecht hinausgingen. Bei politisch motivierten Taten könne die Pflicht zur Auslieferung nach dem Haager Abkommen mit dem Asylrecht des Verfolgten [1] kollidieren [2].

Eine Konfliktsgefahr zwischen innerstaatlichem Asylrecht und Haager Abkommen besteht jedoch nicht. Art. 8 Abs. 1 Haager Abkommen schafft für Luftfahrzeugentführer keine uneingeschränkte Auslieferungspflicht. Die nachträgliche Ergänzung der einschlägigen Auslieferungsverträge um den Tatbestand der Luftfahrzeugentführung als auslieferungsfähiges Delikt besteht nicht isoliert, sondern ist in das Gefüge der sonstigen Bestimmungen des jeweiligen Vertrages eingebettet. Die allgemeinen Einschränkungen des Vertrages bleiben durch die Erweiterung des Katalogs der auslieferungsfähigen Delikte unberührt. Mithin kommt eine Auslieferung nur dann in Betracht, wenn alle sonstigen Voraussetzungen nach Maßgabe des betreffenden Auslieferungsvertrages erfüllt sind. Alle für die Bundesrepublik verbindlichen Auslieferungsverträge erklären aber die Auslieferung wegen eines "politischen" Delikts [3] für unzulässig.

Art. 8 Abs. 2 Tok. Abk. ermöglicht den Auslieferungsverkehr zwischen der Bundesrepublik und solchen Mitgliedsstaaten, mit denen kein Auslieferungsvertrag besteht, die jedoch die Auslieferung vom Bestehen eines Auslieferungsvertrages abhängig machen. Dem ersuchten Staat steht es nach dem Inhalt der Regelung frei, die Übereinkunft von Den Haag als vertragliche Rechtsgrundlage für eine Auslieferung anzusehen. Die Auslieferung unterliegt jedoch den im Recht des ersuchten Staates vorgesehenen Bedingungen. Für den Auslieferungsverkehr mit Staaten, die wie die

1) Art. 16 Abs. 2 S. 2 GG.
2) BT-Drucks. VI/2721 S. 1; Protokolle StrABTag VI. (32. Sitzung) S. 1167; vgl. hingegen Cheng ZLW 1973 S. 229.
3) Vgl. zum Begriff unten S. 246 ff.

Bundesrepublik eine Auslieferung nicht vom Bestehen eines Vertrages abhängig machen [1], ist die in Art. 8 Abs. 3 Haager Abk. enthaltene Anerkennung von Bedeutung, daß eine Luftfahrzeugentführung eine der Auslieferung unterliegende strafbare Handlung darstellt. Die Auslieferung steht jedoch auch hier unter dem Vorbehalt der rechtlichen Bedingungen des ersuchten Staates.

Wegen der Bedeutung des Art. 8 Abs. 4 Haager Abkommen, der eine Luftfahrzeugentführung an Bord für die Zwecke der Auslieferung auch als im Hoheitsgebiet des Flaggenstaates begangen ansieht, kann auf die entsprechenden Ausführungen zum Abkommen von Tokio verwiesen werden [2].

Die sich aus dem Abkommen ergebenden Erweiterungen der bestehenden Auslieferungsverpflichtungen bleiben jedoch bedeutungslos, wenn die Luftfahrzeugentführung, wegen der die Auslieferung erfolgen soll, politischen Charakter hat. Denn der Grundsatz der Nichtauslieferung bei politischen Delikten beherrscht nicht nur das deutsche Recht [3]. Da ein großer Teil der Entführungen eines Luftfahrzeuges politischen Charakter hat [4], ist der Wert des Abkommens als wirksame Waffe gegen Luftfahrzeugentführungen insoweit gemindert.

b) Die Luftfahrzeugentführung als politisches Delikt

aa) Bevor im einzelnen untersucht wird, unter welchen rechtlichen Voraussetzungen eine Luftfahrzeugentführung als politisches Delikt angesehen werden kann, erscheint es erforderlich, die bisher erkennbar gewordenen politischen Aspekte vieler Luftfahrzeugentführungen in tatsächlicher Hinsicht näher zu schildern.

---

1) Nach deutschem Recht ist jedoch Voraussetzung, daß die Gegenseitigkeit verbürgt ist (§ 4 Nr. 1 DAG).
2) Vgl. oben S. 175 ff.
3) Grützner, in Strupp-Schlochauer, WdV, Bd. 1 S. 117.
4) Vgl. dazu Faller, Luftfahrzeugentführungen, S. 45 ff.; Meyer, Internationale Luftfahrtabkommen, Bd. 6 S. 10 ff.

In fast allen der bisher bekanntgewordenen Luftfahrzeugentführungen mit politischem Hintergrund kann festgestellt werden, daß der politische Einschlag entweder in den Motiven des Täters oder in den mit der Tat verfolgten weitergehenden Zwecken liegt. Ungeachtet der vielfältigen unterschiedlichen Erscheinungsformen von politisch orientierten Luftfahrzeugentführungen lassen sich insgesamt drei verschiedene Tatgruppen unterscheiden, wobei freilich Überschneidungen denkbar sind:

1. Der Täter begeht die Luftfahrzeugentführung, um vor politischer Verfolgung zu fliehen [1].

2. Der Täter bringt das Luftfahrzeug samt aller Insassen in seine Gewalt, um es anschließend als Pfand zur Nötigung von Regierungsstellen oder einer Regierung selbst zu benutzen [2].

3. Die Luftfahrzeugentführung beschränkt sich darauf, als Terrorakt und Kampfmaßnahme der politischen Auseinandersetzung zu dienen [3].

bb) Die rechtliche Inhaltsbestimmung des Begriffs "politisches Delikt" kann auf keine international anerkannte Definition zu-

---

1) Ihre geographische Nähe zum "Eisernen Vorhang" hat die Bundesrepublik schon häufig zum Zielort von zu Fluchtzwecken begangenen Luftfahrzeugentführungen gemacht; vgl. bei Meyer, Internationale Luftfahrtabkommen, Bd. 6 S. 12 ff.

2) Das Ziel der Nötigung kann insbesondere in der Freilassung verfolgter politischer Gesinnungsfreunde der Täter oder in der Zahlung eines Lösegeldes liegen (vgl. die Entführung eines Lufthansa-Jets nach Zagreb am 30. 10. 72).

3) Zu dieser Gruppe zählen auch die Fälle, in denen das Luftfahrzeug nach Freigabe der Insassen zerstört wird. Vgl. ferner die Unterteilung bei Hailbronner, Luftpiraterie, S. 46.

rückgreifen [1]. Dies verwundert angesichts der Divergenzen zwischen den einzelnen nationalen Rechten nicht [2]. Für die inhaltliche Ausfüllung des Begriffs bleibt das innerstaatliche Recht maßgebend [3].

Da die deutschen Auslieferungsverträge eine erschöpfende Umschreibung der politischen Tat an keiner Stelle enthalten, ist auf die Legaldefinition der politischen Tat in § 3 Abs. 2 DAG abzustellen. Danach sind politische Straftaten solche Angriffe, die sich unmittelbar gegen den Bestand und die Sicherheit des Staates, gegen das Oberhaupt oder gegen ein Mitglied der Regierung des Staates als solches, gegen eine verfassungsmäßige Körperschaft, gegen die staatsbürgerlichen Rechte bei Wahlen oder Abstimmungen oder gegen die guten Beziehungen zum Ausland richten. Solche Taten werden allgemeinhin als "absolut" politische Delikte verstanden. Sie unterscheiden sich von dem sog. "komplex" politischen Delikt, dessen gesetzlicher Tatbestand sowohl ein absolut politisches Delikt als auch ein nichtpolitisches (sog. "gemeines") Delikt umfaßt [4]. Darüber hinaus verbietet § 3 Abs. 1 DAG auch die Auslieferung wegen solcher Taten, die mit einer politischen Tat derart im Zusammenhang stehen, daß sie diese vorbereiten, sichern, decken oder abwehren sollen (sog. "konnex" politisches Delikt).

---

1) Faller, a.a.O. S. 180; Grützner, in Strupp-Schlochauer, WdV, Bd. 1 S. 117; Shearer, Extradition, S. 187.

2) Lüttger GA 1960 S. 38.

3) Dies ist auch dann von Bedeutung, wenn ein deutsches Auslieferungsersuchen an einen fremden Staat in Frage steht. Soll die Gegenseitigkeit gewährleistet bleiben, muß der ausländische Staat auch prüfen, wie im umgekehrten Fall die Bundesrepublik nach deutschem Recht entscheiden würde; vgl. Lüttger, a.a.O. S. 39.

4) Lüttger, a.a.O. S. 35; Schultz, Schweizer Auslieferungsrecht, S. 417 ff.; in der Regel liegt Gesetzeskonkurrenz zwischen dem komplex politischen und dem gemeinen Delikt vor.

Die politische Eigenschaft einer Straftat nach § 3 Abs. 1, 2 DAG hindert die Auslieferung aber dann nicht, wenn sie sich als vorsätzliches Verbrechen [1] gegen das Leben darstellt und nicht im offenen Kampf begangen ist (§ 3 Abs. 3).

Die Begriffsbestimmung der politischen Tat im DAG hat somit eine streng objektive Ausprägung erfahren [2]. Subjektive Kriterien allein, wie etwa die politischen Beweggründe des Täters, machen das begangene Delikt noch nicht zu einer politischen Tat im Sinne des § 3 DAG.

Die Definition in § 3 DAG erfaßt jedoch die bisher bekanntgewordenen Fälle von Luftfahrzeugentführungen mit politischem Einschlag, soweit sie sich in eine der genannten Gruppen einordnen lassen, nur ausnahmsweise. Denn ein unmittelbarer Angriff auf die in einem Staat bestehenden Machtverhältnisse und seine verfassungsmäßige Gesamtordnung geht von einer Luftfahrzeugentführung in keiner der genannten Fallgruppen aus [3]. Es ist jedoch denkbar, daß eine Luftfahrzeugentführung, die nach dem Plan des Täters einen Angriff auf die Entschlußfreiheit einer Regierung vorbereiten soll, die Voraussetzungen einer konnex politischen Tat gem. § 3 Abs. 1 DAG erfüllt. Denn die Nötigung einer Regierung oder eines ihrer Mitglieder erfüllt als unmittelbarer Angriff auf eine verfassungsmäßige Körperschaft die Voraussetzungen eines absolut politischen Delikts gem. § 3 Abs. 2 DAG [4].

---

1) Alle Erscheinungsformen des Verbrechens (Mittäterschaft, Teilnahme, Versuch); vgl. Mettgenberg-Doerner, Auslieferungsgesetz, S. 244.
2) Grützner, in Strupp-Schlochauer, WdV, Bd. 1 S. 118; Lüttger GA 1960 S. 36.
3) Damit soll nicht ausgeschlossen werden, daß Luftfahrzeugentführungen nicht als absolut politisches Delikt begehbar sind; so z. B. wenn ein Luftfahrzeug mit dem Staatsoberhaupt oder einem Regierungsmitglied an Bord entführt wird.
4) Vgl. §§ 105, 106 StGB.

Dient die Luftfahrzeugentführung der Vorbereitung der Nötigungslage, liegt der erforderliche kausale Zweckzusammenhang [1] zwischen der Luftfahrzeugentführung und dem politischen Delikt vor. Ob die Zusammenhangstat der politischen Haupttat objektiv förderlich gewesen ist, ist unerheblich [2].

cc) Neben § 3 DAG ist für die Auslieferung von Tätern einer politisch beeinflußten Luftfahrzeugentführung auch die Vorschrift des Art. 16 Abs. 2 S. 2 GG zu beachten. Danach genießen politisch Verfolgte in der Bundesrepublik das Recht auf Asyl. Als politisch Verfolgter ist nach der Rechtsprechung des Bundesverfassungsgerichts [3] auch ein wegen einer nichtpolitischen Tat verfolgter Täter anzusehen, wenn er im Falle seiner Auslieferung in seinem Heimatstaat aus politischen Gründen Verfolgungsmaßnahmen mit Gefahr für Leib und Leben oder Beschränkungen seiner persönlichen Freiheit ausgesetzt wäre. Damit reicht das Asylrecht des politisch Verfolgten über das Verbot der Auslieferung wegen politischer Straftaten hinaus [4] und stellt eine zusätzliche Schranke innerhalb des Auslieferungsverfahrens dar.

Mit Art. 16 Abs. 2 S. 2 GG wird der Kreis der nichtauslieferungsfähigen Delikte auf die sog. nur "relativ" politischen Delikte erweitert [5]. Denn unter "Verfolgungsmaßnahme" im Sinne der Vorschrift ist auch ein strafrechtliches Einschreiten zu verstehen. Da der Täter eines relativ politi-

---

1) Vgl. Mettgenberg-Doerner, a.a.O. S. 239; Lüttger GA 1960 S. 35 f.
2) Mettgenberg-Doerner a.a.O.
3) BVerfGE 9 S. 180 f.; so bereits BGHSt 3 S. 395.
4) BVerfGE 9 S. 180; BGHSt 3 S. 392 ff.; BVerwGE 4 S. 238 ff.; Grützner, Internationale Rechtshilfe in Strafsachen, I A 1 § 3 DAG Anm. 6; Lüttger GA 1960 S. 41.
5) Grützner, in Die Grundrechte, Bd. 2 S. 604; ders., Auslieferungsgesetz, in Das Deutsche Bundesrecht, zu § 3 DAG; Lüttger, a.a.O. S. 42.

schen Delikts mit überwiegend politischem Charakter regelmäßig auch aus politischen Gründen verfolgt [1] wird, ist er grundsätzlich als Asylberechtigter von der Verfassung geschützt. Dazu reicht es aus, daß die Gefahr einer politischen Verfolgung aufgrund bestehender Zweifel nur als möglich erscheint [2].

Die inhaltliche Bestimmung des überwiegend politischen Charakters eines relativ politischen Delikts ist daher für die Lösung des Problems der sonstigen Luftfahrzeugentführungen mit politischem Hintergrund entscheidend. Dabei ist davon auszugehen, daß das Vorschützen irgendwie gearteter politischer Motive des Täters für die Annahme des überwiegenden politischen Charakters eines Delikts nicht ausreichen kann [3].

Eine einheitliche Begriffsbestimmung des relativ politischen Delikts, wie sie sich in der Schweizer Auslieferungspraxis durchgesetzt hat [4], besteht für das deutsche Recht nicht. Die gleiche Ausgangsbasis beider Rechte, nämlich die Berücksichtigung des Widerstreits zwischen kriminellen und politischen Tatmomenten zur Bestimmung des Deliktscharak-

---

1) Lüttger, a.a.O. S. 42; Grützner, in Das Deutsche Bundesrecht, a.a.O. Eine politische Verfolgung ist lediglich dann nicht anzunehmen, wenn eine gerechte Strafe wegen kriminellen Unrechts in einem geregelten Strafverfahren zu erwarten ist. In diesem Sinn stehen politische und menschenrechtswidrige Verfolgung gleich; vgl. Forgách, Asylrecht, S. 20; Grützner, a.a.O. S. 602; Lüttger, a.a.O. Anm. 62.
2) Lüttger, a.a.O.; Grützner, in Das Deutsche Bundesrecht, a.a.O.; vgl. auch BGH NJW 1961 S. 738, wonach die Gewähr bestehen muß, daß eine politische Verfolgung des Täters nicht stattfindet. Teilweise wird auch darauf abgestellt, daß eine politische Verfolgung nicht zu befürchten bzw. wahrscheinlich sein dürfe (BVerfGE 9 S. 182; BVerfGE 15 S. 251; VG Frankfurt DVBl 1966 S. 119).
3) Lüttger GA 1960 S. 37; vgl. auch BVerfGE 9 S. 181.
4) Schultz, Schweizer Auslieferungsrecht, S. 448; vgl. dazu ferner Pötz GA 1971 S. 201.

ters [1], schließt jedoch eine Orientierung am Schweizer Auslieferungsrecht bei der Eingrenzung des Begriffs des relativ politischen Delikts nicht aus. Nach der Schweizer Auslieferungspraxis kommt die Annahme eines überwiegenden politischen Deliktscharakters zunächst dann in Betracht, wenn die verfolgte Tat offensichtlich dazu dient, eine Änderung der Machtverhältnisse unmittelbar vorzubereiten oder zu sichern. Anders als beim "konnex" politischen Delikt wird jedoch ein Zusammenhang zwischen dem gemeinen Delikt und einer absolut politischen Tat nicht vorausgesetzt [2]. Ein relativ politisches Delikt kann aber auch dann vorliegen, wenn die Tat einen Ausschnitt einer gewaltsamen Bewegung darstellt, die eine Änderung der Machtverhältnisse im Staat erstrebt [3].

Unter diesen Gesichtspunkten ist auch eine Luftfahrzeugentführung geeignet, als relativ politisches Delikt den Täter einer Auslieferung zu entziehen. Erforderlich bleibt nach der Schweizer Praxis aber, daß zwischen der Luftfahrzeugentführung und der erstrebten Veränderung der Machtverhältnisse eine innere Zweckbeziehung besteht. Für das Bestehen eines solchen Zusammenhangs spricht insbesondere, wenn eine politische Organisation die Tat selbst anordnet oder als Handlung der Partei anerkennt [4]. Die Abwägung zwischen politischen und kriminellen Momenten der Tat führt jedoch dazu, daß die Schwere der begangenen Tat der Verfolgung der politischen Ziele angemessen sein muß [5]. Anderenfalls ist deren

---

1) Vgl. Art. 10 Schweizer Auslieferungsgesetz, abgedr. bei Mettgenberg-Doerner, a.a.O. S. 225 f.; vgl. ferner Schultz, a.a.O. S. 436; Lüttger, a.a.O. S. 37, 42; Grützner, in Die Grundrechte, Bd. 2 S. 604.
2) Schultz, Schweizer Auslieferungsrecht, S. 450 f., 447.
3) Schultz, a.a.O.
4) Schultz, a.a.O. S. 453.
5) Vgl. dazu die Rechtsprechung des Schweizer Bundesgerichts, wiedergegeben bei Schultz, a.a.O. S. 452; ferner Pötz, a.a.O., Hailbronner NJW 73 S. 1637, sowie die Untersuchung von Bassiouni, De Paul Law Review, 1970, S. 217 ff. (250).

Charakter als überwiegend kriminell anzusehen.

Die bisherigen Beispiele für die Annahme eines überwiegend politischen Deliktscharakters erscheinen jedoch insgesamt zu eng und erschöpfen den Begriff der relativ politischen Straftat nicht [1]. Dies gilt insbesondere für solche Taten, deren politischer Charakter nicht durch die erstrebte Veränderung der Machtverhältnisse, sondern dadurch geprägt wird, daß die strafbare Handlung eine Reaktion des Täters auf vorangegangene oder drohende politische Verfolgung darstellt. Damit sind vor allem Straftaten angesprochen, die der Täter anläßlich der Flucht aus einem totalitären Staat begeht. Die Flucht ins Ausland, um dort in Freiheit leben zu können, hat zwar mit dem herkömmlichen Ziel jeder politischen Straftat, dem politischen Kampf um die Macht, nichts gemein. Gleichwohl hat sich aber die Ansicht durchgesetzt, daß die Flucht vor Unterdrückung und politischem Zwang, verbunden mit dem Bestreben nach persönlicher Freiheit, schon für sich allein politischen Charakter trägt, auch wenn damit kein Kampf gegen den Staat verbunden ist [2]. Eine anläßlich der Flucht begangene Straftat wird vom politischen Charakter der Flucht miterfaßt. Eine zur Flucht begangene Entführung eines Luftfahrzeuges kann daher als relativ politische Tat auslieferungsfähig sein, sofern auch hier die kriminelle Schädigung privater Rechtsgüter den überwiegenden politischen Charakter des Fluchtdelikts nicht beseitigt [3].

---

1) Kritisch auch Schultz, a.a.O. S. 460 f.

2) So der Schweizer Bundesgerichtsentscheid 78 I S. 39 ff.; vgl. ferner Grützner, in Die Grundrechte, Bd. 2 S. 602; ders., in Strupp-Schlochauer, WdV, Bd. 1 S. 118.

3) Im "Jugoslawischen Flugzeugentführerfall" hat das Schweizer Bundesgericht (a.a.O.) die Angemessenheit zwischen der Flugzeugentführung, bei der eine Person durch Schüsse verletzt wurde, und dem politischen Fluchtziel bejaht, da die Flugzeugentführung die einzige Möglichkeit zur Flucht war.

Die Unbestimmtheit des Begriffs des relativ politischen Delikts macht es unmöglich, alle denkbaren Fälle von Flugzeugentführungen mit überwiegend politischem Charakter über die genannten Beispiele hinaus erschöpfend zu erfassen. Daher muß eine endgültige Abwägung zwischen politischen und kriminellen Tatmomenten einer Luftfahrzeugentführung dem konkreten Einzelfall vorbehalten bleiben. Dabei ist stets zu berücksichtigen, daß die Tötung oder konkrete Gefährdung von Menschen nur ausnahmsweise den politischen Charakter einer Tat überwiegen läßt [1].

dd) Soweit eine Luftfahrzeugentführung nach den aufgeführten Grundsätzen einer Auslieferung entzogen ist, muß jedoch der Vorbehalt des § 3 Abs. 3 DAG beachtet werden, der sich auch auf das politische Asylrecht erstreckt [2]. Danach ist eine Auslieferung auch wegen einer politischen Tat zulässig, wenn sich diese als vorsätzliches Verbrechen gegen das Leben darstellt, welches nicht im offenen Kampf begangen ist. Die Tötung eines Passagiers oder Besatzungsmitgliedes an Bord stellt sich zumeist als überraschender Überfall dar [3] und hat nicht den Charakter eines im offenen Kampf begangenen Tötungsdelikts. Eine Auslieferung ist in diesem Fall grundsätzlich möglich [4].

---

1) Vgl. Schultz, a.a.O. S. 452, wonach die Tötung nur als ultima ratio zum politischen Delikt werden kann.

2) BGHSt 8 S. 59; Lüttger GA 1960 S. 42; str. a. A. Kimminich, Kommentar zum Bonner Grundgesetz, Bd. 1, Art. 16 Anm. 159 ff.

3) Vgl. zu § 3 Abs. 3 DAG allgemein: Mettgenburg-Doerner, Auslieferungsgesetz, S. 247.

4) Streitig ist, ob eine Auslieferung wegen Art. 102 GG abzulehnen oder nur unter Bedingungen zu bewilligen ist, wenn dem Täter im ersuchenden Staat die Todesstrafe droht. Das BVerfG hat im Rahmen des deutsch-französischen Auslieferungsvertrages, der diese Frage ausdrücklich regelt, die Auslieferung in einem solchen Fall ohne Einschränkungen für zulässig erachtet (BVerfGE 18 S. 112). Einen Überblick über die Streitfrage gibt Vogler, Auslieferungsrecht und Grundgesetz, S. 180 ff.; vgl. ferner Lüttger, a.a.O. S. 42 f.

c) Sonstige Rechtshilfeverpflichtungen nach dem Abkommen von Den Haag

Art. 10 Haager Abk. verpflichtet die Bundesrepublik, einem ausländischen Staat zur Verfolgung eines Luftfahrzeugentführers, abgesehen von der Auslieferung, auch sonstige Rechtshilfe zu gewähren. Die Verpflichtung steht jedoch unter dem Vorbehalt des deutschen Rechts [1].

Wegen der weitergehenden Mitteilungspflichten nach Beendigung einer Untersuchung deutscher Behörden gegen einen Luftfahrzeugentführer kann auf die entsprechenden Ausführungen über das Abkommen von Tokio verwiesen werden [2].

8. Der Wert des Abkommens von Den Haag als Beitrag zur Bekämpfung von Luftfahrzeugentführungen

Nachdem die Bedeutung des Haager Abkommens im Zusammenhang mit dem deutschen Straf- und Strafverfahrensrecht untersucht worden ist, soll abschließend gefragt werden, welche Auswirkungen von dem Abkommen auf die internationale Bekämpfung von Luftfahrzeugentführungen erwartet werden können.

Der Grundsatz des Abkommens, den Täter entweder auszuliefern oder zu bestrafen, gewährleistet eine höchstmögliche Garantie, daß der ergriffene Täter einer rein kriminell ausgerichteten Luftfahrzeugentführung auch strafrechtlich zur Verantwortung gezogen wird. Die Tatsache, daß das Abkommen soweit keine besonderen Auslieferungspflichten geschaffen hat [3], stellt keinen besonderen Mangel dar, da der Staat des Ergreifungsortes im Fall der Nichtauslieferung für die Verfolgung des Täters durch seine

1) Vgl. §§ 34 ff. DAG.
2) Vgl. oben S. 164.
3) Das Fehlen einer Auslieferungspflicht für nicht politische Taten beklagt Faller, Flugzeugentführungen, S. 188; die Begründung einer einheitlichen Auslieferungspflicht hätte eine weltweite Annahme des Abkommens jedoch von vornherein gefährdet.

Behörden zu sorgen hat. Insoweit kann auch eine wirksame Strafverfolgung tatsächlich erwartet werden, so daß das Abkommen in begrenztem Rahmen anfällige Täter abzuschrecken vermag.

Die Grenzen des Abkommens werden jedoch bei politisch motivierten Luftfahrzeugentführungen deutlich. Es versteht sich von selbst, daß der politische Luftfahrzeugentführer die Landung nur an einem Ort erzwingen wird, wo er mit Verständnis für seine Tat rechnen kann. In diesem Fall ist das Risiko einer Strafverfolgung für den Täter selbst dann gering, wenn der Landestaat Mitgliedsstaat des Abkommens von Den Haag ist. Denn die Strafverfolgungsbehörden des Landestaates sind zu einer Verfolgung im konkreten Fall nach dem Abkommen nicht verpflichtet, sondern dürfen den politischen Charakter der Tat nach Maßgabe des jeweiligen nationalen Rechts berücksichtigen [1]. Ebenfalls kann die Auslieferung eines solchen Täters praktisch niemals erwartet werden. Denn der Begriffsinhalt des politischen Delikts wird im internationalen Gebrauch so wenig einheitlich verstanden, daß oftmals nicht nur der Täter eines politischen Delikts, sondern allgemein der politische Gesinnungsfreund des im Aufenthaltsstaat herrschenden politischen Regimes in den Genuß des auslieferungsrechtlichen Privilegs gelangt [2].

Hier wird deutlich, daß die rechtliche Lösung des Abkommens von Den Haag, welche sicherlich das Ergebnis des international Erreichbaren darstellt, als Waffe gegen politisch motivierte Luftfahrzeugentführungen unzureichend ist. Wie wenig die rechtliche Lösung des Abkommens zur tatsächlichen Verminderung von Luftfahrzeugentführungen beitragen kann, zeigt die Häufigkeit derartiger Tatenin der Gegenwart. Jedoch kann von einem Abkommen allein die Lösung des Problems in tatsächlicher Hin-

---

1) Vgl. oben S. 240 f., 237; Hailbronner, Luftpiraterie, S. 39.
2) So Berber, Völkerrecht, Bd. 1 S. 392; vgl. Faller, a.a.O. S. 180.

sicht auch nur beschränkt erwartet werden. Die Erreichung dieses Ziels muß gleichzeitig dem verstärkten Einsatz präventiv-polizeilicher Maßnahmen vorbehalten bleiben [1].

VII Besonderheiten der Strafverfolgung bei strafbaren Handlungen gegen die Sicherheit des Zivilluftverkehrs

Ebenso wie Luftfahrzeugentführungen sind auch sonstige Anschläge und Sabotagehandlungen gegen die Sicherheit von Luftfahrzeugen in den letzten Jahren zu einer bedeutsamen Gefahr geworden. Die bisher erörterten Abkommen vermögen derartige Straftaten nur begrenzt zu erfassen, da der Täter zumeist außerhalb eines im Flug befindlichen Luftfahrzeuges handelt. Dies hat zu Bemühungen geführt, strafbare Handlungen gegen die Sicherheit der Zivilluftfahrt neben den Luftfahrzeugentführungen zum Gegenstand einer besonderen Übereinkunft zu machen.

1. Das Abkommen von Montreal

a) Vorgeschichte

Die Vorarbeiten zum Zustandekommen des Abkommens wurden von der ICAO getragen, deren Rechtsausschuß 1970 den Entwurf eines Abkommens ausarbeitete [2]. Dieser Entwurf bildete ein Jahr später die Grundlage der internationalen Konferenz vom September 1971 in Montreal, deren Beratungen zu einem neuen Gruppenabkommen führten, das auch von der Bundesrepublik unterzeichnet worden ist [3].

---

1) Zu den technischen Möglichkeiten von Präventivmaßnahmen vgl. Hailbronner, Luftpiraterie, S. 16 ff.
2) Der Entwurf ist abgedruckt in ZLW 1971 S. 10 ff.
3) Vgl. zum Verlauf der Konferenz Röbbert, ZLW 1972 S. 133 ff.; das Ratifikationsverfahren ist noch nicht eingeleitet worden.

b) Die Ergebnisse des Abkommens von Montreal

aa) Das Abkommen von Montreal enthält in Art. 1 eine Aufzählung bestimmter Eingriffe in den Luftverkehr, die von den Mitgliedsstaaten des Abkommens mit schweren Strafen zu bedrohen sind. Eine strafbare Handlung begeht danach jede Person, die widerrechtlich und vorsätzlich:

(a) eine gewalttätige Handlung gegen eine Person an Bord eines im Flug befindlichen Luftfahrzeuges verübt, wenn diese Handlung geeignet ist, die Sicherheit dieses Luftfahrzeuges zu gefährden; oder

(b) ein im Einsatz befindliches Luftfahrzeug zerstört oder ein solches Luftfahrzeug derart beschädigt, daß es flugunfähig wird, oder die Beschädigung geeignet ist, seine Flugsicherheit zu gefährden; oder

(c) in ein im Einsatz befindliches Luftfahrzeug auf welche Art auch immer eine Vorrichtung bringt oder bringen läßt, die geeignet ist, dieses Luftfahrzeug zu zerstören oder derart zu beschädigen, daß es flugunfähig wird oder daß die Beschädigung geeignet ist, seine Flugsicherheit zu gefährden; oder

(d) Flugnavigationsgeräte zerstört oder beschädigt oder ihren Betrieb beeinträchtigt, wenn eine solche Handlung geeignet ist, die Sicherheit eines im Flug befindlichen Luftfahrzeuges zu gefährden; oder

(e) wissentlich unrichtige Angaben macht und dadurch die Sicherheit eines im Flug befindlichen Luftfahrzeuges gefährdet.

Eine strafbare Handlung liegt auch dann vor, wenn eine Person eine der genannten Handlungen zu begehen versucht oder sich an der Begehung oder versuchten Begehung beteiligt.

Bei der näheren Bestimmung der nach Art. 1 Mont. Abk. vom nationalen Recht zu pönalisierenden Tatbestände ergibt sich, daß diese überwiegend dem Bereich der Gefährdungsdelikte zuzuordnen sind. Allein die ersten beiden Alternativen von Art. 1 lit. b Mont. Abk. sind als Verletzungsdelikt anzusehen. Im subjektiven Bereich wird eine auf einen bestimmten Erfolg gerichtete Absicht in keinem Fall gefordert.

Hinsichtlich der Einteilung in "abstrakte" und "konkrete" Gefährdungsdelikte besteht ein zweideutiges Bild. Lediglich die Gefährdung eines im Flug befindlichen Luftfahrzeugs durch vorsätzliche Übermittlung falscher Informationen stellt sich als ein konkretes Gefährdungsdelikt dar (Art. 1 Abs. 1 lit. e Mont. Abk.). Im übrigen weisen alle anderen Gefährdungstatbestände sowohl mit den abstrakten als auch den konkreten Gefährdungsdelikten Berührungspunkte auf, wenn sie eine Handlung voraussetzen, bei der es ausreicht, aber auch nötig ist, daß sie zur Gefährdung geeignet ist. Denn die Eignung der betreffenden Handlung, im konkreten Fall eine Gefahr hervorzurufen, muß hier in jedem Fall vom Rechtsanwender geprüft werden. Die Gefahrbezogenheit der Tätigkeit ist also nicht nur das Motiv des Normgebers, sondern selbständig Geltung beanspruchendes Tatbestandsmerkmal. Hingegen muß die Handlung im Einzelfall zu einer tatsächlichen Gefahr für ein bestimmtes Rechtsgut nicht geführt haben, da es allein auf die Eignung der Handlung ankommt, eine Verletzung der betreffenden Rechtsgüter herbeizuführen. Danach läßt sich dem Tatbestand entnehmen, daß für die Beurteilung der Gefahr generelle Gesichtspunkte maßgeblich sein sollen[1].

Eine Kombination von abstrakten und konkreten Gefährdungsmerkmalen findet sich teilweise auch in den Tatbeständen des StGB[2] und ist somit dem deutschen Recht nicht fremd.

bb) Der sachliche Geltungsbereich des Abkommens von Montreal entspricht im wesentlichen den für den Anwendungsbereich des Abkommens von Den Haag maßgeblichen Bestimmungen. Die weitgehende Übereinstimmung beider Abkommen in ihrer inhaltlichen Ausgestaltung wird durch ihre zeitliche Parallelität und ihre gleiche Zweckbestimmung erklärlich.

Die Abweichungen des Abkommens von Montreal gegenüber dem Haager Abkommen betreffen zunächst die Einbeziehung von Luftfahrzeugen, die sich noch nicht im Flug, aber bereits im Einsatz befinden. Eine Definition, wann sich ein Luftfahrzeug im Einsatz befindet, ergibt sich aus Art. 2 Ziff. b Mont. Abk. [3].

Die bereits im Haager Abkommen vorgenommene Beschränkung auf Flüge, bei denen entweder der Abflugort oder der tatsächliche Landeort des Luftfahrzeuges außerhalb des

---

1) Vgl. dazu allgemein: Gallas, in Festschrift für Heinitz, S. 175; ferner Schönke-Schröder, StGB, § 306, Vorbem. 3 c (ders. JZ 1967 S. 522 ff.), der insoweit von "abstrakt - konkreten" Gefährdungsdelikten spricht. Gegen eine solche Mischform wendet sich Gallas, a.a.O. S. 171 ff., der diese Fälle den abstrakten Gefährdungsdelikten unterstellt, die nach seiner Ansicht durch die generelle Gefährlichkeit des Täterverhaltens gekennzeichnet werden.

2) Vgl. z. B. § 11 i. V. m. § 3 Nr. 1 a Lebensmittelgesetz sowie §§ 229, 308, 324 StGB.

3) Der Zeitraum vom Beginn der Flugvorbereitung des Luftfahrzeuges durch das Bodenpersonal oder die Besatzung für einen bestimmten Flug bis zum Ablauf von 24 Stunden nach jeder Landung.

Hoheitsgebietes des Eintragungsstaates liegt, findet sich in modifizierter Form auch im Abkommen von Montreal. Nach Art. 4 Abs. 2 Mont. Abk. kommt das Abkommen nur dann zur Anwendung, wenn der tatsächliche oder beabsichtigte Abflug- oder Landeort außerhalb des Eintragungsstaates liegt oder die strafbare Handlung im Hoheitsgebiet eines anderen Staates begangen worden ist. Das Abkommen findet aber ungeachtet der vorgenannten Einschränkung auch dann Anwendung, wenn der Täter oder der Verdächtige im Hoheitsgebiet eines anderen Staates als des Eintragungsstaates des Luftfahrzeuges aufgefunden wird (Art. 4 Abs. 3 Mont. Abk.). Eine Sonderregelung besteht insoweit für den Tatbestand der Maßnahmen gegen Navigationsgeräte [1]. Diese unterliegen nur dann dem Abkommen, wenn die Navigationseinrichtung in der internationalen Luftfahrt verwendet wird [2].

cc) Die inhaltliche Ausgestaltung des Abkommens von Montreal deckt sich hinsichtlich der dem einzelnen Vertragsstaat obliegenden Verpflichtungen im wesentlichen [3] mit dem Abkommen von Den Haag. Das Abkommen bezweckt auch hier, eine Bestrafung oder die Auslieferung des Täters in jedem Falle sicherzustellen. Im einzelnen kann hierzu auf die früheren Ausführungen verwiesen werden [4].

---

1) Art. 1 Abs. 1 Ziff. d Mont. Abk.
2) Art. 4 Abs. 5 Mont. Abk.
3) Geringfügige Abweichungen ergeben sich lediglich für die Verpflichtung der Mitgliedsstaaten zur Erweiterung ihrer Strafgewalt. Diese haben nach Art. 5 Abs. 1 Mont. Abk. auch das Territorialitätsprinzip zu gewährleisten. Ferner begründet das Auffinden des Täters - für den Fall, daß dieser nicht ausgeliefert wird - die Strafgewalt nur dann, wenn sich die Tat auf die in Art. 5 Abs. 2 Mont. Abk. genannten Tatbestände bezieht.
4) Siehe S. 209 ff., vgl. auch S. 238 ff.

2. Handlungen gegen die Sicherheit des Zivilluftverkehrs nach deutschem Strafrecht

Aus der Unterzeichnung des Abkommens von Montreal durch die Bundesrepublik ergibt sich die Frage, inwieweit der gegenwärtige deutsche Rechtszustand den aus dem Beitritt zum Abkommen erwachsenden Pflichten genügt. Diese Frage betrifft insbesondere die Strafbarkeit der in Art. 1 Mont. Abk. bezeichneten Gefährdungshandlungen, die nach dem Abkommen mit schweren Strafen zu bedrohen sind.

Die Strafbarkeit der im Abkommen von Montreal bezeichneten Delikte kann sich zunächst aus den allgemeinen Strafvorschriften des StGB - z. B. §§ 211, 212, 223, 240, 303, 311 - ergeben, wenn mit der Handlung ein Erfolg nach Maßgabe des jeweiligen deutschen Straftatbestandes erzielt worden ist. Die genannten Vorschriften genügen den Verpflichtungen aus dem Abkommen jedoch nicht, da sie Handlungen, die allein nach generellen Maßstäben zur Gefährdung geeignet sind, mangels eines Erfolges nicht erfassen. Zudem erfordert das Abkommen auch, daß nicht nur einzelne Teilakte von sicherheitsgefährdenden Handlungen unter allgemeinen Gesichtspunkten wie Nötigung, Körperverletzung oder Sachbeschädigung erfaßt werden. Es verlangt darüber hinaus die Schaffung besonderer Tatbestände, in denen die Grundhandlung in Beziehung zu ihrer Gefährlichkeit steht und dies auch im Strafmaß berücksichtigt wird.

Als derartige besondere Tatbestände, wie sie das Abkommen von Montreal im innerstaatlichen Recht erfordert, sind allein die §§ 316 c und 315 StGB in Betracht zu ziehen.

Innerhalb des § 316 c StGB vermag der Entführungstatbestand in Abs. 1 Nr. 1 die zu pönalisierenden Attentats- und Sabotagehandlungen regelmäßig nicht zu erfassen. Denn obwohl die Grundhandlungen des § 316 c Abs. 1 Nr. 1 StGB weit gefaßt sind und bereits die Vornahme jeder Machenschaft den objektiven Tatbestand erfüllt, ist der Kreis der möglichen Anwendungsfälle begrenzt. Denn der subjektive Tatbestand erfordert stets den zielgerichteten Willen, die Herrschaft über das Luftfahrzeug zu erlangen oder auf seine Führung einzuwirken. Eine solche subjektive Eingrenzung kennt das Abkommen von Montreal nicht.

a) Attentatshandlungen gegen ein Luftfahrzeug nach § 316 c Abs. 1 Nr. 2 StGB

Nach dem gesetzlichen Tatbestand wird mit Freiheitsstrafe nicht unter fünf Jahren bestraft, wer, um ein Luftfahrzeug, das im zivilen Luftverkehr eingesetzt und im Flug befindlich ist, oder seine an Bord befindliche Ladung zu zerstören oder zu beschädigen, Schußwaffen gebraucht oder es unternimmt, eine Explosion oder einen Brand herbeizuführen. Das mit dem Tatbestand geschützte Rechtsgut ist mit dem des Entführungstatbestandes identisch [1]. Es handelt sich auch hier - abgesehen von der in den Begriff des Unternehmens einbezogenen vollendeten Zerstörung eines Luftfahrzeuges - um ein abstraktes Gefährdungsdelikt.

Wegen der Voraussetzungen, unter denen ein Luftfahrzeug als im internationalen Luftverkehr eingesetzt und im Flug befindlich anzusehen ist, kann auf die früheren Ausführungen verwiesen werden [2].

aa) Die Tathandlung ist erfüllt, wenn der Täter eine Schußwaffe gebraucht oder es unternimmt, eine Explosion oder einen Brand herbeizuführen.

Bei der ersten Alternative handelt es sich um ein schlichtes Tätigkeitsdelikt. Denn ausreichende Tathandlung ist die auf Beschädigung oder Zerstörung gerichtete Verwendung ei-

---

1) Rüth, LK, § 316 c Anm. 20.
2) Vgl. oben S. 218 ff.

ner Schußwaffe. Voraussetzung ist jedoch, daß die Schußwaffe im Sinne ihrer technischen Zweckbestimmung gebraucht wird [1]. Ein Gebrauch liegt daher insbesondere vor, wenn der Täter ein Geschoß abfeuert. Hingegen ist der Tatbestand nicht erfüllt, wenn der Täter die Schußwaffe als Schlagwerkzeug [2] oder zum Zweck der Bedrohung [3] verwendet. Es kommt nicht darauf an, ob der Gebrauch der Schußwaffe zu einem Erfolg, d. h. zu einer Beschädigung oder Zerstörung geführt hat. Es genügt, wenn der Täter das Ziel verfehlt oder die Waffe infolge falscher Bedienung [4] oder wegen einer Ladehemmung [5] versagt.

Bei der Herbeiführung eines Brandes oder einer Explosion ist der Tatbestand als Unternehmensdelikt ausgestaltet, d. h. der Versuch und die Vollendung des Delikts sind gleichgestellt (§ 46 a StGB). Diese weitergehende Fassung der zweiten Alternative des Tatbestandes beruht darauf, daß derartige Vorgänge, wenn sie einmal in Gang gesetzt sind, leicht außer Kontrolle des Täters geraten können und deshalb eine besondere Gefahr darstellen, während der Schußwaffengebrauch bis zum letzten Augenblick unter Kontrolle bleibt [6]. Die Ausgestaltung der Tathandlung als Unternehmenstatbestand bewirkt, daß auch jeder fehlgeschlagene oder unfreiwillig abgebrochene Versuch, eine Explosion oder einen Brand herbeizuführen, die Erfolgsqualifikation nach § 316 c Abs. 2 StGB tragen kann [7].

Der Begriff des Brandes ist derselbe wie in den §§ 306 ff. StGB. Ein Brand ist herbeigeführt, wenn Teile des Luftfahrzeu-

---

1) Maurach, in Festschrift für Heinitz, S. 411; Dreher, StGB, § 316 c Anm. 3 B a.
2) Dreher, a.a.O.; Maurach, a.a.O.
3) Maurach, a.a.O.; a. A. Lackner-Maassen, StGB, § 316 c Anm. 5 a unter Berufung auf BGH NJW 1972 S. 731.
4) Schönke-Schröder, StGB, § 316 c Anm. 27.
5) Rüth, LK, § 316 c Anm. 22.
6) Kunath, JZ 1972 S. 201.
7) Maurach, a.a.O.

ges oder an Bord befindliche Gegenstände derart vom Feuer ergriffen sind, daß sie nach Entfernung oder Erlöschen des Zündstoffs selbständig weiterbrennen können [1]. Praktisch größere Bedeutung dürfte jedoch den Fällen zukommen, in denen der Täter einen Sprengkörper an Bord gelangen läßt, um diesen zur Explosion zu bringen. Unter dem Herbeiführen einer Explosion ist - ebenso wie in § 311 StGB - ein chemischer oder physikalischer Vorgang zu verstehen, bei dem durch eine plötzliche Volumenvergrößerung Kräfte frei werden, die eine zerstörende Wirkung ausüben können [2]. Das Abbrennen kleinster Feuerwerkskörper an Bord erfüllt den Tatbestand damit noch nicht.

bb) Der subjektive Tatbestand erfordert im Hinblick auf die Tatausführung Vorsatz. Darüber hinaus ist die Absicht erforderlich, ein Luftfahrzeug, das im zivilen Luftverkehr eingesetzt ist und sich im Flug befindet, oder seine an Bord befindliche Ladung zu zerstören oder zu beschädigen. Die Absicht bedeutet hier das auf den Erfolg der Zerstörung oder Beschädigung gerichtete Zweckstreben des Täters. Somit fallen Schäden, die nur als Folge nicht absichtlich auf Zerstörung oder Beschädigung gerichteter Handlungen verursacht werden, nicht unter § 316 c StGB, auch wenn der Täter den Schaden vor oder während der Ausführungshandlung als sichere Folge vorausgesehen hat [3].

cc) Zum Verhältnis des § 316 c Abs. 1 Nr. 2 StGB zu den in Art. 1 des Abkommens von Montreal bezeichneten Handlungen ist festzustellen, daß der Attentatstatbestand den Verpflichtungen der Bundesrepublik aus dem Abkommen keineswegs genügt, sondern nur einen Teil der zu pönalisierenden Verhaltenswei-

---

1) Vgl. BGHSt 7 S. 37; 18 S. 363.
2) So Schönke-Schröder, StGB, § 311 Anm. 3; streitig ist, ob auch die Gefährdung durch Luftunterdruck (Implosion) unter den Begriff der Explosion fällt; vgl. dazu Mösl, LK, § 311 Anm. 4.
3) Vgl. allgemein zum Begriff der Absicht: BGHSt 4 S. 107 ff.; 16 S. 4 ff.; 18 S. 248 ff.

sen erfaßt. Denn § 316 c Abs. 1 Nr. 2 StGB ist in seiner Anwendung auf den Gebrauch von Schußwaffen oder das Unternehmen der Herbeiführung einer Explosion oder eines Brandes beschränkt, während alle anderen Angriffsformen, die eine sicherheitsgefährdende Handlung gegen das Luftfahrzeug zum Gegenstand haben, seiner Strafdrohung entzogen sind.

b) Gefährliche Eingriffe in den Luftverkehr - § 315 StGB

Im folgenden soll noch ein Überblick über § 315 StGB gegeben werden, der bestimmte Handlungen pönalisiert, durch die der Täter die Sicherheit des Luftverkehrs beeinträchtigt. Der Tatbestand setzt voraus, daß durch die Tathandlung Leib oder Leben eines anderen oder fremde Sachen von bedeutendem Wert gefährdet werden. Geschütztes Rechtsgut ist insoweit die Sicherheit des Luftverkehrs [1], daneben jedoch auch das Leben und die körperliche Unversehrtheit des einzelnen sowie das fremde Eigentum [2].

aa) Tathandlung ist das Beeinträchtigen der Sicherheit des Luftverkehrs. Die Sicherheitsbeeinträchtigung ist jedoch nur dann tatbestandsmäßig, wenn sie durch die in Abs. 1 Nr. 1-4 genannten Verhaltensweisen herbeigeführt wird. Die Beeinträchtigung der Verkehrssicherheit muß jedoch selbständig festgestellt werden und wird nicht bereits aufgrund der Vornahme der im einzelnen aufgeführten Verhaltensweisen unwiderlegbar vermutet [3].

Erfaßt wird zunächst das Zerstören, Beschädigen oder Beseitigen von Luftfahrzeugen oder Anlagen, d. h. von festen und auf Dauer berechneten Einrichtungen im Betrieb des Luftverkehrs [4]. Als Beispiele kommen Radaranlagen, Leuchtfeuer

1) Dreher, StGB, § 315 Anm. 2.
2) Lackner-Maassen, StGB, § 315 Anm. 2.
3) Schönke-Schröder, StGB, § 315 Anm. 9.
4) Dreher, StGB, § 315 Anm. 4 A; Schönke-Schröder, a.a.O. Anm. 12; vgl. Rüth, LK, § 315 Anm. 15.

und sonstige Einrichtungen der Flugsicherung in Betracht. Die Begriffe des Beschädigens oder Zerstörens decken sich mit denen in § 303 StGB. Eine Anlage ist beseitigt, wenn sie räumlich entfernt worden ist und dadurch ihr bestimmungsgemäßer Gebrauch verhindert wird [1].

Die Sicherheit des Luftverkehrs kann auch dadurch beeinträchtigt werden, daß der Täter Hindernisse bereitet. Ein Hindernis wird durch jeden Vorgang bereitet, der geeignet ist, den ordnungsgemäßen Betrieb zu hemmen oder zu verzögern [2]. Im Bereich des Luftverkehrs ist es insbesondere denkbar, daß der Täter durch Legen einer Sperre die Landebahn blockiert. Das Hindernis kann aber auch durch einen regelwidrigen Verkehrsvorgang bereitet werden [3], so daß das Merkmal auch eingreift, wenn ein Luftfahrzeug den ihm zugewiesenen Luftraum verläßt und dadurch ein anderes Luftfahrzeug behindert.

Eine weitere Begehungsform betrifft das Geben falscher Zeichen und Signale [4]. Ein Zeichen ist falsch, wenn es der gegebenen Sachlage nicht entspricht [5]. Mündliche Auskünfte sind nicht als Zeichen anzusehen [6]. Die Verwendung von Zeichen ist für den Ablauf des Luftverkehrs nur von begrenzter praktischer Bedeutung. Ein Anwendungsfall ist aber denkbar, wenn ein Luftfahrzeug nach der Landung mittels Zeichen in eine falsche Position eingewiesen wird und es infolgedessen zu einer Kollision kommt.

Den bereits genannten Begehungsformen steht es gleich, wenn der Täter einen ähnlichen, ebenso gefährlichen Eingriff

---

1) Rüth, a.a.O. Anm. 22.
2) Dreher, a.a.O. Anm. 4 b; Schönke-Schröder, a.a.O. Anm. 13; vgl. BGHSt 6 S. 224; 13 S. 69.
3) BGHSt 21 S. 173; vgl. auch Rüth, a.a.O. Anm. 23 m. w. Nachw.
4) Die Ausdrücke Zeichen und Signale sind gleichbedeutend.
5) Schönke-Schröder, a.a.O. Anm. 14.
6) Rüth, a.a.O. Anm. 25.

vornimmt. Die in der Literatur gegen die insoweit für zu unbestimmt gehaltene Fassung des Tatbestandes erhobenen verfassungsrechtlichen Bedenken sind unzutreffend, da die unter Strafe gestellte Handlung durch die Bezugnahme auf die Leitbeispiele in Abs. 1 Nr. 1 bis 3 hinreichend konkretisiert wird [1]. Ein ähnlicher und ebenso gefährlicher Eingriff ist eine Handlung nur dann, wenn sie unmittelbar auf einen Vorgang des Luftverkehrs einwirkt [2] und sowohl der Art als auch der Gefährlichkeit nach einer der vorgenannten Begehungsformen gleichwertig ist. Im einzelnen können hier z. B. Störungen des Radarempfangs durch Abwurf reflektierender Staniolstreifen im Luftraum oder sonstige Störungen des Funkverkehrs erfaßt werden. Der weite Anwendungsbereich der Begehungsform des "sonstigen Eingriffs" ermöglicht es auch, die nach Art. 1 Abs. 1 Mont. Abk. zu pönalisierenden Handlungen zu erfassen, soweit diese nicht bereits den Tatbestand des § 315 Abs. 1 Nr. 1, 2 oder 3 StGB erfüllen. Dies gilt insbesondere für tätliche Angriffe gegen Besatzungsmitglieder [3] oder die Beeinflussung der Führung des Luftfahrzeuges durch Übermittlung unrichtiger Angaben [4], wenn dadurch die Sicherheit des Luftverkehrs beeinträchtigt wird.

bb) § 315 StGB ist als konkretes Gefährdungsdelikt ausgestaltet. Die genannten Begehungsformen erfüllen den Tatbestand daher nur dann, wenn durch die Handlung eine konkrete Gefahr für Leib oder Leben eines anderen oder für fremde Sachen von bedeutendem Wert herbeigeführt worden ist. Die Gefahr muß im Einzelfall nachweisbar tatsächlich eingetreten sein. Mit dieser Voraussetzung vermag § 315 StGB der gene-

---

1) Vgl. dazu Dreher, a.a.O. Anm. 4 D; Rüth, a.a.O. Anm. 27; ferner BGHSt 22 S. 366.
2) Rüth, a.a.O. Anm. 29.
3) Rüth, a.a.O. Anm. 29.
4) Grundsätzlich bejahend: Rüth, a.a.O. Anm. 25.

rellen Betrachtungsweise [1], die nach den meisten der in Art. 1 Abs. 1 Mont. Abk. aufgeführten Begehungsformen für die Gefahrbezogenheit der Handlung ausreichend ist, nicht zu genügen. Während § 315 StGB wegen seiner übrigen Voraussetzungen geeignet ist, die völkerrechtlichen Verpflichtungen der Bundesrepublik aus dem Abkommen von Montreal zu erfüllen, bleibt der Tatbestand wegen des vorausgesetzten konkreten Gefährdungserfolgs hinter den Anforderungen des Abkommens von Montreal zurück.

Im Ergebnis ist festzustellen, daß das geltende deutsche Strafrecht den aus dem Abkommen von Montreal erwachsenden Verpflichtungen nicht genügt. Die Schaffung eines neuen Gefährdungstatbestandes, der ohne das Erfordernis einer weitergehenden Absicht die Strafdrohung unmittelbar an die durch das Abkommen von Montreal vorgegebenen Grundhandlungen anknüpft und deren Gefährlichkeit nach generellen Kriterien bestimmt, erscheint daher unerläßlich.

3. Ausdehnung der Strafgewalt und sonstige Verpflichtungen

§ 4 Abs. 3 Nr. 10 StGB paßt den Umfang der deutschen Strafgewalt den jeweiligen völkerrechtlichen Verpflichtungen der Bundesrepublik an. Eine Erweiterung der Tatbestände des materiellen deutschen Strafrechts ist jedoch damit nicht verbunden [2]. § 4 Abs. 3 Nr. 10 StGB erlaubt es danach, unter Anwendung des bestehenden materiellen deutschen Strafrechts die deutsche Strafgewalt bei Auslandstaten von Ausländern entsprechend den Verpflichtungen des Abkommens von Montreal auszuüben. Damit reichen die Bestimmungen des deutschen internationalen Strafrechts aus, um die

1) Vgl. oben S. 258 f.
2) Dreher, StGB, § 4 Anm. 2 B.

Ausübung der deutschen Strafgewalt in dem vom Abkommen geforderten Umfang zu gewährleisten.

Hinsichtlich der übrigen Verpflichtungen aus dem Abkommen von Montreal, die den im Abkommen von Den Haag getroffenen Regelungen entsprechen, kann wegen des Verhältnisses zum deutschen Rechtszustand auf die früheren Ausführungen verwiesen werden [1]. Das Abkommen von Montreal schafft auch insoweit keine Gegensätze zum deutschen Recht.

VIII Die Befugnisse des Luftfahrzeugkommandanten zur Strafverfolgung

Die Zwangsrechte, die dem Luftfahrzeugkommandanten nach dem Abkommen von Tokio zur Mitwirkung bei der Strafverfolgung verliehen sind, stellen keine erschöpfende Regelung dar, sondern bleiben einer Ergänzung durch das nationale Recht fähig [2]. Der räumliche Anwendungsbereich der Vertragsbestimmungen ist zudem beschränkt. Denn der Luftfahrzeugkommandant besitzt die besonderen Befugnisse nicht, wenn sich ein deutsches Luftfahrzeug auf einem Inlandsflug befindet [3] oder der überflogene Bodenstaat dem Kreis der Mitgliedsstaaten des Abkommens nicht angehört.

Es ist daher zu untersuchen, welche Polizeibefugnisse der Luftfahrzeugkommandant nach deutschem Recht außerhalb des Abkommens von Tokio besitzt und welches der räumliche Geltungsbereich dieser Befugnisse ist. Anschließend wird zu prüfen sein, ob die Stellung des Luftfahrzeugkommandanten für die Verfolgung strafbarer Handlungen an Bord ausreicht oder ob eine Verstärkung seiner Befugnisse anzuregen ist.

---

1) Vgl. oben S. 238 ff.
2) Vgl. oben S. 186.
3) Art. 5 Abs. 1 Tok. Abk.; vgl. oben S. 162.

1. Das geltende Recht

Die Polizeigewalt des Luftfahrzeugkommandanten ist in § 29 Abs. 3 LuftVG geregelt. Die Vorschrift beschränkt sich jedoch darauf, dem Luftfahrzeugkommandanten präventiv-polizeiliche Befugnisse an die Hand zu geben. Seine Mitwirkung bei der Verfolgung strafbarer Handlungen an Bord ist im LuftVG nicht vorgesehen. Auch die StPO enthält keine besondere Regelung.

Das Fehlen hoheitlicher Strafverfolgungsbefugnisse hat der Kommandant eines deutschen Luftfahrzeuges mit dem Kapitän eines deutschen Schiffes gemeinsam [1]. Während jedoch für den Kapitän die seit jeher bestehende Pflicht, über an Bord begangene strafbare Handlungen eine Eintragung ins Schiffstagebuch vorzunehmen, im Zuge der Reform des Schiffstagebuchsrechts wieder eingeführt werden wird [2], bleibt der Kommandant eines deutschen Luftfahrzeuges auch insoweit von der Beteiligung an der Strafverfolgung ausgeschlossen. Zwar ist auch an Bord eines deutschen Luftfahrzeuges ein Bordbuch über den Verlauf des Fluges zu führen [3]. Jedoch enthält das deutsche Recht für den Bereich der Luftfahrt keine Eintragungspflicht, wenn an Bord eine strafbare Handlung begangen worden ist. Eine Übertragung der dem Kapitän im Seerecht obliegenden Pflichten hat außer Betracht zu bleiben, da der Gesetzgeber die Stellung des Luftfahrzeugkommandanten mit Rücksicht auf bestehende Unterschiede gesondert und bewußt abschließend geregelt hat.

Eine besondere Anzeigepflicht wegen an Bord begangener strafbarer Handlungen obliegt dem Luftfahrzeugkommandanten ebensowenig wie dem Kapitän eines deutschen Schiffs [4].

1) Vgl. oben S. 117 ff.
2) Vgl. oben S. 119 Anm. 4.
3) Art. 34 Chic. Abk.
4) Eine solche Anzeigepflicht war für den Luftfahrzeugkommandanten allgemein in Art. 8 Abs. 1 des Entwurfs von München (vgl. oben S. 158) vorgesehen, wurde jedoch im Verlauf der Beratungen gestrichen; vgl. im übrigen oben S. 121.

Befugnisse zur Verfolgung eines Straftäters können sich für den Luftfahrzeugkommandanten daher nur aus dem allgemeinen Recht zur vorläufigen Festnahme ergeben (§ 127 Abs. 1 StPO) [1]. Hiernach kann der im Luftfahrzeug auf frischer Tat betroffene Täter [2] bei Fluchtgefahr oder wenn eine Persönlichkeit nicht sofort festgestellt werden kann, vorläufig festgenommen werden. Aus der Anwendung der Vorschrift auf die Verhältnisse des Luftverkehrs folgt, daß der betroffene Täter erst kurz vor der Landung mit der freiheitsbeschränkenden Zwangsmaßnahme belegt werden darf. Denn während des übrigen Fluges besteht keine Fluchtgefahr. Ebenso ist die Festnahme des seiner Person nach unbekannten Täters solange nicht erforderlich [3], als er sich ohnehin nicht vom Tatort wegbegeben kann.

Der Luftfahrzeugkommandant kann das Recht zur vorläufigen Festnahme gem. § 127 Abs. 1 StPO jedoch nur innerhalb des Geltungsbereichs der StPO ausüben [4], so daß eine Festnahme in ausländischem Hoheitsgebiet ausgeschlossen ist [5].

2. Kritik der geltenden Rechtslage

Die nach deutschem Recht geringe Beteiligung des Luftfahrzeugkommandanten bei der Verfolgung von an Bord begangenen

---

1) Vgl. oben S. 120 f.

2) Bei offensichtlichen Straftaten an Bord ist der Täter regelmäßig auf frischerTat betroffen. Etwas anderes kann jedoch gelten, wenn die auf einem Langstreckenflug begangene Tat erst nach mehreren Stunden entdeckt wird. Vgl. Westerburg, Polizeigewalt des Luftfahrzeugkommandanten, S. 78; allgemein dazu Kleinknecht, StPO, § 127 Anm. 4.

3) Erforderlichkeit und Verhältnismäßigkeit sind auch innerhalb des § 127 Abs. 1 StPO zu beachten; vgl. Dünnebier, in Loewe-Rosenberg, StPO, § 127 Anm. II 4; Kleinknecht, StPO, § 127 Anm. 2 B.

4) § 127 Abs. 1 StPO ermächtigt auch den ausländischen Luftfahrzeugkommandanten, soweit deutsches Hoheitsgebiet überflogen wird.

5) So zu Recht Westerburg, a.a.O., S. 78, 80; a. A. Ruhwedel, Rechtsstellung des Flugzeugkommandanten, S. 145 f.

Straftaten drängt die Frage auf, ob künftig eine Regelung Platz greifen soll, die seine Befugnisse im Rahmen der Strafverfolgung erweitert. Ein solcher Vorschlag setzt voraus, daß für eine derartige Neuregelung ein Bedürfnis vorhanden ist und sich die danach in Betracht zu ziehende Aufgabenerweiterung im Einklang mit den Prinzipien des internationalen Rechts verwirklichen läßt.

a) Das Bedürfnis für die Schaffung strafprozessualer Befugnisse des Luftfahrzeugkommandanten

Auf der Luftrechtskonferenz von Tokio hat der Vorschlag, für die Mitwirkung des Luftfahrzeugkommandanten im Rahmen der Strafverfolgung umfassendere Befugnisse einzuführen, nur geringe Unterstützung gefunden, ohne daß die Gründe für die ablehnende Haltung klar zu Tage getreten wären [1].

Als Grund für diese Zurückhaltung kommt vorrangig die Befürchtung in Betracht, daß dem Luftfahrzeugkommandanten mit einer derartigen Erweiterung seiner Aufgaben Pflichten aufgebürdet würden, die ihn neben seiner vorrangigen Aufgabe - der Führung des Luftfahrzeuges - überlasten könnten. Diesem Einwand ist entgegengehalten worden, daß es lediglich darum gehe, dem Luftfahrzeugkommandanten die Möglichkeit zu verschaffen, nach Begehung einer Straftat an Bord die notwendigen Ermittlungen zu führen. Eine Pflicht zum Einschreiten sei mit einer solchen Ermächtigung nicht verbunden. Dies gelte insbesondere dann, wenn die flugleitenden Aufgaben des Kommandanten ein strafprozessuales Einschreiten nicht erlaubten [2].

Die letztgenannte Argumentation weist zu Recht darauf hin, daß eine uneingeschränkte Bindung des Luftfahrzeugkommandanten an

1) ICAO Doc. 8565-LC/152-1 S. 217 f.
2) So Westerburg, Polizeigewalt des Luftfahrzeugkommandanten, S. 156.

das Legalitätsprinzip von vornherein auszuscheiden hat. Denn dem Luftfahrzeugkommandanten muß die Möglichkeit bleiben, der Erfüllung anderer, übergeordneter Aufgaben im Einzelfall den Vorrang zu geben. Jedoch kann eine entsprechende Ermächtigung auch nicht so weit gehen, daß der Luftfahrzeugkommandant bereits von dem Gebot einer pflichtgemäßen Ermessensausübung entbunden würde [1].

Das Bedürfnis, für den Luftfahrzeugkommandanten im Bereich der Strafverfolgung besondere Befugnisse zu schaffen, ergibt sich aus ähnlichen Erwägungen, wie sie bereits im Bereich des Seerechts für den Kapitän eines deutschen Schiffs bedeutsam waren [2]. Denn das Luftfahrzeug ist während der gesamten Zeit seines Fluges dem Zugriff staatlicher Strafverfolgungsbehörden entzogen.

Es ist jedoch nicht zu verkennen, daß die relative Kürze der Flugzeit und der geringere Umfang der zu erwartenden Kriminalität das Bedürfnis für die beabsichtigte Erweiterung der Befugnisse des Luftfahrzeugkommandanten zunächst gering erscheinen lassen. Denn der entsprechende Vorschlag zur Einführung strafprozessualer Befugnisse für den Schiffskapitän beruhte im wesentlichen auf dem Zeitraum, über den sich eine Schiffsreise erstrecken kann, und den vielfältigen Möglichkeiten, die sich für die Begehung von Straftaten aus dem räumlichen Zusammensein einer Vielzahl von Menschen auf begrenztem Raum ergeben [3]. Beiden Gesichtspunkten kann entnommen werden, daß die praktischen Möglichkeiten für ein strafprozessuales Einschreiten an Bord von Luftfahrzeugen geringer sind als im Seebereich.

Gleichwohl ist zu berücksichtigen, daß auch ein Auslandsflug mehrere Stunden beanspruchen kann und mit dem Einsatz von

---

1) Vgl. auch oben S. 126, 184.
2) Vgl. oben S. 122 ff.
3) Vgl. oben S. 122.

Großraumflugzeugen die Gefahr der Begehung von Straftaten an Bord zunimmt. Wenn auch die zeitlich begrenzte Dauer des Fluges und die räumlichen Besonderheiten eines Luftfahrzeuges die Möglichkeiten des Täters zur Flucht und zur Verdunklung von Beweisen begrenzt erscheinen lassen, so kann daraus noch nicht gefolgert werden, daß ein praktisches Bedürfnis für Befugnisse des Luftfahrzeugkommandanten im Bereich der Strafverfolgung fehle. Denn ungeachtet der begrenzten praktischen Anwendungsmöglichkeiten erscheint eine Erweiterung der Befugnisse des Luftfahrzeugkommandanten bereits deshalb wünschenswert, weil strafbare Handlungen an Bord von Luftfahrzeugen an Bedeutung zugenommen haben und dem Täter nicht der Anreiz gegeben werden darf, daß an Bord eines Luftfahrzeuges jedwedes strafprozessuale Einschreiten unmöglich sei. Dies gilt um so mehr, als die bestehende internationale kriminalpolizeiliche Zusammenarbeit zur Bekämpfung von Straftaten nicht immer wirksam werden kann. Denn dem Landestaat fehlt es nach den Regeln seines internationalen Strafrechts oftmals bereits an der Zuständigkeit. Ein deutsches Rechtshilfeersuchen hat zumeist aus zeitlichen Gründen keine Aussicht auf Erfolg, da etwaige Beweismittel, insbesondere Zeugen, unmittelbar nach der Landung unerreichbar werden können.

Zahlreiche Staaten haben bereits - in Anerkennung des Bedürfnisses - in ihren Gesetzen dem Luftfahrzeugkommandanten

Strafverfolgungsbefugnisse eingeräumt [1].

b) Der räumliche, zeitliche und sachliche Geltungsbereich der zu schaffenden Befugnisse

aa) Eine Regelung der strafprozessualen Befugnisse des Luftfahrzeugkommandanten ist nur zweckmäßig, wenn der Geltungsbereich der geschaffenen Ermächtigung über die Grenzen des Inlands hinausreicht, da der weitaus größere Teil der von deutschen Luftfahrzeugen betriebenen Fluglinien ausländisches Hoheitsgebiet überquert. Eine Teilregelung, die lediglich für den deutschen Luftraum gilt, hat wenig Sinn.

Es ist aber sehr zweifelhaft, ob das nationale Recht dem Luftfahrzeugkommandanten auch strafprozessuale Befugnisse auf internationalen Flügen außerhalb des Geltungsbereichs des Grundgesetzes verleihen kann. Angesichts des Grundsatzes von der Souveränität jedes Staates in seinem Luftraum [2] kann das nationale Recht den Luftfahrzeugkommandanten grundsätzlich nur auf Flügen über inländischem und staatenlosem Ge-

---

1) Vgl. z. B. Art. 99 des schweizerischen Bundesgesetzes über die Luftfahrt (abgedruckt ZLR 1958 S. 169): Wird an Bord ein Verbrechen oder Vergehen begangen, so hat der Luftfahrzeugkommandant die Beweise zu sammeln und zu sichern. Er hat bis zum Eintreffen der zuständigen Behörde die Ermittlungshandlungen, die keinen Aufschub gestatten, vorzunehmen, die Verdächtigen erforderlichenfalls vorläufig festzunehmen, die Fluggäste und Besatzungsmitglieder zu durchsuchen und diejenigen Gegenstände sicherzustellen, die als Beweisstücke dienen können.
Vgl. ferner die verwandten Regelungen von Argentinien, Columbien, Dänemark, Finnland, Iran, Island, Italien, Nicaragua, Norwegen, Paraguay, Peru, San Salvador, Schweden, Honduras und der Tschechoslowakei; die jeweiligen Fundstellen sind bei Westerburg, Die Polizeigewalt des Luftfahrzeugkommandanten, S. 56 f., zitiert.

2) Vgl. oben S. 9 ff.

biet zur Vornahme von strafprozessualen Maßnahmen ermächtigen. Ausnahmen von diesem Grundsatz gelten nur dann, wenn der jeweils überflogene ausländische Staat die Ausübung von flaggenstaatlichen Hoheitsbefugnissen durch den Luftfahrzeugkommandanten zuläßt [1].

Im Seerecht konnte die Problematik der Fortgeltung der Strafverfolgungsbefugnisse des Kapitäns im Ausland ohne Schwierigkeiten gelöst werden. Denn fast alle seefahrenden Nationen üben hinsichtlich der in ihren Hoheitsgewässern an Bord von ausländischen Schiffen begangenen Straftaten Zurückhaltung und verzichten auf Strafverfolgungsmaßnahmen zugunsten des Flaggenstaates. Ist der Schiffskapitän nach dem Flaggenrecht zum Eingreifen befugt, so hindert infolgedessen die fremde Souveränität nicht, in Ausübung der Hoheitsgewalt des Flaggenstaates die erforderlichen Maßnahmen zu ergreifen [2].

Im Bereich der Luftfahrt ist eine derartige einheitliche Staatenpraxis, die eine Kollision der Hoheitsgewalten vermeidet, nicht ersichtlich [3]. Es ist jedoch die Ansicht vertreten worden, daß sich eine internationale Geltung der flaggenrechtlichen Polizeibefugnisse des Luftfahrzeugkommandanten aus Art. 12 S. 1 des Abkommens von Chicago ergebe, welches mit 116 Ratifikationen weltumfassende Bedeutung besitzt. Art. 12 Chic. Abk. verpflichtet jeden Vertragsstaat, "durch Maßnahmen sicherzustellen, daß jedes mit seinem Staatszugehörigkeitszeichen versehene Luftfahrzeug, wo immer es sich befindet, die in dem entsprechenden Hoheitsgebiet gel-

1) Westerburg, Polizeigewalt des Luftfahrzeugkommandanten, S. 64 f.; Ruhwedel, Rechtsstellung des Luftfahrzeugkommandanten, S. 160 f.
2) Vgl. oben S. 124 f.
3) Eine Ausnahme gilt für die Schweiz. Lätsch, Luftrecht, S. 113, hebt hervor, daß sich das Schweizer Luftrecht selbst von der Beeinflussung der inneren Verhältnisse in einem fremden Luftfahrzeug ausschließe.

tenden Flug- und Luftverkehrsregeln und -vorschriften befolgt". Nach Auffassung des Sekretariats des Rechtsausschusses der ICAO [1] bringt die Vorschrift zum Ausdruck, daß die Einhaltung der genannten Regeln und Vorschriften des ausländischen Bodenstaates dem Luftfahrzeugkommandanten vom Flaggenstaat auferlegt werde. Bleibe aber der Luftfahrzeugkommandant auch im Ausland Adressat des Rechtes des Eintragungsstaates, so sei er auch zur Ausübung der ihm von diesem verliehenen polizeilichen Befugnisse im Ausland berechtigt [2].

Die Schlußfolgerung des Sekretariats verkennt, daß nach dem Wortlaut der angeführten Vorschrift die Pflichtenstellung des Luftfahrzeugkommandanten im Ausland nicht nur vom Flaggenstaat, sondern gleichzeitig vom überflogenen Bodenstaat begründet wird [3]. Im übrigen kann aber der Argumentation in ihrem Ansatzpunkt gefolgt werden. Denn wenn der Eintragungsstaat - neben dem jeweiligen Bodenstaat - verpflichtet ist, den Luftfahrzeugkommandanten an die jeweils geltenden Luftverkehrsvorschriften zu binden, so spricht das dafür, daß dem Flaggenstaat die Berechtigung zugesprochen wird, die Rechte und Pflichten des Luftfahrzeugkommandanten auf internationalem Flug im Einklang mit dem Recht des jeweiligen Bodenstaates zu regeln. Die Gewährung von Hoheitsbefugnissen durch den Flaggenstaat, soweit diese mit dem Recht des Bodenstaates vereinbar sind, erscheint danach grundsätzlich möglich. Dies entspricht auch der fortbestehenden Verantwortlichkeit des Flaggenstaates für Luftfahrzeuge seiner Staatszugehörigkeit im Ausland [4].

---

1) ICAO Doc. 8111-LC/146-2 S. 173 Nr. 12.
2) Vgl. auch Wengler, Völkerrecht, Bd. 2 S. 1090 Anm. 7, der die Ausübung hoheitlicher Befugnisse des Luftfahrzeugkommandanten nach dem Recht des Flaggenstaates im Ausland für zulässig hält.
3) So zu Recht Westerburg, Polizeigewalt des Luftfahrzeugkommandanten, S. 66.
4) So Ruhwedel, Rechtsstellung des Flugzeugkommandanten, S. 161 f.

Unterliegt danach der Luftfahrzeugkommandant im Ausland neben dem Recht des überflogenen Staates auch dem Recht des Flaggenstaates, so treten für die Ausgestaltung seiner Polizeibefugnisse beide Rechtsordnungen miteinander in Konkurrenz. Der Luftfahrzeugkommandant darf keine weitergehenden Befugnisse ausüben, als mit dem Recht beider Staaten vereinbar ist [1]. Mithin kann aus Art. 12 Chic. Abk. nur eine beschränkte Anerkennung der exterritorialen Geltung des Flaggenrechts in Bezug auf Polizeibefugnisse hergeleitet werden.

Weitergehende Möglichkeiten eröffnet demgegenüber Art. 9 Abs. 3 Tok. Abk. Die Vorschrift erlaubt es, allein auf das Flaggenrecht unabhängig vom Recht des überflogenen Bodenstaates abzustellen. Dies folgt aus der Pflicht des Luftfahrzeugkommandanten, Auskünfte und Beweismittel, "die er nach dem Recht des Eintragungsstaates rechtmäßig erhalten hat", den zuständigen Behörden bei der Übergabe des Täters gem. Art. 9 Abs. 1 Tok. Abk. mit zu übergeben. Nach dem Wortlaut des Abkommens ist hier für die strafprozessualen Befugnisse des Luftfahrzeugkommandanten ausschließlich das Recht des Flaggenstaates maßgeblich. Mit der Anerkennung dieser Regelung durch die Mitgliedsstaaten der Übereinkunft haben sich diese freiwillig ihres Rechtes begeben, auf die vom Flaggenstaat getroffene Regelung der strafprozessualen Befugnisse des Luftfahrzeugkommandanten im Fall des Überfliegens ihres Staatsgebietes kraft ihrer Souveränität Einfluß zu nehmen.

Die getroffenen Feststellungen machen deutlich, daß die Verleihung strafprozessualer Befugnisse an den Kommandanten eines deutschen Luftfahrzeuges keineswegs ihre Bedeutung nur für das Inland hätte. Der Geltungsbereich der geplanten

---

1) Ruhwedel, a.a.O.

Aufgabenerweiterung würde das Hoheitsgebiet sämtlicher Vertragsstaaten des Abkommens von Tokio umfassen. Darüber hinaus würde sie den Luftfahrzeugkommandanten auch in allen sonstigen Staaten berechtigen, sofern die Befugnisse mit dem Recht des Bodenstaates in Einklang stünden. Die letztgenannte Einschränkung zeigt jedoch, daß einheitliche strafprozessuale Befugnisse mit weltumfassendem Geltungsbereich für den Kommandanten eines deutschen Luftfahrzeugs vom deutschen Recht angesichts der Verschiedenheit der Rechtsordnungen nicht verwirklicht werden können [1].

Fraglich ist, welche Konsequenzen aus der Beschränkung des möglichen räumlichen Geltungsbereichs für den Vorschlag einer Erweiterung der Polizeigewalt des Luftfahrzeugkommandanten auf strafprozessuale Befugnisse zu ziehen sind.

Zunächst ließe sich die Ansicht vertreten, der uneinheitliche räumliche Geltungsbereich der Regelung im Ausland nötige dazu, von einer Erweiterung der Polizeigewalt des Luftfahrzeugkommandanten überhaupt abzusehen. Ein solches Ergebnis könnte aber kaum befriedigen, da es den festgestellten Bedürfnissen zuwiderläuft. Im übrigen bliebe eine Regelung, die für den Luftfahrzeugkommandanten strafprozessuale Befugnisse schafft, auch dann noch sinnvoll, wenn ihr Geltungsbereich in dem aufgezeigten möglichen Rahmen verwirklicht würde. Denn das Abkommen von Tokio umfaßt allein 54 Rati-

---

1) Etwas anderes gilt für die präventiv-polizeilichen Befugnisse des Luftfahrzeugkommandanten. Der räumliche Geltungsbereich des § 29 Abs. 3 LuftVG, der die präventive Polizeigewalt "während des Fluges" regelt, wird in der Literatur unbeschränkt auch auf das Ausland bezogen (vgl. Hofmann, LuftVG, § 29 Anm. 42; Ruhwedel, a.a.O. S. 160). Diese Auffassung ist unbedenklich. Denn jeder Staat läßt vernünftigerweise in seinem Staatsgebiet Maßnahmen des Luftfahrzeugkommandanten zur Gefahrenabwehr zu. Diese Übereinstimmung der Rechtsordnungen für den präventiv-polizeilichen Bereich besteht jedoch für Maßnahmen der Strafverfolgung nicht.

fikationen und auch darüber hinaus sehen zahlreiche Staaten strafprozessuale Befugnisse des Luftfahrzeugkommandanten vor [1].

Ebensowenig erscheint es vernünftig, in Anlehnung an § 29 Abs. 3 LuftVG eine Regelung zu schaffen, die dem Luftfahrzeugkommandanten die gewünschten Befugnisse ohne Rücksicht auf den möglichen Geltungsbereich der Norm einschränkungslos gewährt [2]. Ein solcher Vorschlag würde zwar dem Bedürfnis nach einer Erweiterung der Polizeigewalt auf strafprozessuale Maßnahmen gerecht werden. Ebenso spräche für ihn, daß er die faktische Unmöglichkeit des überflogenen Bodenstaates, strafverfolgend tätig zu werden, durch einen Zuwachs der Befugnisse des Flaggenstaates ausgleichen und insoweit die tatsächlichen Gegebenheiten auch in rechtlicher Hinsicht berücksichtigen würde. Indessen kann diese Lösung nicht verhindern, daß der Kommandant eines deutschen Luftfahrzeuges, der im Vertrauen auf seine Befugnisse nach deutschem Recht an Bord im Ausland strafverfolgend tätig wird, möglicherweise selbst in Gefahr einer Verfolgung durch den Bodenstaat gerät [3]. Dies gilt, wenn dieser nicht Mitglied des Abkommens von Tokio ist und auch sonst dem Luftfahrzeugkommandanten keine Strafverfolgungsbefugnis zubilligt.

Als dritte Möglichkeit kommt in Betracht, den räumlichen Geltungsbereich der für den Luftfahrzeugkommandanten zu schaffenden Befugnisse unter den Vorbehalt zu stellen, daß deren Ausübung nicht dem Recht des überflogenen ausländischen Staates widersprechen darf. Gegen diese Lösung spricht

---

1) Vgl. oben S. 275 Anm. 1.
2) So aber das Recht der Schweiz, vgl. oben S. 275 Anm. 1.
3) Z. B. wegen Amtsanmaßung oder Freiheitsberaubung.

zunächst, daß der Luftfahrzeugkommandant im konkreten Fall überprüfen muß, ob er die ihm vom deutschen Recht verliehenen Befugnisse im betreffenden Überflugstaat ausüben darf. Die sich daraus ergebenden praktischen Schwierigkeiten sind jedoch gering. Denn der Luftfahrzeugkommandant muß bereits wegen der im Abkommen von Tokio selbst begründeten Besonderheiten wissen, ob das Luftfahrzeug seinen Standort in einem der Mitgliedsstaaten des Abkommens hat. Insoweit werden ihm durch eine Erweiterung seiner Polizeibefugnisse keine weitergehenden Kenntnisse abverlangt, als er ohnehin bereits besitzen muß. Ist der Territorialstaat ein Vertragsstaat, so ist der Kommandant eines deutschen Luftfahrzeuges schon aufgrund der deutschen Flaggenrechtsordnung zum Einschreiten befugt, ohne daß es der Prüfung des Rechts des Bodenstaates bedarf. Gehört der Territorialstaat dem Abkommen von Tokio hingegen nicht an, so muß sich der Luftfahrzeugkommandant davon überzeugen, daß die Ausübung der Strafverfolgungsbefugnisse nach deutschem Recht nicht dem Recht des Bodenstaates widerspricht. Kann er diese Überzeugung nicht gewinnen und bestehen daher Zweifel an seiner Berechtigung, so liegt ein sachlicher Grund vor, von den ihm nach deutschem Recht eingeräumten Befugnissen keinen Gebrauch zu machen. Da das Abkommen von Tokio von 54 Staaten ratifiziert worden ist, wird der Luftfahrzeugkommandant in der Regel zum Einschreiten befugt sein. Die angestrebte Lösung vermeidet aber, dem Luftfahrzeugkommandanten mehr zuzusprechen als er nach Völkerrecht auszuüben berechtigt ist. Im Ergebnis vermag daher eine Beschränkung des räumlichen Geltungsbereichs mit dem Inhalt, daß die betreffenden Befugnisse im Ausland nur in Übereinstimmung mit dem am Orte geltenden Recht ausgeübt werden dürfen, den Wunsch nach Schaffung strafprozessualer Befugnisse für den Luftfahrzeugkommandanten angemessen zu verwirklichen.

Eine derart modifizierte Regelung des räumlichen Geltungsbereichs einer Vorschrift ist ungewöhnlich. Sie ist aber wegen der Besonderheiten des internationalen Luftverkehrs erforderlich und zudem bereits in der Gesetzgebung anderer Staaten verbreitet [1].

bb) Es erscheint zweckmäßig, den sachlichen Geltungsbereich der Ermächtigung auf deutsche Luftfahrzeuge zu beschränken und die Regelung der Polizeigewalt an Bord von ausländischen Luftfahrzeugen dem Recht des Flaggenstaates zu überlassen. Das Recht der Bundesrepublik hat für die Polizeigewalt an Bord von ausländischen Luftfahrzeugen ohnehin außer Betracht zu bleiben, wenn der Flaggenstaat dem Abkommen von Tokio angehört [2]. Außerdem bliebe eine entsprechende Ermächtigung durch das deutsche Recht auch dann wirkungslos, wenn die Ausübung dieser Befugnisse dem Recht des Flaggenstaates widerspräche [3]. Das tatsächliche Unvermögen der Bundesrepublik, in ihrem Luftraum Maßnahmen der Strafverfolgung zu ergreifen, muß dazu führen, daß diese Aufgabe allein dem Flaggenstaat überlassen bleibt, der sich zur Erfüllung dieser hoheitlichen Aufgabe der Person des Luftfahrzeugkommandanten bedienen kann. Ein solcher Verzicht der Bundesrepublik, der im übrigen der bereits in der Schweiz geltenden Rechtslage entspräche [4], würde dazu beitragen, daß sich die Polizeigewalt an Bord eines ausländischen Luftfahrzeuges auf internationalem Flug kontinuierlich nach nur einer Rechtsordnung bestimmen kann. Für eine solche Regelung spricht auch der

---

1) So die Regelung der skandinavischen Staaten; zitiert und abgedruckt bei Westerburg, Polizeigewalt des Luftfahrzeugkommandanten, S. 70.
2) Vgl. oben S. 278.
3) Vgl. Ruhwedel, a.a.O. S. 162; Westerburg, a.a.O. S. 73.
4) Vgl. oben S. 276 ; ähnlich die Regelung der skandinavischen Staaten, vgl. oben Anm. 1.

Rechtsgedanke des § 153 b Abs. 1 Nr. 2 StPO, dem auch entnommen werden kann, daß die Verfolgung der an Bord von ausländischen Luftfahrzeugen im Inland begangenen Straftaten in erster Linie Sache des Flaggenstaates ist [1].

cc) Die beabsichtigte Regelung kann in zeitlicher Hinsicht nur bis zur Beendigung des Fluges gelten. Nach der Landung des Luftfahrzeuges sind allein die Behörden des Landestaates zur Vornahme von strafprozessualen Maßnahmen befugt. In Übereinstimmung mit dem Abkommen von Tokio [2] sollten die Befugnisse des Luftfahrzeugkommandanten aber nicht exakt mit der tatsächlichen Beendigung der Landung gekoppelt sein, sondern dem Luftfahrzeugkommandanten die Möglichkeit geben, seine Maßnahmen bis zum Eintreffen der Behörden des Landestaates fortzuführen.

c) <u>Der Inhalt der beabsichtigten Regelung</u>

Um die Polizeigewalt des Luftfahrzeugkommandanten in strafprozessualer Hinsicht zu erweitern, reicht es aus, daß die einzelnen dem Luftfahrzeugkommandanten zu übertragenden Aufgaben gesondert in einer Vorschrift zusammengefaßt in das LuftVG eingefügt werden. Die mangelnde Beamteneigenschaft des Luftfahrzeugkommandanten steht der Übernahme von hoheitlichen Strafverfolgungsaufgaben nicht entgegen. Denn der Luftfahrzeugkommandant kann ebenso wie der Kapitän [3] im Wege der Beleihung mit der Durchführung hoheitlicher Aufgaben betraut werden [4].

Ein Einschreiten des Luftfahrzeugkommandanten zum Zweck der Strafverfolgung darf von vornherein nur in Betracht kommen,

1) Vgl. oben S. 190 f.
2) Vgl. oben S. 182.
3) Vgl. oben S. 126.
4) Vgl. bereits oben S. 183 f.

wenn die Bedeutung der begangenen Straftat eine solche Untersuchung rechtfertigt. Da dies bei Übertretungen grundsätzlich ausgeschlossen werden kann, müssen die Befugnisse des Luftfahrzeugkommandanten auf solche strafbaren Handlungen beschränkt werden, die sich als Verbrechen oder als Vergehen darstellen. In jedem Fall muß die Entscheidung des Luftfahrzeugkommandanten über ein Eingreifen seinem pflichtgemäßen Ermessen überlassen bleiben, damit er an der Wahrnehmung seiner eigentlichen Aufgaben nicht gehindert wird und er die Bedeutung der begangenen Straftat berücksichtigen kann.

Der Inhalt der strafprozessualen Befugnisse des Luftfahrzeugkommandanten muß dem Ziel dienen, den regulären Strafverfolgungsbehörden die Zugriffsmöglichkeiten zu erhalten und ihre Arbeit zu erleichtern. Die Beweissicherung stellt daher die vordringlichste Aufgabe des Luftfahrzeugkommandanten im Rahmen der Strafverfolgung dar. Zur Erfüllung dieser Aufgabe ist es erforderlich, ihn zur vorläufigen Sicherstellung von Beweismitteln zu ermächtigen. Ebenso muß dem Luftfahrzeugkommandanten die Befugnis gegeben werden, eine Flucht des Täters nach der Landung zu verhindern. Insoweit greifen die gleichen Erwägungen ein, die auch den Inhalt der für den Seebereich vorgeschlagenen Regelung bestimmt haben. Wegen der Einzelheiten kann hier auf die früheren Ausführungen verwiesen werden [1].

Den Luftfahrzeugkommandanten durch das deutsche Recht zu ermächtigen, den Täter über den Zeitpunkt der nächsten Landung hinaus an Bord zwangsweise mitzuführen, erscheint jedoch nicht angängig [2]. Zum einen stellt ein solches Mitnahmerecht einen schweren Eingriff in die Rechte des Verdächtigten dar. Zum anderen bedingt die Wahrung der fremden Souveränität, daß die

---

1) Vgl. oben S. 126 f.
2) So jedoch Westerburg, a.a.O. S. 105.

Strafverfolgungsbefugnisse des Luftfahrzeugkommandanten im Moment der Anwesenheit der örtlichen Behörden nach der Landung enden [1]. Für den internationalen Luftverkehr könnte eine weitergehende Regelung nur im Wege von zwischenstaatlichen Vereinbarungen getroffen werden.

Ebenso kann nicht befürwortet werden, den Luftfahrzeugkommandanten zu ermächtigen, nach der Übergabe des Täters im Ausland ein vorläufiges Auslieferungsersuchen zu stellen [2]. Ein derart "abgekürztes" Verfahren hätte zwar praktische Vorteile. Jedoch ergeben sich schon deshalb Bedenken, weil der Luftfahrzeugkommandant überfordert wäre, wenn er - neben den ihm durch die Erweiterung seiner Polizeibefugnisse übertragenen zusätzlichen Aufgaben - auch noch prüfen sollte, ob die für ein Auslieferungsersuchen im internationalen Rechtshilfeverkehr zu beachtenden formellen und materiellen Voraussetzungen gewahrt sind [3].

Im Ergebnis wird daher die Einfügung eines § 29 a LuftVG vorgeschlagen, wobei der Inhalt der Vorschrift weitgehend der für den Seebereich konzipierten Regelung entspricht:

(1) Wird an Bord eines deutschen Luftfahrzeuges ein Verbrechen oder Vergehen begangen, so kann der Luftfahrzeugkommandant alle notwendigen Ermittlungshandlungen zur Aufklärung der Tat vornehmen. Die Durchsuchung von Verdächtigen ist zulässig, wenn zu vermuten ist, daß diese zur Auffindung von Beweismitteln führen wird. Gegenstände, die für die Untersuchung von Bedeutung sein können, unterliegen der vorläufigen Sicherstellung.

---

1) Vgl. auch oben S. 182.
2) Vgl. aber Westerburg, a.a.O. S. 105.
3) Vgl. dazu Nr. 89 ff. RiVASt.

(2) Ist der Täter der Tat dringend verdächtig und besteht die Gefahr, daß er sich seiner Verhaftung nach der Landung durch Flucht entzieht, so kann der Luftfahrzeugkommandant ihn von der Landung bis zum Eintreffen der von ihm benachrichtigten örtlichen Behörden vorläufig festnehmen. Art. 2 Abs. 2 S. 2 GG wird insoweit eingeschränkt.

(3) Der Luftfahrzeugkommandant kann sich zur Ausübung dieser Befugnisse der Hilfe eines jeden Besatzungsmitgliedes bedienen.

(4) Der Luftfahrzeugkommandant kann diese Befugnisse im Inland oder in staatenlosen Gebieten ausüben. Im Ausland gelten diese Befugnisse nur dann, wenn deren Ausübung dem Recht des betreffenden Staates nicht widerspricht.

(5) Besteht der Verdacht, daß an Bord eine strafbare Handlung begangen worden ist, so hat der Luftfahrzeugkommandant, sofern es wegen der Bedeutung der Sache angezeigt ist, unverzüglich für die Benachrichtigung der zuständigen deutschen Strafverfolgungsbehörde zu sorgen und ihr gegebenenfalls das Ergebnis seiner Untersuchungen zu übermitteln.

C Strafbare Handlungen an Bord von Staatsluftfahrzeugen

Nimmt der Flaggenstaat bestimmte Aufgaben durch von ihm betriebene staatliche Luftfahrzeuge wahr, so kann sich aus der engen Beziehung zwischen dem Flaggenstaat und den von ihm betriebenen Luftfahrzeugen für diese eine Sonderstellung ergeben, die ihre Auswirkungen auch für die Verfolgung an Bord begangener Straftaten haben kann.

Entsprechend der aus dem Seerecht herrührenden Einteilung der Luftfahrzeuge in Privatluftfahrzeuge und Staatsluftfahrzeuge [1] haben auch die im Seerecht geltenden Prinzipien über die Behandlung von Staatsschiffen im Luftrecht Eingang gefunden [2]. Ein Staatsluftfahrzeug hat ebenso wie ein Staatsschiff Anspruch darauf, als Repräsentant des Flaggenstaates im Ausland respektiert zu werden. Die daraus folgenden Exterritorialitätsrechte für das Luftfahrzeug und seine Besatzung sind hier gleichermaßen funktional zu bestimmen [3], so daß auch im Luftrecht innerhalb der Gruppe der Staatsluftfahrzeuge entsprechend dem Umfang staatlicher Repräsentation zwischen Militärluftfahrzeugen, Regierungsluftfahrzeugen und staatlichen Handelsluftfahrzeugen unterschieden werden kann [4]. Der Umfang der jeweils eingeräumten Vorrechte und Befreiungen von ausländischer Gerichtsbarkeit gleicht der für die entsprechende Staatsschiffskategorie im Seerecht geltenden Rechtslage [5]. Daher kann für die Verfolgung von strafbaren Handlungen an Bord von Staatsluftfahrzeugen auf die im seerechtlichen Teil der Arbeit aufgezeigten Besonderheiten verwiesen werden.

Indessen ist aber zu beachten, daß die internationalen Abkommen über die Verfolgung strafbarer Handlungen an Bord von Luftfahrzeugen von den Staatsluftfahrzeugen nur solche erfassen, die im Militär-, Zoll- oder Polizeidienst verwendet werden [6]. Für den Anwendungsbereich dieser Abkommen sind Staatsluftfahrzeuge außerhalb der drei genannten Kategorien wie Privatluftfahrzeuge zu behandeln.

---

1) Vgl. zur Einteilung oben S. 152 ff.
2) Vgl. Meyer, in Strupp-Schlochauer, WdV, Bd. 3 S. 332; ders. in Luftrecht in fünf Jahrzehnten, S. 184 f.; Klein, Staatsschiffe und Staatsluftfahrzeuge, S. 37; vgl. oben S. 129 ff.
3) Vgl. oben S. 131.
4) Vgl. Klein, a.a.O. S. 52, 76, 87.
5) Meyer, a.a.O.; vgl. Klein, a.a.O. S. 9.
6) Art. 1 Abs. 4 Tok. Abk.; Art. 3 Abs. 2 Haager Abk.; Art. 4 Abs. 1 Mont. Abk.

Das innerstaatliche Recht der Bundesrepublik enthält für die Verfolgung strafbarer Handlungen an Bord von Staatsluftfahrzeugen über die bereits im seerechtlichen Teil der Arbeit erwähnten Besonderheiten für den Bereich der Bundeswehr [1] hinaus keine speziellen Regelungen. Daher kann auch insoweit auf die Ausführungen im vorangegangenen Teil der Arbeit verwiesen werden [2].

1) Vgl. §§ 98 Abs. 4, 105 Abs. 4 StPO; ferner § 23 SoldG; §§ 6, 9, 21, 21 a WDO.

2) Vgl. oben S. 132 ff., 145 ff., 150 f.

FSC
www.fsc.org
MIX
Papier | Fördert
gute Waldnutzung
FSC® C083411

Kolibri 360 GmbH
Ferdinand-Jühlke-Straße 7
99095 Erfurt, Deutschland
produktsicherheit@kolibri360.de